LE PARTENAIRE ASTRAL

DU MÊME AUTEUR
aux éditions du Rocher

Ainsi parlait Nostradamus, 1995

ETIENNE MEZO

LE PARTENAIRE ASTRAL

Astrologie

ÉDITIONS DU ROCHER

Jean-Paul Bertrand

ISBN 2 268 02262 5

AVERTISSEMENT AU LECTEUR

Pourquoi demande-t-on à l'autre de quel signe il est ? Est-ce pour lui souhaiter un heureux anniversaire ou parce qu'il peut exister une relation entre ses propres étoiles et les nôtres ?

Cet ouvrage s'adresse à plusieurs sortes de lecteurs :

— À ceux qui ne connaissent rien à l'astrologie, mais qui s'intéressent aux relations humaines. Il leur sera proposé de découvrir une nouvelle façon d'observer et de mieux comprendre leur entourage.

— À ceux qui en possèdent quelques notions mais que les calculs complexes rebutent. Ils pourront demander à des astrologues de les effectuer pour eux et de les aider à développer leurs connaissances.

— Aux confrères qui découvriront quelques idées originales qu'ils pourront appliquer en complément de leurs techniques. L'utilisation du logiciel proposé en option leur apportera un gain de temps précieux.

— À ceux enfin qui ne croient pas à cette science ou lui témoignent de l'hostilité. Souhaitons que cet ouvrage les incite à la regarder sous un autre angle.

Car en cette fin de millénaire inquiétante, si l'on n'est astrologue, il faut le devenir...

★

★ ★

★★

CHAPITRE 1

DES SIGNAUX VENUS D'AILLEURS

Dans le monde trop souvent hostile qui nous entoure, la meilleure façon de se protéger semble être de trier sur le volet ses relations, en veillant toutefois à ne pas sombrer dans la solitude totale.

Expliquons, de la manière la plus simple possible, pourquoi et comment l'astrologie peut constituer un moyen non négligeable de parvenir à une qualité de vie supérieure tout en étant accessible à tous.

Le connaisseur voudra bien me pardonner de rappeler quelques notions élémentaires et le lecteur se rassurer : il ne trouvera pas ici de longs développements sur la symbolique du feu, de l'air, de la terre ou de l'eau, ni sur les triplicités et les quadruplicités. Ces connaissances, il est vrai indispensables à qui désire s'intéresser sérieusement à l'astrologie, ont été enseignées de manière très complète et nuancée, et parfois même très savante, dans nombre d'ouvrages spécialisés.

Le seul effort qui sera demandé au lecteur consistera à apprendre, si possible par cœur, les symboles astrologiques et les notions élémentaires suivants, qu'il doit absolument connaître avant de poursuivre sa lecture.

☉ **Soleil**	♈ **Bélier**	♇ **Pluton**
☾ **Lune**	♉ **Taureau**	♑ **Capricorne**
☿ **Mercure**	♊ **Gémeaux**	⚸ **Lune noire**
♀ **Vénus**	♋ **Cancer**	♒ **Verseau**
♂ **Mars**	♌ **Lion**	☊ **Nœud Nord**
♃ **Jupiter**	♍ **Vierge**	♓ **Poissons**
♄ **Saturne**	♎ **Balance**	♆ **Neptune**
♅ **Uranus**	♏ **Scorpion**	♐ **Sagittaire**

⊕ = Part du destin
AS = Ascendant
FC = Fond du Ciel
DS = Descendant
MC = Milieu du Ciel

1. SIGNIFICATIONS SYMBOLIQUES DES PLANÈTES

Le Soleil représente la naissance, la vie, la fermeté, le rayonnement, la santé, l'image du père.
La Lune représente l'enfance, l'émotivité, les sentiments, la sensibilité, l'image de la mère.
Mercure représente l'intelligence, le mouvement, l'expression verbale ou écrite, les déplacements.
Mars représente l'action (réfléchie ou non), l'énergie, la force, la sexualité, les impulsions.
Jupiter représente l'expansion, l'optimisme, le désir de croissance, la chance mais aussi l'exagération.
Saturne représente la pensée, la philosophie, la vie intérieure mais encore les freins et les restrictions.
Uranus représente l'indépendance, l'originalité, l'imprévu, le nouveau ou le renouveau, les ruptures.
Neptune représente le rêve, l'idéal, l'intuition et la médiumnité, mais aussi les illusions et l'illégalité.
Pluton représente la puissance passionnelle, le pouvoir, l'argent, la politique, les pulsions sexuelles.
Lune noire représente le sacrifice, l'abnégation, la rupture, la coupure au sens propre comme figuré.
Les Nœuds lunaires représentent le chemin karmique (Nœud Sud : d'où l'on vient, Nœud Nord : vers où l'on va).

2. SIGNIFICATIONS SYMBOLIQUES DES MAISONS

Maison I (Ascendant) : Le Moi, les aspirations, le libre arbitre, la santé.
Maison II : Les valeurs matérielles et les possessions. Les achats et les dépenses.

Maison III : Les écrits, les déplacements, l'entourage, les frères et sœurs.
Maison IV (Fond du Ciel) : Le foyer, les parents, la maison, la fin des choses.
Maison V : La créativité, les enfants, les aventures, les jeux, les spéculations.
Maison VI : Le travail, les responsabilités, les obligations subalternes, la santé.
Maison VII (Descendant) : Les associations, le mariage, les contrats, les ennemis déclarés.
Maison VIII : La transformation, la métamorphose, la mort, les héritages, la sexualité.
Maison IX : La vie intérieure, les voyages, l'étranger, les lois, l'enseignement.
Maison X (Milieu du Ciel) : La carrière, la vie sociale, les honneurs, les déchéances.
Maison XI : Les projets et leur réalisation, les espoirs, les amis proches.
Maison XII : La solitude, les épreuves, la générosité, les ennemis secrets.

Bien que la Lune noire et le Nœud Nord ne soient que des points fictifs, ils seront nommés ici « planètes », car leurs positions sont au moins aussi chargées de signification que celles-ci. Pour les puristes, en voici les définitions astronomiques : la Lune noire représente le second foyer de l'orbite elliptique décrite par la Lune autour de la Terre, cette dernière en constituant le premier. La logique aurait donc voulu qu'elle porte le nom de « Terre noire ». Sa période de révolution, vue depuis la Terre, est de 9 ans.

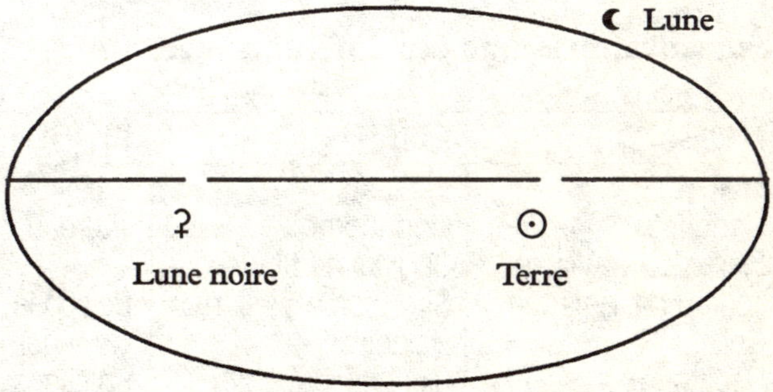

Les Nœuds lunaires (Nœud Nord et Nœud Sud) correspondent aux points d'intersection de l'orbite de la Lune avec le plan de l'écliptique selon la figure ci-après. Leur période de révolution est de 18 ans.

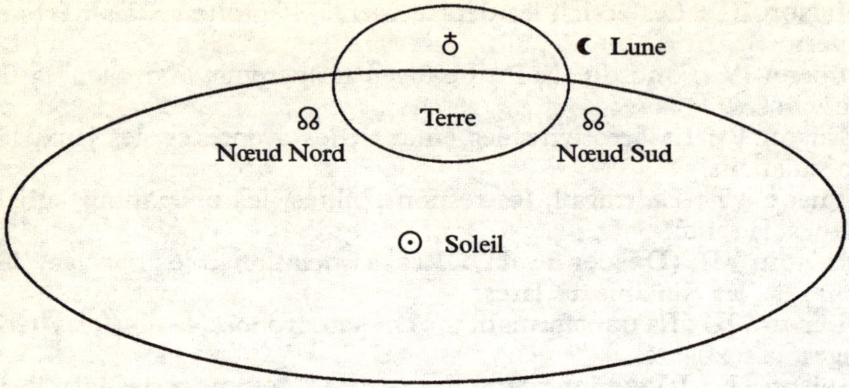

3. SIGNIFICATIONS SYMBOLIQUES DES MAÎTRISES

Selon le signe qu'elle occupe, chaque planète possède une puissance plus ou moins affirmée. Elle est à son maximum lorsqu'elle se trouve dans son trône, et très atténuée lorsqu'elle arrive en exil. On comprendra par exemple la puissance de Mars en signe de feu qui prédispose aux actions militaires, tandis qu'en Cancer, signe d'eau, il se montre plutôt passif. Chaque planète entretient des relations particulières avec un second signe dans lequel elle se sent forte ou faible : l'exaltation et la chute. Pour mémoire, retenons que l'exil correspond au signe opposé au trône, tandis que la chute se situe dans le signe opposé à celui de l'exaltation.

Le tableau suivant résume ces différents états :

Planète	Maîtrise	Exil	Exaltation	Chute
Soleil	Lion	Verseau	Bélier	Balance
Lune	Cancer	Capricorne	Taureau	Scorpion
Mercure	Gémeaux et Vierge	Sagittaire et Poissons	–	–
Vénus	Taureau et Balance	Scorpion et Bélier	Poissons	Vierge
Mars	Bélier	Balance	Capricorne	Cancer
Jupiter	Sagittaire	Gémeaux	Poissons	Vierge
Saturne	Capricorne	Cancer	Balance	Bélier
Uranus	Verseau	Lion	Scorpion	Taureau
Neptune	Poissons	Vierge	Lion	Verseau
Pluton	Scorpion et Sagittaire	Taureau et Gémeaux	–	–

Il est cependant relativement fréquent de constater que certaines planètes en trône ne manifestent pas leur pleine puissance, même bien aspectées. Ceci peut s'expliquer par la configuration du thème antérieur, que nous développerons dans le chapitre 8. Dans ce cas, en effet, la planète peut se trouver en chute ou en exil. Par exemple, un Mars en Bélier prédisposant à l'action militaire peut en réalité se situer dans le signe des Poissons, où son énergie est « noyée ».

☆
☆ ☆
☆☆

4. LA GÉOMÉTRIE ASTRALE

La mécanique qui suit explique le principe de l'astrologie d'une façon quelque peu enfantine. Mais je suis un enfant qui parle à d'autres enfants, et je ne saurais utiliser un langage de grandes personnes, comme celui de la formule du balayage des aires de Kepler :

$$\frac{A^3}{A'^3} = \frac{T^2}{T'^2}$$

Le rapport des cubes des distances entre les demi-grands axes des orbites est proportionnel au rapport entre les carrés des périodes de révolution. Cette explication mise à part, l'on peut sans inconvénient oublier les distances...

Le premier pas consiste à déchiffrer le dessin mystérieux d'une carte du ciel. En réalité, l'étude de l'astrologue ne porte pas sur les millions de kilomètres qui séparent les planètes, mais sur les angles, nommés aspects, qu'elles forment entre elles. Le schéma suivant permettra de s'en faire une première représentation.

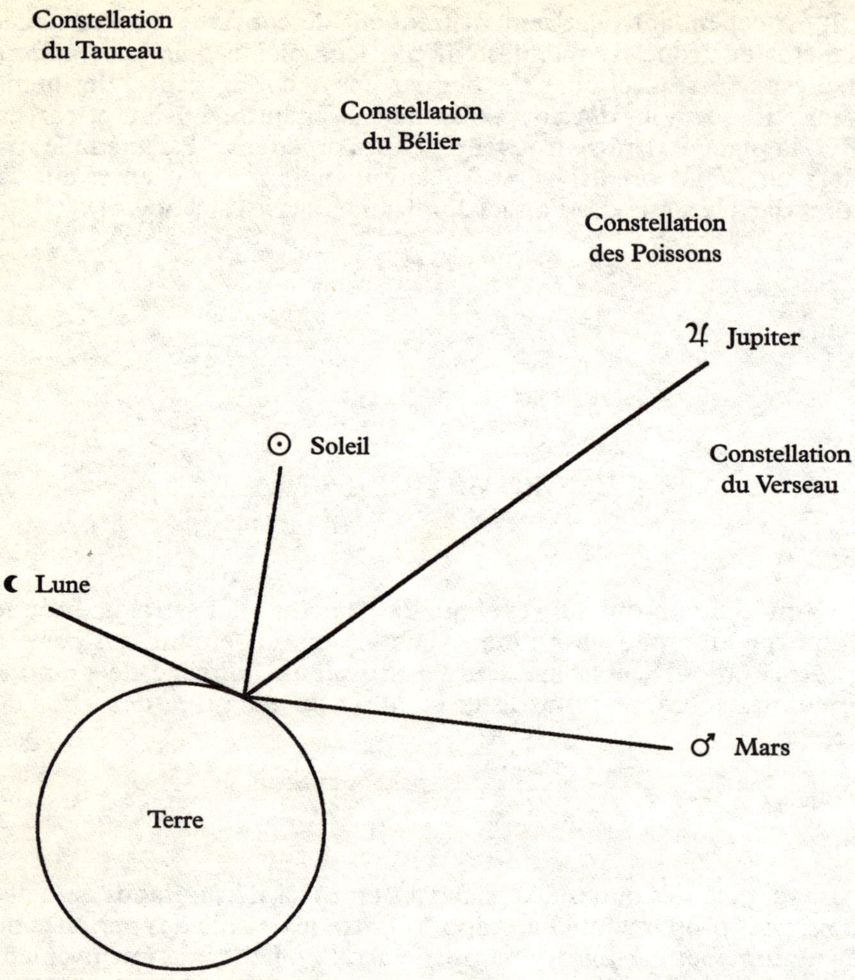

À l'issue d'un calcul très complexe qui avait pour objectif de tenter de découvrir la datation d'événements annoncés par Nostradamus, je constatai qu'il n'était nullement indispensable de calculer avec une précision draconienne l'orbe, autrement dit l'écart toléré entre la position d'une planète et celle qu'elle devrait occuper afin que l'aspect soit exact. Dans le cas d'une conjonction, par exemple, l'effet provoqué par celle-ci, qu'elle soit « parfaite » ou à deux degrés d'angle près, se révèle souvent identique. Albumazar, Ptolémée et Nostradamus ne disposaient pas d'ordinateurs et leurs lunettes d'astronomes ne leur permettaient pas de scruter les confins du ciel comme le font nos actuels télescopes. Et pourtant, ils possédaient de la science astrologique une connaissance qui laisse songeurs nos meilleurs astrologues !

Le schéma suivant devrait permettre au néophyte de se familiariser sans appréhension avec la représentation du ciel zodiacal, et peut-être de conclure qu'il n'est pas plus difficile à lire qu'une partition de musique.

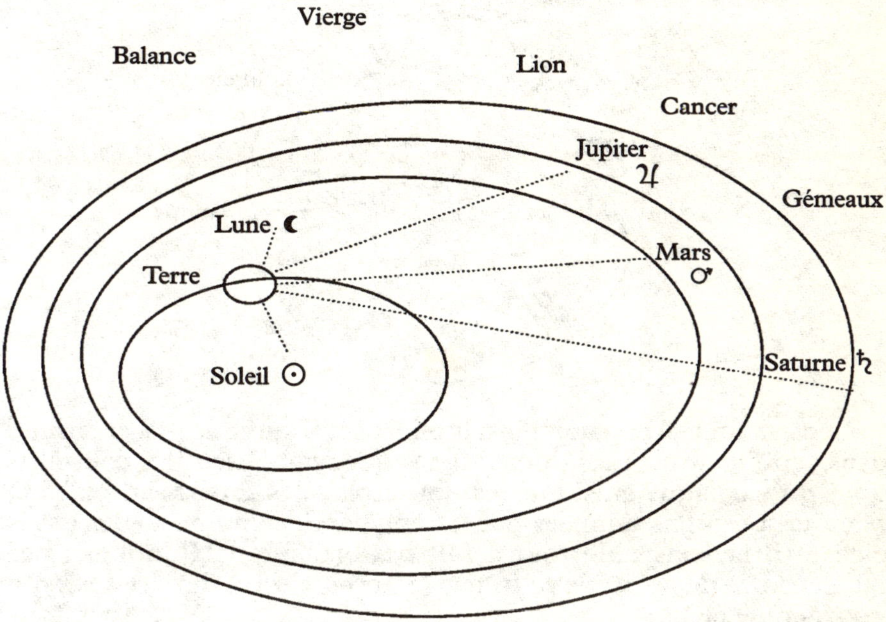

Cette représentation sommaire, qui ne tient pas compte des distances car elle sortirait des limites de l'épure, conduit au dessin suivant :

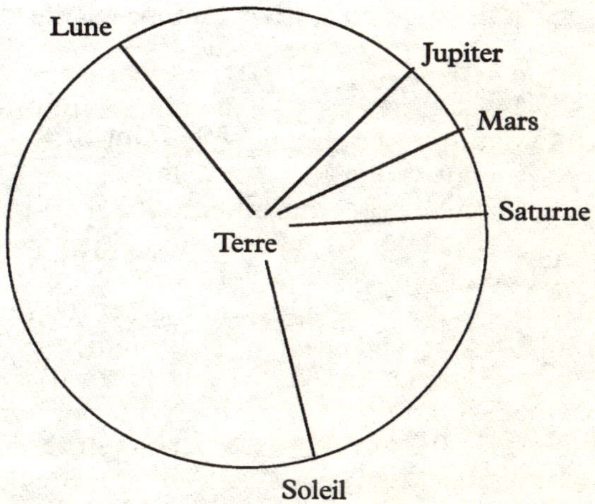

Dans un but de simplification, les astrologues ont un jour décidé de représenter les signes zodiacaux ainsi que les planètes à l'intérieur d'une couronne. Il est de la sorte plus aisé de les concevoir et de les étudier, et d'admettre que seuls les angles doivent être considérés.

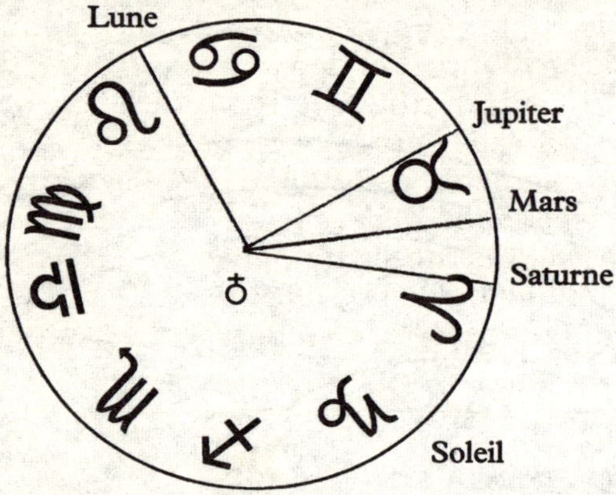

La carte du ciel apparaît ainsi lumineuse. Il suffit de placer ensuite dans cette couronne les douze signes qui symbolisent les constellations du Zodiaque ainsi que les douze planètes du système solaire, selon les positions données par les éphémérides ou un logiciel spécialisé (il en existe de tout à fait performants). N'oublions pas qu'au centre de ce cercle se trouve la Terre, c'est-à-dire les yeux qui regardent le ciel.

L'étape suivante consiste à diviser le cercle en douze maisons dont le calcul se réalise au moyen d'équations trigonométriques très complexes, dont nous nous bornerons à retenir une seule chose : l'Ascendant (maison I) est le degré du Zodiaque qui apparaît à l'Est au moment de la naissance. Il est donc souhaitable que ceux qui assistent à une naissance en notent l'heure exacte dès le premier cri du nouveau-né.

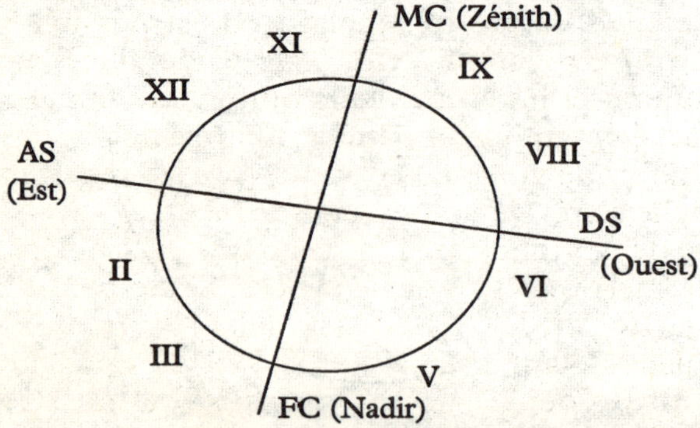

La signification de l'Ascendant est, l'on s'en doute, hautement symbolique puisque c'est à l'Orient que se lève l'Esprit et que celuici constitue un autre soleil.

Poursuivons notre découverte d'un thème astral. Le Milieu du Ciel (ou Zénith) correspond au point situé à la verticale lorsque le regard se lève vers la voûte céleste ; le Descendant, point opposé à l'Ascendant, est placé à l'Ouest ; et de l'autre côté de la Terre, aux antipodes du Milieu du Ciel, se trouve le Fond du Ciel (ou Nadir), celui que l'on ne peut voir sans faire un trou dans le sol !

C'est probablement l'astronome grec Claude Ptolémée qui décida de placer l'ascendant à gauche, se souciant peu des signes. L'on notera à cet effet que nos astrologues du Moyen Âge représentaient, comme le font encore de nos jours ceux de l'Inde et de bien d'autres contrées, leurs horoscopes de la manière suivante :

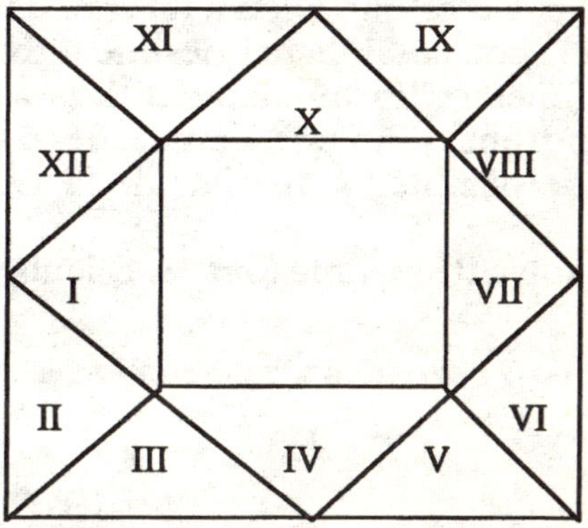

Cette constatation devrait susciter chez les astrologues de notre époque une réflexion plus approfondie, car elle signifie en clair que les positions planétaires en maisons sont plus importantes que celles considérées en signes.

Étudier une personnalité sans être en possession de son heure exacte de naissance s'avère très malaisé. Il est possible néanmoins, moyennant un interrogatoire assez long et détaillé s'appuyant sur l'âge du consultant et les événements qui ont jalonné son existence, de retrouver cet élément indispensable. En revanche, s'il s'agit d'une personne de moins de vingt ans, donc encore assez peu marquée par la durée, la tâche se révèle un peu plus ardue.

Une fois les deux grands axes (Ascendant-Descendant, Milieu du Ciel-Fond du Ciel) tracés, il devient possible de placer les maisons dites cadentes (III, VI, IX, XII) et succédentes (II, V, VIII, XI), les maisons angulaires étant les maisons I, IV, VII et X. Le calcul des cuspides (point de départ de ces maisons) se fait selon diverses méthodes de domification, dont les plus connues sont celles de Placidus et de Regiomontanus.

La dernière opération nous amènera à relier les points-clés que constituent les planètes, l'Ascendant et le Milieu du Ciel, dont les angles (ou aspects) forment entre eux des figures significatives. Il s'avérera, du moins au début, largement suffisant de ne se pencher que sur les plus importantes, c'est-à-dire les conjonctions (orbe de – 10 à + 10°), les oppositions (orbe de – 8 à + 8°), les trigones (orbe de – 6 à + 6°), les carrés (orbe de – 5 à + 5°) et les sextiles (orbe de – 2 à + 2°).

Nous passerons volontairement sous silence les aspects mineurs tels que les semi-sextiles (30°), les déciles (36°), les noniles (40°) ou encore les sesqui-carrés (135°), car ils ne peuvent être sérieusement considérés qu'en complément d'aspects majeurs.

Il importe, en matière d'astrologie, de rester le plus simple possible, car les signes d'or que Dieu a inscrits dans les profondeurs insondables du ciel sont un alphabet destiné à toutes Ses créatures, même les plus infimes et les moins attentives à Sa Création. Ces dernières comprendront donc que l'étude des astres est en réalité aussi simple que de pianoter « Au clair de la Lune » avec un seul doigt !

La carte du ciel suivante résume tous les calculs exposés ci-dessus :

NOSTRADAMUS

1	21°14	POI	
2	6°35	TAU	
3	4°18	GEM	
4	25°40	GEM	
5	16°19	CAN	
6	11°16	LIO	
7	21°14	VIE	
8	6°35	SCO	
9	4°18	SAG	
10	25°40	SAG	
11	16°19	CAP	
12	11°16	VER	
⊕	5°12	VER	
SOL	1°35	CAP	(17)
LUN	15°34	SCO	(11)D
MER	4°13	CAP	(5)R
VEN	2°19	VER	(15)
MAR	18°45	CAN	(8)R
JUP	13°36	CAN	(20)R
SAT	11°33	CAN	(2)R
URA	8°30	POI	(19)
NEP	22°45	CAP	(24)
PLU	3°11	SAG	(21)
LN.	28°46	SCO	
NOD	27° 5	POI	

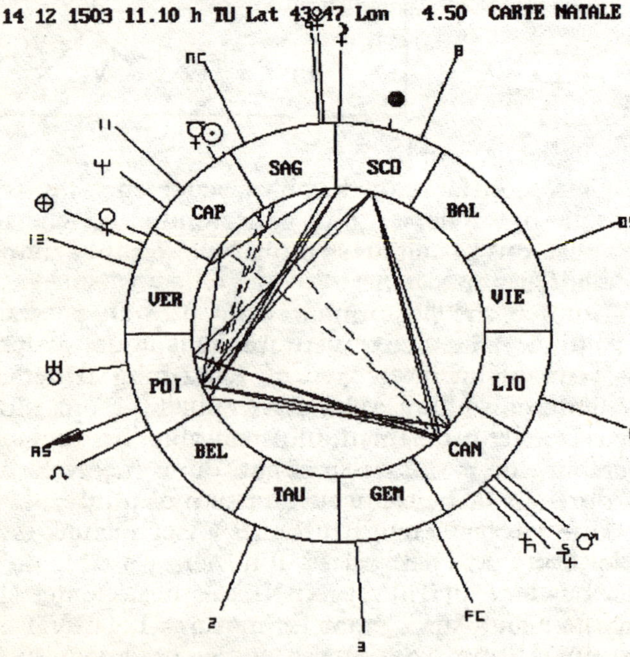

Au cours des millénaires furent élaborées des méthodes parfois très complexes, témoignant d'un effort continu des astrologues pour trouver des lois, le plus intangibles possible, sur lesquelles ils pussent s'appuyer pour délivrer des prédictions fiables. Il est vrai que, au nombre des événements qui émaillent une vie, l'on peut généralement découvrir certains faits précis explicables par une révolution solaire ou par la technique de la direction primaire.

Mais dans un grand nombre de cas, si l'astrologue trouve effectivement « post eventum », dans une carte du ciel, la marque non ambiguë d'événements survenus au consultant, il faut reconnaître que très souvent les messages qu'échangent les planètes lui restent hermétiques. Pour ma part, j'ai pu constater que moins de dix pour cent de mes recherches aboutissaient à des résultats incontestables.

Pour clore provisoirement ce sujet, je dirai que les « directions symboliques », consistant à calculer la différence des angles entre deux planètes (un degré égale un an) et à prédire ainsi les événements futurs, se montrent beaucoup plus parlantes que les révolutions lunaires ou les directions progressées.

Signalons pour terminer cette brève présentation qu'un langage astrologique très puissant fut mis au point par les Arabes de Babylone et se perdit partiellement dans la nuit des temps. Il s'agit des fameuses « parts », dont la célèbre « pars fortunae », la Part de Fortune, à traduire plutôt « Part de Destin », son sens véritable, car elle n'a jamais fait gagner quiconque au tiercé !

☆
☆ ☆
☆☆

Le lecteur va devoir consentir maintenant un petit effort d'attention car, après avoir scruté sa carte du ciel, il va maintenant considérer celle de son partenaire et la superposer à la sienne afin de réaliser une étude de synastrie. Il constatera très vite que les figures obtenues deviennent illisibles, reflétant ainsi la complexité qui soustend toute relation entre deux personnes et dévoilant un monde parallèle généralement ignoré. Sans doute se demandera-t-il, un peu effaré, quel enchevêtrement inextricable peuvent donner un trio, un quatuor... ou une équipe de football.

Il est naturellement impératif que l'heure de naissance de chacun soit le plus exacte possible, car toute erreur conduirait à fausser l'analyse dans une proportion d'environ quinze pour cent, pourcentage qui, justement, suffit à faire passer la relation côté jardin ou, au contraire, à la précipiter à fond de cave.

La carte du ciel reproduite ci-après, résultat d'une synastrie entre Nostradamus et l'auteur, présente au regard non exercé un gribouillis indescriptible obligeant à utiliser des crayons de couleur.

THÈME 1		THÈME II
1	8 SCO	21 POI
2	7 SAG	6 TAU
3	13 CAP	4 GEM
4	21 VER	25 GEM
5	23 POI	16 CAN
6	19 BEL	11 LIO
7	8 TAU	21 VIE
8	7 GEM	6 SCO
9	13 CAN	4 SAG
10	21 LIO	25 SAG
11	23 VIE	16 CAP
12	19 BAL	11 VER
⊕	1 BEL	5 VER
SOL	2 GEM	1 CAP
LUN	25 BAL	15 SCO
MER	9 TAU	4 CAP
VEN	22 BEL	2 VER
MAR	15 BEL	18 CAN
JUP	17 VIE	13 CAN
SAT	8 CAN	11 CAN
URA	12 GEM	8 POI
NEP	3 BAL	22 CAP
PLU	8 LIO	3 SAG
LN.	21 BAL	28 SCO
NOD	11 CAN	27 POI

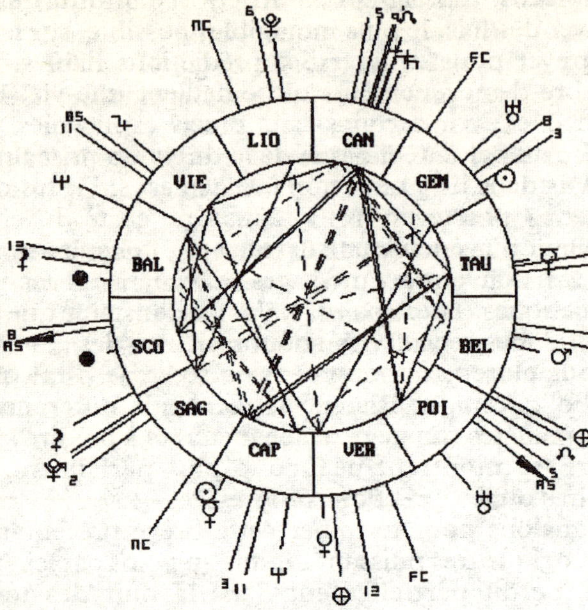

Le tableau suivant permet de placer les aspects réciproques.

Planètes du thème I (partie droite du tableau)

	AS	☉	☾	☿	♀	♂	♃	♄	♅	♆	♇	⚳	☊
AS													
☉													
☾													
☿													
♀													
♂													
♃													
♄													
♅													
♆													
♇													
⚳													
☊													

Planètes du thème II (partie gauche du tableau)

Dressons maintenant le thème composite. Celui-ci se montre beaucoup plus exigeant sur le plan des calculs. En effet, il faut trouver les mi-points entre chaque planète identique des deux thèmes étudiés. Par exemple, si votre Soleil se trouve à 2° des Gémeaux et celui de votre partenaire à 1° du Capricorne, le mi-point se trouvera à 17° des Poissons.

Cette méthode, il est vrai, ne pose aucune difficulté lorsque l'on dispose d'un logiciel : en l'espace de moins d'une seconde la réponse se trouve sous vos yeux.

Une fois les mi-points découverts, ils seront placés dans une carte du ciel théorique qui donnera matière à une étude non moins poussée que s'il s'agissait de celle d'un être humain à part entière. L'astrologie considère en effet que la carte du ciel d'un couple n'est rien moins qu'une nouvelle entité devant la vie. L'exemple suivant fournit l'exemple d'une telle carte que l'on nomme « carte du ciel composite ».

1	14°59	CAP
2	22° 8	VER
3	23°42	POI
4	23°22	BEL
5	20° 5	TAU
6	15°13	GEM
7	14°59	CAN
8	22° 8	LIO
9	23°42	VIE
10	23°22	BAL
11	20° 5	SCO
12	15°13	SAG
⊕	3°25	POI
SOL	16°54	POI
LUN	5°19	SCO
MER	6°57	POI
VEN	12°11	POI
MAR	2°21	GEM
JUP	15°39	LIO
SAT	10°13	CAN
URA	25°31	BEL
NEP	28°16	SCO
PLU	5°42	BAL
LN.	10° 7	SCO
NOD	19° 9	TAU

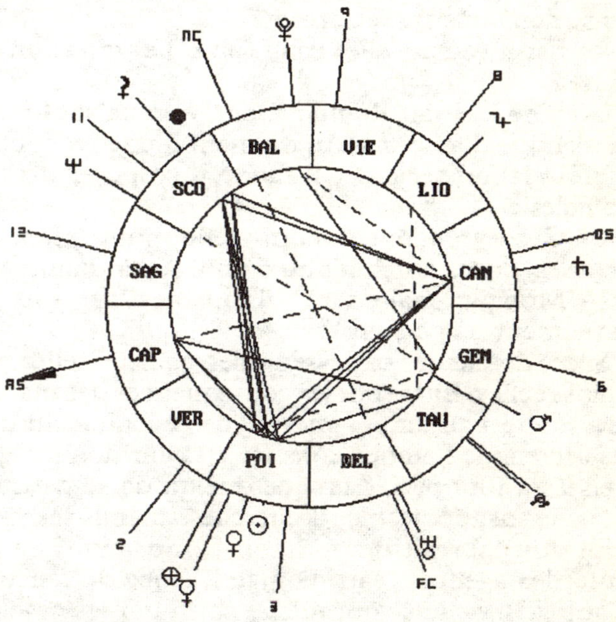

Il existe une approche beaucoup plus complexe qui consiste à relever non pas les mi-points, mais une distance différente entre chaque planète selon qu'une personne est considérée comme plutôt « émettrice » ou au contraire « réceptrice ». Par exemple, un Lion émettra « du Soleil », tandis qu'un Capricorne produira « du Saturne ». Hélas, je ne dispose pas, pour ma part, des millions de statistiques qui seraient nécessaires pour découvrir une éventuelle loi répétitive.

☆
☆ ☆
☆☆

L'astrologie relationnelle, tout comme l'astrologie classique, doit être considérée dans sa globalité et ceci pour au moins trois raisons :

— la disponibilité d'esprit de chacun au moment d'une rencontre ;

— le libre choix de la plupart des décisions, du moins dans leur détail ;

— l'âge et l'expérience.

En effet, ce n'est pas du tout la même chose de rencontrer quelqu'un à 20 ans, à 40 ou à 60. Dans le premier cas l'intéressé rêve encore et n'accorde guère d'attention aux signes qui devraient le mettre en alerte, dans le second il craint de s'engager dans une nouvelle expérience fâcheuse, et dans le troisième il se prend à rêver à nouveau.

L'astrologie de couple représente un puissant outil d'aide à ceux qui se demandent avec anxiété :

— Est-il (ou est-elle) celui (ou celle) qui va m'aimer comme je le désire ?

Comme le disait Romain Gary, « on ne souffre pas d'amour, mais du manque d'amour ». Au moment d'une rencontre pouvant aboutir à une relation sérieuse, il faudrait se poser deux questions fondamentales :

— Cette rencontre aura-t-elle pour effet d'additionner les malaises, de les annihiler ou d'en trouver d'autres ?

— Mon partenaire sera-t-il capable d'apporter ce dont j'ai besoin, au moment où j'en ai besoin ?

Si ces demandes paraissent bien égoïstes, elles n'en demeurent pas moins réelles. Elles sont les conséquences des manques d'amour dont on a souffert au fur et à mesure de l'écoulement du temps. Mais l'un des secrets de l'amour consiste à savoir donner et non pas à vouloir prendre à tout prix. Lorsque quelqu'un se débat dans une solitude devenue insupportable, il cherche par tous les moyens à rencontrer celui qui pourrait devenir son compagnon, au grand bénéfice de toutes les agences matrimoniales, clubs de rencontre, Minitel roses et autres. Certains vont même consulter les oracles, qui malheureusement ne sont pas ceux de Delphes.

Le chapitre 2 traitera des calculs permettant de trouver les coefficients d'harmonie de rencontre et de durabilité de la relation.

L'intérêt fondamental de ces formules ne réside pas dans l'exactitude ou la valeur du chiffre obtenu, mais dans le secteur où il apparaît. Ainsi, une valeur inférieure à dix attire aussitôt l'attention, car elle a souvent pour traduction blocage, frustration, tension exacerbée... Elle peut aussi découler d'aspects en nombre insuffisant qui laissent éventuellement présager le peu d'intérêt que présente en réalité la relation envisagée. Les coefficients d'harmonie nous rappellent que l'on peut se tromper sur sa première impression et qu'il convient de regarder avec plus de circonspection tout projet relatif à la personne considérée.

Ces coefficients proposent donc de « dégrossir » au préalable les questions que l'on peut se poser, et ne constituent nullement une doctrine péremptoire qui consisterait à dire : « Fuyez cette personne le plus vite possible ! »... ou l'inverse.

Ils permettront aussi de mieux comprendre le couple que l'on va former, qui existe déjà ou... qui est en train de se déchirer. Car, avant de se lancer dans une aventure, combien il aurait été salutaire de savoir que :

— L'on aurait mieux fait de s'abstenir de lui adresser la parole ce jour-là.

— L'on commencerait à l'aimer au bout d'un certain temps.

— Qu'on l'aimerait au début pour ne plus le (la) supporter ensuite...

Au lieu de rêver de rencontres fabuleuses, mieux vaut prendre garde de ne pas en faire de mauvaises. Certaines peuvent provoquer de véritables pathologies, comme celle de ce couple d'adolescents inspiré par un film qui n'hésita pas à commettre un assassinat. Sans aller si loin, certaines relations doivent absolument être évitées, car elles peuvent provoquer des traumatismes psychologiques de longue durée..

☆
☆ ☆
☆☆

5. LE PARTENAIRE ASTRAL ET L'ENTREPRISE

Le partenaire astral, dans la vie de tous les jours, n'est pas seulement le compagnon affectif. Il peut aussi exister dans le cadre de relations de voisinage, d'amitié ou de travail.

Une application pratique de la recherche des affinités astrales concerne l'entreprise, car les bienheureux qui possèdent un emploi ne sont pas toujours gratifiés du meilleur entourage !

La solution apparaît pourtant simple si l'on veut bien considérer les deux exemples suivants.

Un chef d'entreprise décide de recruter un collaborateur, un assistant ou une secrétaire. Il fait paraître des petites annonces dans la presse ou recourt à un bureau de recrutement. Très rapidement, des dizaines, voire des centaines de CV affluent à son service du personnel, plus alléchants les uns que les autres.

Après une rapide présélection et une étude graphologique, une dizaine de candidats sont retenus pour un premier entretien. Bien entendu, ces candidats ont particulièrement soigné leur présentation, peut-être effectué une « préparation à l'entretien » qui leur assure les bons réflexes et leur donne quelques chances de produire la meilleure impression possible. Selon son inspiration, l'employeur potentiel exercera alors son choix, qu'il portera sur le candidat se rapprochant le plus de l'idéal recherché. Généralement, la possession de diplômes et de bonnes références se montre déterminante.

Mais il arrive parfois qu'au bout de quelques semaines, il s'aperçoive que le candidat, s'il n'est pas mauvais, ne se révèle pas non plus franchement bon. Il peut dans ce cas décider néanmoins de le garder, n'ayant ni le temps ni l'envie de reprendre une campagne de recrutement et de dispenser une nouvelle période de formation. À aucun moment, naturellement, il n'a pu soupçonner que les compatibilités astrales étaient défavorables. Or, en l'occurrence, l'efficacité du travail peut s'en trouver affectée dans une énorme proportion, et s'en trouver même totalement annihilée.

En revanche, l'existence d'une bonne configuration planétaire entre le thème de l'employeur et celui de son subordonné peut conférer à leur association une efficacité décuplée. Si, par exemple, la position de Jupiter chez l'un se trouve en conjonction avec celle de Mars chez l'autre, l'aptitude du candidat à renverser des montagnes pour son employeur se montrera beaucoup plus puissante.

Dans le même ordre d'idées, lorsque plusieurs personnes travaillent dans un même bureau, il suffit parfois d'intervertir quelques postes de travail pour qu'une certaine harmonie revienne. En effet, comment voulez-vous travailler avec un collaborateur, un employé ou un patron dépourvu d'affinités naturelles avec vous ? Il arrive, dans des cas extrêmes, que des personnes se séparent à cause de leur incompatibilité d'humeur. Une question alors s'impose : comment a-t-on pu en arriver là ? Il suffisait d'étudier les synastries pour constater dès le départ que mieux valait éviter la relation.

Dans le domaine de l'orientation professionnelle, en particulier au niveau du recrutement, l'astrologie se révèle incontestablement plus performante que, par exemple, la graphologie. Cette dernière, au surplus, dévoile des caractéristiques intimes de la personnalité, ce qui constitue, à mon avis, une violation de la vie privée. Le graphologue ne peut en aucune manière évaluer la dynamique d'un individu au fil des années, ce qui, en revanche, est parfaitement possible à l'astrologue averti, ne serait-ce qu'en apportant une réponse aux questions suivantes :

— Le candidat est-il en phase d'expansion horizontale (action, mouvement) ? Dans ce cas, un poste requérant les capacités adéquates lui sera confié sans dommages.

— Le candidat est-il en phase d'expansion verticale ?

Il faudra alors le placer à un poste statique demandant de la réflexion et de la précision.

Cet exemple, s'il paraît un peu simpliste, n'en demeure pas moins révélateur. Cette disposition fondamentale du candidat au moment du recrutement apparaît en quelques secondes, sur une carte du ciel, au regard suffisamment attentif, même ne possédant pas tous les arcanes de l'astrologie. Naturellement, il faut aussi s'assurer des réelles aptitudes du candidat, que les astres signalent souvent. Il est très triste de constater le nombre des personnes qui éprouvent le sentiment de perdre leur vie dans un travail ne correspondant pas à leurs aspirations et se déroulant de plus dans un entourage peu harmonieux.

L'utilisation de l'astrologie est très répandue aux USA et peu acceptée en France. C'est dommage.

☆
☆ ☆
☆☆

6. CALCULEZ VOTRE ASCENDANT

Voici maintenant une méthode mnémotechnique relativement simple pour calculer approximativement un Ascendant en l'absence de tables. Il ne s'agit là, précisons-le bien, que d'une approche. Mais, comme il est rare de connaître l'heure de sa naissance à la minute près, puisqu'elle est souvent enregistrée au moment de la pesée du nouveau-né et non à celui de son premier cri, cette estimation est souvent suffisante. Il convient de mémoriser la formule suivante : Temps sidéral natal = Temps sidéral + Heure natale.

Le temps sidéral est une valeur arbitraire basée sur la rotation de la Terre dans l'espace par rapport aux étoiles et non plus au Soleil. Je conserve pour ma part en mémoire, pour définir un Ascendant rapidement, les correspondances approximatives suivantes :

12 heures = 21 mars
14 heures = 21 avril
16 heures = 21 mai
18 heures = 21 juin
20 heures = 21 juillet
22 heures = 21 août
24 heures = 21 septembre
2 heures = 21 octobre
4 heures = 21 novembre
6 heures = 21 décembre
8 heures = 21 janvier
10 heures = 21 février

À chaque changement de signe, le temps sidéral (TS) avance de deux heures, soit de 4 minutes par jour. Avec un peu d'habitude, le calcul de tête est facile. Par exemple, pour une naissance un 9 juillet : 18 heures (temps au 21 juin) + 19 jours (nombre de jours entre le 21 juin et le 9 juillet) × 4 minutes = 76 minutes, c'est-à-dire : 18 h + 1 h 16 = 19 h 16.

Supposons que l'heure de naissance soit 14 heures, il convient de retirer les deux heures d'été (par rapport au méridien de Greenwich) pour obtenir 12 heures GMT (ou TU, temps universel).

Le temps sidéral natal (TSN) est égal à 19 h 16 + 12 h = 31 h 16 = 7 h 16 (on aura retiré 24 heures).

Il suffit de consulter le tableau suivant (valable pour la France) :

Temps sidéral natal	Ascendant
06.00 - 08.00	Balance
08.00 - 11.40	Scorpion
11.40 - 14.00	Sagittaire
14.00 - 16.00	Capricorne
16.00 - 17.00	Verseau
17.00 - 18.00	Poissons
18.00 - 19.00	Bélier
19.00 - 20.00	Taureau
20.00 - 22.00	Gémeaux
22.00 - 00.30	Cancer
00.30 - 03.20	Lion
03.20 - 06.00	Vierge

Les 7 h 16 calculées précédemment correspondent à un Ascendant Balance.

En résumé, pour calculer un Ascendant de tête, il suffit de connaître le tableau précédent par cœur et de savoir qu'à partir du 21 mars il faut ajouter 4 minutes par jour à l'heure de naissance.

Un autre exemple illustrera ce propos : quel est l'Ascendant pour une naissance un 15 février à 2 h 25 ?

1– Temps sidéral du 21 janvier = 8 h
2– Ajouter pour le 15 février
(25 jours × 4 minutes)= 100' = 1 h 40
3– Heure de naissance GMT = 1 h 25 (heure locale – 1 h)

Total = 11 h 05 = Ascendant Scorpion

Bien entendu, le résultat obtenu reste approximatif, notamment lorsque l'Ascendant se trouve en fin de signe. Dans ce dernier cas, il conviendra de le considérer plutôt comme appartenant au signe suivant ou de tenir compte de l'éclairage particulier qu'il reçoit du signe dans lequel il s'apprête à faire son entrée.

En matière de thèmes de couples, l'exactitude des heures de naissance (à environ 10 minutes près) s'avère très importante. C'est pourquoi, en cas de doute, on n'hésitera pas à la corriger.

☆
☆ ☆
☆☆

7. MÉTHODE POUR DÉCOUVRIR UN ASCENDANT INCONNU

Lorsque l'on ignore l'heure de la naissance, il est possible de la retrouver dans l'extrait de naissance car elle figure, du moins en France, dans tous les registres d'état civil. Néanmoins, en cas d'impossibilité, l'on procédera de manière inverse au calcul exposé précédemment.

Ascendant Scorpion :	11 h 05
Heure sidérale du 15 février :	9 h 40
Différence = heure natale TU	1 h 25

La découverte de l'Ascendant permet donc de retrouver l'heure. Voyons maintenant comment trouver cet Ascendant.

Après un dialogue le plus approfondi possible avec le consultant, l'on fera porter plus précisément l'étude sur l'observation des transits de Jupiter, de Saturne et du Nœud Nord, en se représentant fictivement les axes Ascendant-Descendant (AS-DS) et Milieu du Ciel-Fond du Ciel (MC-FC). Indiquons auparavant et sommairement leur signification :

AS = Santé, psychisme, ego.
DS = Partenaires, associés, litiges.
MC = Carrière, vie sociale.
FC = Domicile, famille, parents.

Rappelons également les significations des deux planètes et du Nœud Nord, ainsi que leur périodicité approximative, c'est-à-dire le temps que prend leur révolution autour du Zodiaque :

— Jupiter = Expansion, exagération (12 ans) ;
— Nœud Nord = Chemin de vie, changement de destin (18 ans) ;
— Saturne = Freins, restrictions, philosophie (30 ans).

Approche générale

Dans le Zodiaque, on le sait, sont représentés les quatre éléments : Feu, Air, Terre, Eau. Le signe de naissance du consultant porte forcément la marque de l'un d'eux. On lui demandera donc s'il éprouve une attirance plus nette pour l'un ou l'autre des éléments : pour le Feu (action, énergie), la Terre (sécurité, possession, valeurs terrestres), l'Air (esprit, communication) ou l'Eau (sensibilité, émotions).

Les questions porteront ensuite sur les parties du corps qui, chez lui, lui paraissent les plus vulnérables : la tête (Bélier), la gorge (Taureau), les poumons et les bras (Gémeaux)...

Les caractéristiques principales de son caractère, celles qui ne se rattachent pas à son signe natal, seront ensuite évoquées.

Si, par « chance », le consultant décline des qualités de « fonceur » assorties de maux de tête fréquents, l'on peut déjà fortement soupçonner un Ascendant Bélier. À ce stade de l'étude, néanmoins, rien de très probant n'a généralement encore été obtenu.

Approche par l'observation de Jupiter

Les cycles de Jupiter, d'une durée de douze ans, sont révélateurs des événements importants de l'existence. Le consultant se verra donc prié de se remémorer les moments qui ont compté dans sa vie, tels que :

— amélioration de la santé, période d'optimisme « porteuse », expansion du champ de conscience (transits de Jupiter sur l'Ascendant) ;

— déménagement ou extension du domicile, aide reçue des parents, opération immobilière favorable (transit de Jupiter sur le Fond du Ciel) ;

— changement de partenaire ou amélioration des relations avec ceux-ci, mais aussi dans certains cas extension de litiges existants (transit de Jupiter sur le Descendant) ;

— promotion dans la carrière et/ou dans la vie sociale (transit de Jupiter sur le Milieu du Ciel).

Dans une moindre mesure, les transits de Jupiter dans les maisons apportent parfois des informations intéressantes, par exemple :

En maison II : augmentation des gains,

En maison III : désir grandissant de communication,

En maison V : rencontres amoureuses, distractions, désir de création,

En maison VI : accroissement du sens des responsabilités, énergie dans le travail,

En maison VIII : cadeaux et donations, argent facile,

En maison IX : voyages à l'étranger, désir de développer ses connaissances,

En maison XI : nouvelles amitiés ou aide provenant des amis,

En maison XII : désir d'aide aux autres.

Le tableau suivant donne un bref aperçu des positions de Jupiter de 1975 à 1998 :

Bélier	1975 1987
Taureau	1976 1988
Gémeaux	1977 1989
Cancer	1978 1990
Lion	1979 1991
Vierge	1980 1992

Balance	1981 1993
Scorpion	1982 1994
Sagittaire	1983 1995
Capricorne	1984 1996
Verseau	1985 1997
Poissons	1986 1998

Il convient alors de faire tourner, sur la carte du ciel concernée, l'Ascendant ainsi que les maisons, jusqu'à ce qu'un résultat vraisemblable apparaisse.

Approche par l'observation de Saturne

Les recherches décrites ci-dessus dans leurs grandes lignes se trouvent confirmées par le cycle de Saturne, qui est d'environ trente ans. Le passage de Saturne dans chaque maison se produit approximativement tous les deux ans et demi.

Bien que les transits de cette planète dans les maisons ne doivent pas faire l'objet d'une interprétation trop rigide, ils fournissent cependant de précieux et assez fiables points de repère.

Transit de Saturne sur l'Ascendant : freins, restrictions, dépression... rien ne va plus ! Ces situations n'arrivent jamais sans raisons. Certaines, sévères, sont préparées par le passage de la planète en maison XII.

Transit de Saturne sur le Fond du Ciel : problème familial, mécontentement dans la maison.

Transit de Saturne sur le Descendant : difficultés dans les associations, remise en question de l'idée de couple.

Transit de Saturne sur le Milieu du Ciel : cette position est ambivalente. Elle peut signifier une catastrophe professionnelle comme une promotion consacrant des efforts de longue durée. Ici intervient la notion de rétribution, de récolte : qui a semé le grain moissonne, qui a semé le vent affronte la tempête.

Les transits de Saturne dans les autres maisons feront l'objet de la même étude que celle menée pour Jupiter, en tenant compte de la nature contraignante et restrictive de Saturne, celle-là même qui l'a fait surnommer dans les temps anciens « la grande maléfique ».

En s'appuyant sur l'expérience tirée des événements du passé, il convient de comprendre que la seule manière de maîtriser les transits de Saturne consiste à accepter de connaître une période de retour sur soi-même, de remise en ordre intérieure, plutôt que de s'épuiser vainement à lutter contre des circonstances qui ne sont pas à la mesure de l'homme.

Risquons ici une comparaison qui aidera le lecteur à mieux comprendre à quel type de relation nous invite la planète Saturne. L'être humain est comparable à une bille roulant sur un plan horizontal et mue par une énergie cinétique. Notre objet sphérique arrive soudain en pleine vitesse au pied d'un mur. On peut s'attendre à ce que son élan se brise net ou à ce qu'elle rebondisse contre l'obstacle avant de repartir dans une autre direction. Le mur représente l'épreuve, qui peut s'avérer plus ou moins sévère selon que l'on s'y est ou non préparé. En revanche, si l'on a compris que cette « mise sur la touche » provisoire représente en réalité une occasion de réaliser un travail sur soi-même et de se renforcer intérieurement, la bille confrontée à l'éclatement découvrira une insoupçonnable courbure dans l'angle formé par le plan de roulement et la verticalité insurmontable de l'obstacle. Elle pourra alors s'élever et transformer son énergie cinétique de translation en énergie potentielle d'élévation.

Approche par l'observation du Nœud Nord

On se contentera, dans l'observation des transits du Nœud Nord, de considérer les quatre points-clés du thème que sont l'Ascendant, le Fond du Ciel, le Descendant et le Milieu du Ciel.

Les passages du Nœud Nord rappellent quant à leur signification ceux de Jupiter, avec toutefois une portée plus large, se rattachant à la notion de destinée. Le Nœud Nord, qui accomplit sa révolution autour du Zodiaque en dix-huit années, possède un effet déclencheur d'événements dont les effets se font sentir à long terme.

Transit du Nœud Nord sur l'Ascendant : amélioration de l'état de santé,

Transit du Nœud Nord sur le Fond du Ciel : évolution favorable de la situation familiale ou de ce qui concerne la maison,

Transit du Nœud Nord sur le Descendant : normalisation des relations avec les partenaires de vie ou de travail,

Transit du Nœud Nord sur le Milieu du Ciel : la carrière bénéficie de circonstances favorables.

Tous les éléments exposés ci-dessus constituent des faisceaux d'indices permettant de retrouver le signe dans lequel se situe l'Ascendant. En poursuivant ce raisonnement, il devient relativement facile de préciser la position de celui-ci à un ou deux degrés près, en vérifiant les dates de passage des planètes dans les signes. À cet égard, l'utilisation d'un logiciel d'astrologie, hormis la fascination qu'il exerce, apporte une aide précieuse en permettant de faire tourner planètes, nœuds lunaires et maisons autour du Zodiaque jusqu'à la découverte du point recherché.

Une lecture attentive de ce chapitre ainsi que la consultation des interprétations astrologiques proposées dans cet ouvrage devraient mettre le lecteur à même de commencer l'étude de ses relations avec son entourage. Peut-être y trouvera-t-il matière à revoir certaines conceptions qui lui semblaient aller de soi, et à réaliser que le dialogue avec autrui emprunte bien des formes, dont toutes ne sont pas répertoriées.

La science astrologique qui invite à scruter le ciel et déchiffrer l'énigmatique connaissance qu'il nous présente, nous oblige à contempler ensuite notre semblable avec un sentiment de compréhension ou de sympathie que nous ne lui aurions peut-être pas accordé au premier abord.

Dans le chapitre 5 figurent quelques interprétations du thème natal à titre de rappel des potentiels de comportement de l'individu face au mouvement des planètes. Que les personnes sensibles ne s'affolent pas : si certains textes ne correspondent pas à leurs souhaits, voire leur inspirent une certaine inquiétude, qu'elles se rappellent la sentence de saint Thomas : « Les astres inclinent, mais ne déterminent. »

C'est avec la même rigueur que je proposerai plus loin des approches analogues permettant de découvrir le point astral antérieur, ce qui constitue une grande nouveauté en matière d'interprétation des signaux venus d'ailleurs.

★
★ ★
★★

CHAPITRE 2

UN COUPLE SUR MESURE

Il faut savoir que le premier contact, celui qui donne le « la » d'une relation, appartient à une octave de sept types de rencontres, qui eux-mêmes reflètent les sept modes fondamentaux qui sous-tendent les rapports humains. Il s'agit des relations matérielles (goûts communs, loisirs, intérêts financiers), magnétiques (attirance, charme), philosophiques (idées, convictions), émotionnelles (sentiments), physiques (sexualité), intellectuelles (communication) et karmiques (sentiment de « déjà rencontré » ou conviction instantanée que la rencontre est « définitive »). La découverte d'un partenaire astral se produit toujours par l'une d'elles, ou par plusieurs.

Nous avons aujourd'hui la possibilité de choisir nos partenaires. Autant en profiter et faire appel à tous les moyens dont nous disposons pour éviter de commettre, dans le domaine sentimental, des erreurs souvent si lourdes de conséquences. Que ceux qui ne savent comment terminer une relation et en commencent parallèlement une autre méditent le tableau suivant :

Critère	Relation actuelle	Relation nouvelle
Physique	+	+
Emotionnel	++	+
Intellectuel	–	+++
Matériel	+	–
Magnétique	++	– –
Philosophique	–	+
Karmique	– –	+

Cet exemple démontre qu'il faut combler les manques intellectuels, philosophiques et karmiques qui affectent la situation actuelle et non pas rechercher dans le nouveau partenaire le même genre de relations qu'avec le précédent. Dans le cas contraire, l'intéressé risquerait d'aboutir à un « transfert » rendant vaine toute tentative d'oubli de la relation précédente. Lorsque l'on met fin à une relation, mieux vaut donc changer de critère. Dans le présent cas, ce critère est celui de la communication intellectuelle qui ouvrira des perspectives encore jamais imaginées. Si l'on dispose de l'ouverture d'esprit nécessaire, on s'apercevra rapidement que le vide peu à peu se comble et que l'on va pouvoir construire avec sérénité quelque chose de nouveau.

La même remarque s'applique à tous ceux qui recherchent inlassablement certains archétypes de personnages. Il leur faudra un jour ou l'autre comprendre que les critères de taille, de couleur d'yeux ou de cheveux n'ont strictement aucune importance. Au contraire, le fait de demeurer obnubilé par un archétype révèle qu'un problème du passé, conscient ou non, n'a pas été résolu. Il convient donc de se défaire au plus tôt de ses préjugés et idées préconçues concernant tel ou tel type d'homme ou de femme, afin que cessent de se présenter des situations répétitives. Adopter un critère différent de relation s'avère beaucoup plus efficace que jeter son dévolu sur un type nouveau d'individu. Celui qui a compris cela s'accorde enfin toutes les chances d'éviter ou de surmonter les difficultés rencontrées jusqu'alors.

☆
☆ ☆
☆☆

Les vertigineuses facultés de calcul des logiciels pourraient contribuer dans une notable proportion à remédier à la solitude qui sévit dans nos sociétés post-industrielles.

Il est vrai que l'informatique au service de l'amour peut paraître une véritable atteinte au romantisme et à la poésie. Certes ! On pourrait aussi l'accuser d'empêcher le hasard de faire les choses. À ceci faut-il néanmoins répondre : qui détient l'information détient le pouvoir de choisir...

Les planètes évoluent dans le ciel comme le font les hommes sur la Terre. Certaines échangent des signes d'affection tandis que d'autres se haïssent... Les calculs d'éphémérides très longs deviennent, grâce à l'informatique, une affaire de quelques secondes. Certains logiciels, poussant l'analyse des potentiels de relations entre deux personnes jusque dans ses moindres détails, sont désormais capables de déterminer si elles peuvent s'entendre *avant* qu'elles ne se rencontrent.

Les chiffres sont éloquents : il existe entre deux personnes près de neuf mille critères astrologiques de comparaison. À partir d'un fichier contenant les coordonnées astrologiques de deux mille hommes et femmes, l'effectif étant réparti à égalité entre les deux sexes, l'ordinateur réalise, en neuf milliards d'opérations, les études comparées. La performance de mon logiciel le rend également capable, par le biais du « coefficient d'harmonie de rencontre » (résultante des influences astrales favorables et de celles qui impliquent des contraintes ou tensions), d'analyser jusqu'à cinq millions de couples en moins d'une heure !

Une fois les couples réalisés, une autre fonction de mon logiciel en calcule le « coefficient de durabilité », résultante des douze domaines dans lesquels ils peuvent développer leur relation et qui correspondent aux douze maisons astrologiques.

En effet, aux sept critères de rencontre qui ont été évoqués précédemment et qui marquent le début de l'histoire d'un couple, il convient d'ajouter ceux de durabilité, dont l'importance est au moins aussi grande. Au nombre de douze, ils s'associent aux significations des maisons du Zodiaque dont certaines permettront au couple d'atteindre un développement que, séparément, chaque partenaire n'aurait pu envisager. Ici encore se trouve vérifié l'adage qui veut que le tout soit plus que les parties.

Il arrive fréquemment que l'une des maisons, tout particulièrement, joue un rôle capital dans la destinée de l'entité que forme le couple. Rappelons brièvement ci-dessous la signification des maisons zodiacales, en illustrant notre propos de l'exemple fourni par des personnages célèbres.

Maison I : Développement de la conscience, de la personnalité.

Charles VII et Agnès Sorel : Charles VII débuta son métier de roi dans des circonstances difficiles. On dit que son amour pour la « Dame de Beauté » l'aida à prendre confiance en lui et lui donna même de l'esprit.

Maison II : Expansion des valeurs matérielles.

Christina Niarchos et Aristote Onassis : déjà riches avant leur union, ils le furent davantage ensuite.

Maison III : Expansion de la communication et des écrits.

George Sand et Chopin : leur relation les inspira dans leur art respectif.

Maison IV : Augmentation ou conservation des biens immobiliers.

Duc et duchesse de Sabran-Ponteves : grâce à leurs efforts conjugués et contre l'avis général, ils sauvèrent de la ruine leur demeure ancestrale d'Ansouis.

Maison V : Développement de la créativité.

Salvador Dali et Gala : nul doute que Gala ne contribua au génie de Dali.

Maison VI : Travail en commun.

Pierre et Marie Curie : leur étroite collaboration aboutit à la découverte du radium.

Maison VII : Association de longue durée, soutien et conseil.
Franklin et Eleanor Roosevelt (sa cousine) : le président américain consultait fréquemment sa cousine Eleanor sur les affaires des États-Unis.
Maison VIII : Sexualité, passion, métamorphose.
Elizabeth Taylor et Richard Burton : il n'est pas certain qu'ils aient été très heureux ensemble. Leur passion a néanmoins contribué à leur célébrité, que l'on pourrait résumer par cette formule lapidaire : « Des diamants et un verre de whisky » !
Maison IX : Philosophie, hautes études, religion.
Socrate et Xanthippe : à ses amis qui s'étonnaient de ce qu'il ne répudiât pas une épouse si acariâtre, Socrate répondit qu'elle l'aidait malgré elle à progresser dans le détachement et la philosophie.
Maison X : Carrière, vie sociale, ambitions politiques.
Henri II Plantagenêt et Aliénor d'Aquitaine : lorsque les époux cessèrent de s'entendre, l'étoile du roi pâlit.
Maison XI : Projets, espoirs, amitiés.
Jean Poiret et Michel Serrault : deux célèbres comédiens dont l'immense succès au théâtre contribua à les rendre inséparables.
Maison XII : Épreuves, inimitiés, sacrifices.
Julius et Ethel Rosenberg : ils furent condamnés à mort et exécutés pour espionnage au profit de l'URSS à l'époque du maccarthysme. Composé différemment, ce couple n'aurait sans doute pas connu ce destin tragique.

☆
☆ ☆
☆☆

Connaissant les sept critères de rencontre et les douze de durabilité, comment découvrir un partenaire astral sans passer par les agences matrimoniales, dont le principal défaut consiste à n'effectuer dans le meilleur des cas que des sélections socio-culturelles ?

Il suffit au lecteur de confier sa date de naissance au programme d'un logiciel et de lui faire balayer le ciel sur des jours, des semaines, des mois ou un éventail d'années. Il obtiendra les coefficients d'harmonie minima fixés par lui et découvrira sur son imprimante, en quelques secondes, une liste de dates de naissance offrant d'intéressantes affinités avec la sienne.

Avant d'entamer le ballet des approches incertaines, il est de toute évidence plus prudent de se renseigner auparavant sur la date de naissance d'une personne vers laquelle l'on se sent attiré. L'étude approfondie d'un thème de couple permet de savoir au moins une chose, la plus importante : va-t-on plaire à l'autre ? Dans l'affirmative, armée d'une meilleure confiance en elle-même, la personne amoureuse pourra sans recourir à des manœuvres ou des artifices de séduction demeurer naturelle et convaincre par la dimension supplémentaire que lui confère son étude préliminaire.

Ceci permettrait même à une femme, qui selon les schémas culturels habituels est généralement la seule à savoir que l'homme qui recherche sa compagnie lui convient, de déclarer : « Ne me dites rien... je sais que je vous plais ! » Elle éviterait ainsi à ce dernier, éventuellement, les affres de la perplexité.

À ceux à qui cette modification des rôles déplairait et qui pourraient se récrier en ces termes : « Mais vous tuez l'excitation de la conquête, avec votre système ! », ou encore : « Il n'y a déjà plus de poésie, vous allez aussi informatiser l'amour ? », je répondrai :

— Vous évitez de faux espoirs et économisez des rencontres sans lendemain. Vous vous épargnez donc des déceptions et un certain nombre de risques et de déconvenues ! La poésie, pour moi, c'est contempler un ciel de naissance et y découvrir lentement les formes d'un visage, d'un sourire, d'un corps et d'un regard.

Compte tenu de l'irruption du virtuel dans sa vie quotidienne, le lecteur sera peut-être tenté de se constituer une synastrie « géniale » et un composite superbe : il pourra donner à son programme informatique l'instruction suivante : « Trouve-moi une Vénus conjointe à mon Mars, un Soleil conjoint à ma Lune et fais en sorte que sa Lune soit sur mon Pluton ! »

Une autre application pratique de l'astrologie pourrait consister en un jeu, intitulé *Astral Poursuite,* dont la fonction finale serait de faire se rencontrer des personnes que tout rapproche au plan astral. S'il réussissait à vaincre les craintes et réticences diverses de nombre d'esseulés, il contribuerait sans doute à augmenter sensiblement le nombre des mariages en France, dont il faut rappeler qu'il a diminué de près de moitié en vingt ans.

☆
☆ ☆
☆☆

Voici maintenant des calculs et des interprétations permettant de partir à la recherche de son partenaire astral :

1. CALCUL DES COEFFICIENTS D'HARMONIE DE RENCONTRE (CR)

Rappelons que ces coefficients, qui résultent de nombreuses statistiques, ne constituent que des valeurs approximatives. Pour le lecteur averti, l'essentiel est de comprendre la méthodologie de l'approche. Il pourra lui-même, ensuite, modifier les chiffres selon la personnalité de chacun.

N.B. : Dans les cases à fond gris, la valeur indiquée à gauche correspond aux aspects dont la légende figure au bas du tableau.

TABLEAU 1

Coefficients selon les aspects réciproques en conjonction (partie droite du tableau)

	AS	☉	☾	☿	♀	♂	♃	♄	♅	♆	♇	⚸	☊
AS	– 1/1	2	4	1	2	1	2	– 1	– 2	– 1	– 1	– 1	2
☉	2	1/1	4	1	3	1	2	– 1	1	1	1	– 1	1
☾	3	3	2/4	2	3	2	2	– 3	2	1	2	– 2	2
☿	1	1	– 1	– 1/1	1	1	1	1	1	1	1	0	0
♀	3	2	2	– 1	2/3	3	2	– 2	2	1	2	– 1	1
♂	– 1	– 1	– 2	– 1	2	– 2/1	1	– 3	– 1	– 2	– 1	– 1	0
♃	2	1	2	1	2	1	0/1	1	1	1	1	0	1
♄	– 2	– 1	– 4	– 1	– 3	– 3	– 1	0	0	0	0	0	1
♅	– 3	– 2	1	– 1	1	– 2	1	0	0	0	0	0	– 2
♆	– 2	– 2	– 1	– 3	– 1	– 3	– 1	0	0	0	0	– 1	– 1
♇	– 1	– 1	1	– 1	1	– 2	– 1	0	0	0	0	– 1	– 1
⚸	– 2	– 1	– 1	– 1	– 1	– 2	– 1	– 1	– 1	– 1	– 1	– 2	– 2
☊	2	1	1	1	1	– 1	1	1	– 1	1	– 1	– 2	– 1/2

Coefficients selon les aspects réciproques en opposition (partie gauche du tableau)

TABLEAU 2

Coefficients selon les aspects réciproques en trigone/sextile (partie droite du tableau)

	AS	☉	☾	☿	♀	♂	♃	♄	♅	♆	♇	⚳	☊
AS	– 1/1	1	2	1	2	1	1	1	1	1	1	1	1
☉	– 1	– 1/1	2	1	2	1	2	1	1	1	1	0	1
☾	1	– 1	– 2/3	1	2	1	2	1	2	1	2	0	1
☿	– 1	– 1	– 1	– 1/1	1	1	1	1	1	1	1	0	0
♀	1	1	1	– 1	1/1	2	2	1	2	1	2	0	1
♂	– 1	– 1	– 2	– 1	2	– 2/1	1	1	1	1	1	0	0
♃	1	– 1	– 1	– 1	2	– 1	0/1	1	1	0	1	0	1
♄	– 1	– 1	– 3	– 1	– 2	– 3	– 1	0	0	0	0	0	1
♅	– 1	– 1	– 1	– 1	1	– 2	– 1	0	0	0	0	0	0
♆	– 1	– 1	– 1	– 1	– 1	– 2	– 1	0	0	0	0	0	0
♇	– 1	– 1	1	– 1	1	– 1	– 1	0	0	0	0	0	0
⚳	– 1	– 1	– 1	– 1	– 1	– 1	0	– 1	– 1	0	– 1	0	0
☊	– 1	– 1	– 1	– 1	1	– 1	0	– 1	– 1	0	0	0	0

Coefficients selon les aspects réciproques en carré (partie gauche du tableau)

2. CALCUL DES COEFFICIENTS D'HARMONIE DE DURABILITÉ (CD)

Les aspects formés par certaines planètes lentes ne sont pas pris en considération, car ils découlent de positions de longue durée, qui ne concernent les individus que par tranches d'âge.

TABLEAU 3

Coefficients selon des aspects en conjonction (partie droite du tableau)

	AS	☉	☾	☿	♀	♂	♃	♄	♅	♆	♇	⚸	☊
AS		2	3	1	2	1	1	0	−2	−1	−1	−1	2
☉	−1		3	1	2	1	2	1	1	1	1	−1	2
☾	0	2		2	3	3	2	−2	2	1	2	−1	2
☿	−1	−1	1		1	1	1	1	1	1	1	1	1
♀	1	2	2	−1		3	2	−2	2	1	2	1	2
♂	−1	1	2	−1	2		1	−2	−2	−1	−2	−1	1
♃	1	1	1	−1	1	−1		1	1	+1	1	1	1
♄	−2	−1	−3	−2	−2	−1	0		0	0	0	−1	1
♅	−3	−1	1	−1	1	−1	1	0		0	0	−1	−1
♆	−2	−1	−1	−2	−1	−1	0	0	0		0	0	0
♇	−2	−1	1	−1	1	−1	0	0	0	0		−1	1
⚸	−2	−1	−1	−1	−1	−1	0	−1	−1	−1	−1		−1
☊	1	−1	−1	−1	−1	−1	0	−1	−1	−1	−1	−1	

Coefficients selon des aspects en opposition (partie gauche du tableau)

TABLEAU 4

Coefficients selon des aspects en trigone/sextile (partie droite du tableau)

	AS	☉	☾	☿	♀	♂	♃	♄	♅	♆	♇	⚸	☊
AS		1	2	1	2	1	2	1	1	1	1	1	2
☉	−1		2	1	2	1	2	1	1	1	1	1	1
☾	1	2		1	2	2	2	1	2	1	2	1	1
☿	−1	−1	−1		1	1	1	1	1	1	1	1	1
♀	1	1	1	−1		2	2	1	2	1	2	1	1
♂	−1	−1	1	−1	2		1	1	1	1	1	1	1
♃	1	0	1	0	1	0		1	1	1	1	1	1
♄	−1	−2	−3	−1	−2	−2	0		0	0	0	0	0
♅	−1	−1	1	−1	1	−1	0	0		0	0	0	0
♆	−1	−1	−1	−2	−1	−2	0	0	0		0	0	0
♇	−1	−1	1	−1	1	−1	0	0	0	0		0	0
⚸	−1	−1	−1	0	0	−1	0	0	0	0	0		0
☊	0	−1	−1	0	0	−1	0	0	0	0	0	0	

Coefficients selon des aspects en carré (partie gauche du tableau)

TABLEAU 5

Coefficients selon les planètes en maison composite

Maisons	☉	☾	☿	♀	♂	♃	♄	♅	♆	♇
I	1	2	1	2	1	1	0	0	0	0
II	1	2	0	2	0	1	−1	0	0	0
III	0	0	1	0	0	1	−1	−1	0	−1
IV	2	3	0	2	0	1	−1	−1	0	−1
V	2	2	1	2	1	1	−1	−1	1	1
VI	0	0	−1	1	−1	0	−1	0	−1	−1
VII	3	3	1	3	−2	2	−1	−3	−2	−1
VIII	0	2	0	2	0	0	0	1	0	1
IX	0	0	1	0	0	1	1	0	1	0
X	1	1	0	2	1	1	0	0	0	0
XI	1	1	0	2	0	0	0	1	1	0
XII	−1	−1	0	1	−2	1	−2	0	2	−1

Remarque : Les puristes pourront également utiliser ces coefficients pour l'étude des maisons respectives des partenaires en synastrie.

☆
☆ ☆
☆☆

3. RÉCAPITULATION DU CALCUL DES COEFFICIENTS D'HARMONIE[1]

Cette méthode permet de procéder de manière très simple au calcul des coefficients d'harmonie entre deux personnes. Il suffit de noter l'existence des aspects dans chaque thème et de faire le total des points figurant dans les tableaux 1 et 2 pour établir les coefficients d'harmonie de rencontre (CR), et de récapituler les points indiqués dans les tableaux 3, 4 et 5 pour ceux de durabilité (CD).

1 Il est conseillé d'utiliser un logiciel pour réaliser ces calculs.

Il convient, répétons-le, de garder présent à l'esprit que les coefficients d'harmonie sont des valeurs arbitraires et que leur total peut excéder la valeur théorique de 20. L'important n'est donc pas le chiffre absolu que l'on a obtenu, mais plutôt la plage dans laquelle il se trouve. Un total situé entre 17 et 19 peut se révéler tout aussi favorable qu'un résultat compris entre 21 et 23. Pour ce qui est des valeurs très faibles, il faut savoir qu'elles n'excluent pas de fortes attractions... mais que ces dernières se montrent rarement durables et souvent destructrices.

Ceci conduit au tableau synoptique ci-dessus, récapitulatif des rencontres :

RENCONTRE		DURABILITÉ	
CR < 10	Faible	CD < 5	Faible
10 < CR < 15	Moyen	5 < CD < 8	Moyen
CR > 15	Fort	CD > 8	Fort

Légende : > = plus grand que
< = plus petit que

Des années d'observations et d'études menées sur des centaines de couples démontrent la fiabilité de ces coefficients ainsi que leur précision. Il convient toutefois de modérer l'interprétation lorsque les thèmes respectifs ne fournissent au total qu'un faible nombre d'aspects. Dans ce cas, l'on se contentera de considérer les planètes rapides et d'admettre que la part de libre arbitre est plus forte.

Une approche d'une plus grande précision permettra aux couples de découvrir des potentialités qu'ils n'imaginaient pas. Elle consiste à reprendre les tableaux 1 à 5 et à totaliser les points obtenus pour chaque planète. Ces totaux seront ensuite multipliés par un facteur indiqué dans le tableau suivant :

	☉	☾	☿	♀	♂	♃	♄	♅	♆	♇	⚳	☊
Total points												
Multiplier par facteur	3	1	3	1	3	1	1	6	3	6	1	6
Dominantes du couple												

La planète totalisant le nombre de points le plus élevé est alors appelée le **Maître du Couple.** Chacun découvrira avec intérêt quelles influences gouvernent sa relation. Celles-ci permettront de mieux comprendre l'évolution du couple au long des années. La planète totalisant le nombre de points le plus faible (valeur souvent négative) signale, suivant sa signification symbolique, dans quels domaines se produisent les tensions. Cet astre pourrait être surnommé « l'ennemi du couple ».

Soucieux de laisser à chacun sa part de libre arbitre, émettons une dernière observation, qui ne manque cependant pas d'importance : lorsque les coefficients obtenus sont faibles, il ne fait aucun doute que le couple devra affronter de grandes difficultés. En revanche, lorsqu'ils se révèlent élevés, il est prématuré d'annoncer que la réussite se fera sans efforts !

☆
☆ ☆
☆☆

Nous allons étudier maintenant les interprétations en synastrie (comparaison du thème natal de chacun des partenaires) et en composite (étude du thème composé par les mi-points des planètes du couple) pour une meilleure compréhension des propositions qui régissent les relations humaines.

4. LES INTERPRÉTATIONS EN SYNASTRIE

Chaque paragraphe correspond à un aspect planétaire existant entre deux thèmes. Son texte succinct suffit largement à une analyse globale et rapide. Il présente un archétype, une interprétation à caractère général destinée à servir de support de réflexion et non à contraindre le caractère mouvant et subtil de la personne humaine. Chaque couple ayant un caractère unique, le lecteur ne trouvera donc pas ici un livre de recettes, mais plutôt une liste d'éléments lui permettant d'approcher puis de cerner la signification des aspects planétaires observés en synastrie.

Afin de ménager éventuellement certaines sensibilités, les textes proposés ci-dessous se montrent quelque peu « optimistes ». Néanmoins, une lecture perspicace amènera à lire entre les lignes. Les valeurs CR (coefficient de rencontre) correspondent aux points qu'il faut totaliser pour obtenir les *coefficients d'harmonie de rencontre*. Certes, des astrologues chevronnés pourraient contester la valeur de ces coefficients et je ne saurais leur donner tout à fait tort. Mais ce que le lecteur trouvera dans les pages qui vont suivre représente le résultat d'années d'études et de recherches sur ordinateur. Il devra cependant garder présent à l'esprit qu'il s'agit de valeurs arbitraires ayant pour objet de « dégrossir » le problème posé et non d'affirmer péremptoirement que la vérité absolue réside dans ces chiffres.

L'état d'esprit, la disponibilité de chacun à vivre sa relation de couple restent fondamentaux. S'il arrivait que certains lecteurs, déjà unis et dont la relation connaît quelques tensions, trouvent dans les textes qui les concernent matière à conforter leurs griefs éventuels, qu'ils reçoivent ici une mise en garde : leur situation actuelle n'est due à la faute ni de l'un, ni de l'autre, mais à des positions planétaires qu'ils doivent apprendre à gérer.

Il est parfois difficile d'admettre que la manière dont on aborde certains sujets ou adopte certaines attitudes puisse provoquer des réactions, conscientes ou non, du partenaire susceptibles de le déséquilibrer complètement. C'est donc aussi au nom de sa propre sécurité qu'il faut s'efforcer de comprendre cet état de choses et d'accepter, dans un cas ultime, de se séparer de son compagnon de vie sans déchirement.

☆
☆ ☆
☆☆

Les conjonctions en synastrie (comparaison du thème de couple)

Rappelons que la conjonction correspond à une différence angulaire entre deux planètes pratiquement nulle (0 à 8°).

Les conjonctions de l'Ascendant

Conjonction Ascendant - Ascendant (CR = + 1)
Avec le temps, vous vous rendrez compte que le sens de votre vie va dans la même direction, c'est-à-dire la recherche d'un avenir commun. Toute prudence ne doit cependant pas être bannie : une trop grande identité de vues provoque parfois une lassitude dans la relation.

Conjonction Ascendant - Soleil (CR = + 2)
Vous avez une nette attirance l'un envers l'autre et des objectifs similaires. Une admiration réciproque vous stimule. Vous pouvez réaliser ensemble de grands projets grâce à une prise de conscience des possibilités qui s'ouvrent à vous.

Conjonction Ascendant - Lune (CR = + 4)
Vous détenez un fort potentiel de relations émotionnelles et vous vous sentez bien ensemble sur de nombreux plans. Cette configuration planétaire se retrouve très souvent entre mari et femme, car les sensibilités sont similaires.
Conjonction Ascendant - Mercure (CR = + 1)
La forme de pensée de l'un intéresse visiblement l'autre. Il existe entre vous une certaine complicité spirituelle et une facilité dans la communication. Vous devriez rire ensemble et aimer vous mesurer l'un à l'autre dans des joutes oratoires.
Conjonction Ascendant - Vénus (CR = + 2)
Vous serez charmés par vos personnalités. Un rien de douceur vous donne un bon potentiel de relations amoureuses. Cette configuration est fréquente chez les gens mariés. Vous pouvez réaliser de nombreux projets agréables.
Conjonction Ascendant - Mars (CR = + 1)
Il existe dans votre relation un défi permanent très stimulant pour le couple. Si vous recherchez une union calme, ce ne sera pas le cas, car il existe toujours une nécessité de mouvement ou d'action. Vous formerez un couple qui « bouge ».
Conjonction Ascendant - Jupiter (CR = + 2)
Il règne entre vous un sentiment réciproque de bienveillance. Vous avez un fort potentiel d'expansion et de chance. Les sentiments et les actes sont généreux et votre amitié positive, basée sur la tolérance.
Conjonction Ascendant - Saturne (CR = – 1)
L'un des partenaires assure la stabilité du couple par la réflexion, la patience et la compréhension. La relation ne se montre pas exaltante tous les jours, mais elle est durable grâce à la confiance et à la prise de conscience de vos responsabilités.
Conjonction Ascendant - Uranus (CR = – 2)
L'originalité de votre partenaire vous attire. Il vous fera connaître des choses nouvelles. Votre rencontre a dû se faire de manière imprévue, peut-être par un « coup de foudre ». Mais, sauf confirmation, votre union ne sera pas durable.
Conjonction Ascendant - Neptune (CR = – 1)
L'un des partenaires fera prendre conscience à l'autre de son potentiel de générosité et de ses dispositions charitables. Votre relation est néanmoins trop idéalisée et, sauf avis contraire, elle se révélera illusoire.
Conjonction Ascendant - Pluton (CR = – 1)
Cette configuration amène le réveil de certaines pulsions de destruction restées inconscientes. Des éruptions volcaniques sont à craindre, à moins que chacun d'entre vous ne soit d'une nature particulièrement sereine.

Conjonction Ascendant - Lune noire (CR = – 1)
Celui ou celle dont la Lune noire aspecte l'Ascendant de l'autre pourrait provoquer chez le partenaire un syndrome de sacrifice. Il conviendra alors de veiller à ce que ce soit pour une bonne cause.
Conjonction Ascendant - Nœud Nord (CR = + 2)
Une force karmique existe entre vous, comme si vous vous étiez déjà connus dans une autre vie. Certaines questions sont sans doute restées en suspens dans cette vie antérieure. Vous ressentez aussi une attraction mutuelle « hypnotique ».

Les conjonctions du Soleil

Conjonction Soleil - Soleil (CR = + 1)
Vos dates de naissance sont rapprochées. Contrairement aux croyances populaires, cette configuration n'apporte aucune garantie de compatibilité car vous risquez de vous ennuyer rapidement, à moins que d'autres éléments du thème ne signalent le contraire.
Conjonction Soleil - Lune (CR = + 4)
Cet aspect planétaire signifie tout simplement l'amour, ou une très profonde amitié. Vous formez un couple idéal sur bien des points et seule la fatalité pourrait expliquer l'échec d'une telle relation.
Conjonction Soleil - Mercure (CR = + 1)
Facilité de communication et bon contact intellectuel caractérisent cette configuration. L'un des partenaires poussera l'autre à étudier ou à écrire, et vous suivrez les conseils l'un de l'autre.
Conjonction Soleil - Vénus (CR = + 3)
La position de Vénus est excellente dans votre relation et présage une grande entente en amour, tant sur le plan émotionnel que physique. Vous éprouvez réciproquement une authentique affection et pourrez vivre une association heureuse.
Conjonction Soleil - Mars (CR = + 1)
Votre couple dégage une grande énergie créatrice. Vous désirez faire des projets ensemble. L'attraction physique est forte, surtout lorsqu'il s'agit de personnes de sexe opposé. Quelle que soit la relation, l'indifférence n'y aura pas sa place.
Conjonction Soleil - Jupiter (CR = + 2)
Optimisme et compréhension caractérisent votre couple. La prospérité consacrera une éventuelle association. Vous vous apprécierez et vous respecterez. Vous possédez toutes les chances de réussir en amour.
Conjonction Soleil - Saturne (CR = – 1)
Cette relation est faite pour durer, même si elle n'apparaît pas toujours exaltante au quotidien. Vous prendrez conscience de vos responsabilités respectives, ce qui est excellent, mais manquerez parfois d'enthousiasme.

Conjonction Soleil - Uranus (CR = + 1)
Votre couple ne peut « fonctionner » que si chacun laisse une grande liberté à l'autre. Il existe une originalité certaine dans votre relation et un fort potentiel d'amitié. Vous serez prêts à vivre toutes sortes d'expériences nouvelles.
Conjonction Soleil - Neptune (CR = + 1)
Vos goûts esthétiques et culturels se révèlent similaires. L'un de vous ouvrira à l'autre son univers intérieur fascinant, favorisant la création de liens très subtils rarement compris par l'entourage.
Conjonction Soleil - Pluton (CR = + 1)
Il existe un grand potentiel d'attirance physique entre vous, qui pourrait ne se révéler que tardivement et devenir profond, voire passionnel. Ensemble, vos forces se trouveront décuplées et vous pourrez réaliser des projets importants.
Conjonction Soleil - Lune noire (CR = – 1)
Cette configuration est ambiguë, car elle signale un sacrifice ou une faculté d'abnégation qu'il est possible de sublimer au profit d'une cause extérieure au couple.
Conjonction Soleil - Nœud Nord (CR = + 1)
Être en accord sur les notions de famille, de maison et de passé s'avère capital pour votre couple. Sauf autres aspects très dissonants, la durabilité de l'union est garantie.

Les conjonctions de la Lune

Conjonction Lune - Lune (CR = + 4)
Votre identité de sentiments et votre contact naturel garantissent une très bonne entente. Il s'agit d'une excellente configuration pour des conjoints. Vous vous habituerez facilement à la présence l'un de l'autre.
Conjonction Lune - Mercure (CR = + 2)
Cette configuration est excellente pour les relations élève/professeur, car l'intérêt de l'un est focalisé sur la culture de l'autre. Des centres d'intérêt communs facilitent la communication..
Conjonction Lune - Vénus (CR = + 3)
Un aspect qui s'avère l'un des meilleurs pour des relations amoureuses. Peu importe la relation, vous ne passerez pas inaperçus ! Si le partenaire ne réagit pas à vos avances, c'est qu'il joue la comédie car vous devez le faire craquer...
Conjonction Lune - Mars (CR = + 2)
Les relations physiques revêtent une grande importance. Les dissensions se règlent vite sur l'oreiller, surtout lorsque la femme défie l'homme. Cependant, en cas d'inhibition sexuelle de l'un, l'autre pourrait éprouver des sentiments de frustration.

Conjonction Lune - Jupiter (CR = + 2)
Les relations de votre couple se révèlent agréables et décontractées. Sauf avis contraire, le sens moral et la générosité de l'un sécuriseront l'autre. Une bonne complémentarité permet de réaliser des projets en commun.
Conjonction Lune - Saturne (CR = – 3)
Un blocage fondamental réside au niveau émotionnel. Il ne faut accuser personne, mais une certaine antipathie est inévitable parce que les élans de l'un se trouvent frustrés par l'attitude réservée de l'autre. Cette configuration se retrouve souvent lorsque la différence d'âge entre les partenaires est importante.
Conjonction Lune - Uranus (CR = + 2)
Il existe une sorte de fascination magnétique entre vous. Cela a dû faire « tilt » le jour de votre première rencontre ! L'un sera séduit par le dynamisme et l'originalité de l'autre, mais cette relation ne s'avérera pas forcément durable.
Conjonction Lune - Neptune (CR = + 1)
Votre couple vit une sorte de rêve. Vous avez une délicate et subtile sympathie l'un pour l'autre qui apparaît parfois un peu irréelle. L'un apportera à l'autre espoir et fantaisie en lui ouvrant un univers inconnu.
Conjonction Lune - Pluton (CR = + 2)
Le potentiel de sexualité de votre couple joue un rôle très important. Dans certains cas, il permet d'éveiller des capacités physiques et des sensations nouvelles qui seront rarement atteintes avec d'autres partenaires.
Conjonction Lune - Lune noire (CR = – 2)
Cette configuration suppose un potentiel de sacrifice émotionnel très difficile à gérer. L'attirance réciproque est néanmoins forte, bien que chacun se regarde avec des émotions différentes.
Conjonction Lune - Nœud Nord (CR = + 2)
Il existe une relation karmique entre vous. L'un aura la faculté d'hypnotiser l'autre et l'attraction devrait être irrésistible sur le plan émotionnel. La relation peut se révéler intense si d'autres facteurs du thème le confirment.

Les conjonctions de Mercure

Conjonction Mercure - Mercure (CR = + 1)
Il existe une grande sympathie intellectuelle entre vous, voire une complicité. Vous avez matière à rire ensemble et à développer vos idées. Vous serez étonnés de découvrir que vous pensez aux mêmes choses au même moment.
Conjonction Mercure - Vénus (CR = + 1)
L'un aidera l'autre à propager ses idées. Cette configuration favorise

une collaboration dans les relations publiques et votre cercle d'amis va s'agrandir.

Conjonction Mercure - Mars (CR = + 1)
Une lutte constructive entre la pensée et l'action résulte de cette configuration. Attention aux excès dans ce domaine. Maîtrisez vos pulsions, même si vous vous sentez piqué au vif par les manifestations du partenaire.

Conjonction Mercure - Jupiter (CR = + 1)
L'entente intellectuelle est bonne. L'un fera profiter l'autre de ses expériences et l'aidera à développer sa pensée. Les relations enfants/parents se révèlent favorables sous cet aspect qui prédispose à l'harmonie.

Conjonction Mercure - Saturne (CR = + 1)
L'un exerce une influence stabilisante sur la nervosité de l'autre, en le faisant profiter de sa pondération et de son expérience, et en lui donnant des conseils pratiques pour se maîtriser.

Conjonction Mercure - Uranus (CR = + 1)
L'un aidera l'autre à prendre de nouvelles orientations intellectuelles et à ouvrir son esprit vers d'autres horizons, parfois d'une façon imprévue et originale. Il pourra se produire entre vous des transmissions de pensée.

Conjonction Mercure - Neptune (CR = + 1)
Il existe peu de compréhension dans votre couple. L'intellect de l'un se marie mal avec la sensibilité et l'idéalisme de l'autre. Malgré tout, vous pourrez vous découvrir des goûts communs dans les domaines artistique et mystique.

Conjonction Mercure - Pluton (CR = + 1)
La présence de l'un peut susciter une transformation intellectuelle chez l'autre et lui permettre d'évoluer vers plus de transcendance. Cette forme d'évolution se révèle en général bénéfique.

Conjonction Mercure - Lune noire (CR = 0)
Littéralement, cette conjonction signifie un « sacrifice intellectuel ». Son sens apparaît clairement lorsqu'il s'agit de comprendre qu'il faut aussi quelques notions d'abnégation pour former un couple.

Conjonction Mercure - Nœud Nord (CR = 0)
Les notions de vies antérieures et futures fournissent fréquemment des sujets de discussions constructives.

Les conjonctions de Vénus

Conjonction Vénus - Vénus (CR = + 3)
Il existe un sérieux potentiel d'affection dans ce thème. Il faut cependant faire attention à l'excès de facilité de la relation, car l'un compte trop sur l'autre pour dissiper les malentendus. Les conflits seront peu importants.

Conjonction Vénus - Mars (CR = + 3)
Cet aspect est excellent pour les relations sexuelles ou toute activité physique. La relation éventuellement entamée sur cette base se révélera au moins favorable dans ce domaine !
Conjonction Vénus - Jupiter (CR = + 2)
La configuration de votre couple vous assure une union heureuse, car elle réduit fortement toutes les tensions potentielles du thème. Vous êtes véritablement pour l'autre un partenaire astral.
Conjonction Vénus - Saturne (CR = – 2)
L'un des partenaires exige trop de l'autre alors qu'il manifeste pour sa part une froideur excessive. Cette relation peut néanmoins durer, même si l'un éprouve de temps en temps quelques sentiments de frustration.
Conjonction Vénus - Uranus (CR = + 2)
Vos relations s'avèrent très stimulantes et pimentées. Votre couple possède un fort magnétisme et vos relations sexuelles seront en général excellentes. Vous êtes fascinés l'un par l'autre, mais concevez de l'angoisse à l'idée que cela pourrait ne pas durer.
Conjonction Vénus - Neptune (CR = + 1)
Il existe une grande pureté dans cette affection. Si vous avez la chance de disposer d'une bonne entente physique, vous formerez un couple idéal. La tendresse réciproque n'exclut cependant pas la lucidité.
Conjonction Vénus - Pluton (CR = + 2)
Votre forte perception de la sexualité de votre partenaire apporte à votre couple une grande harmonie. Cette configuration se montre excellente pour des partenaires sportifs, car les réactions de l'autre sont vite comprises.
Conjonction Vénus - Lune noire (CR = – 1)
Une certaine forme d'abnégation est inévitable sous cet aspect. Elle peut mener à de nombreuses frustrations sur le plan affectif et même physique.
Conjonction Vénus - Nœud Nord (CR = + 1)
Vous aurez le sentiment d'une bienveillance naturelle de la part du partenaire... comme si vous aviez déjà été heureux dans une autre vie.

Les conjonctions de Mars

Conjonction Mars - Mars (CR = + 1)
Vous dégagez une énergie hors du commun qui vous prédispose à la création. Prenez garde cependant de ne pas vous disperser et soyez persévérants.
Conjonction Mars - Jupiter (CR = + 1)
Cet aspect se révèle excellent pour toute activité physique. Vous serez de bons partenaires dans le domaine du sport. La réussite de l'un sera

favorisée par l'aide matérielle de l'autre, qui pourrait l'apporter avec un peu trop d'insouciance.

Conjonction Mars - Saturne (CR = – 3)

Cette configuration assure la stabilisation de la relation, car l'un peut tempérer l'autre tandis que ce dernier apporte assurance et confiance dans la réussite. Faute d'une bonne coordination entre action et réflexion, il s'agit cependant d'une relation quelque peu difficile.

Conjonction Mars - Uranus (CR = – 1)

Vous avez parfois besoin de prendre l'air pour respirer, la présence permanente de l'autre risquant d'être une source de conflits. Comme vous ne pouvez vous empêcher de vous harceler, des séparations momentanées vous permettront de « recharger les batteries ».

Conjonction Mars - Neptune (CR = – 2)

Votre relation physique, souvent trop émotionnelle, pourrait poser un réel problème. L'un se montre direct tandis que l'autre esquive en permanence : difficile de se retrouver ! Un attrait mystérieux émane pourtant de l'un des partenaires.

Conjonction Mars - Pluton (CR = – 1)

Il existe entre vous un potentiel de violence qui peut décupler vos énergies si vous apprenez à les canaliser. Dans le cas contraire, des pulsions incontrôlées risquent d'entraîner la destruction de votre relation.

Conjonction Mars - Lune noire (CR = – 1)

Les risques de rupture sont fréquents. En général, ces séparations se font de manière rapide et franche. Dans le cas contraire, votre couple conserve une chance de subsister.

Conjonction Mars - Nœud Nord (CR = 0)

Il n'est pas certain que ce couple ait été opposé par un esprit de compétition trop fort, ni qu'il le soit dans l'avenir.

Les conjonctions de Jupiter

Les conjonctions entre positions lentes acquièrent une signification véritable lorsqu'elles se retrouvent dans chacun des thèmes étudiés.

Conjonction Jupiter - Jupiter (CR = + 1)

Il existe beaucoup d'optimisme dans votre couple et une grande compréhension. La prospérité est assurée dans le cas d'une association. Vous vous apprécierez et vous respecterez.

Conjonction Jupiter - Saturne (CR = + 1)

Cette relation est faite pour durer, même si elle n'est pas passionnante tous les jours. Vous prendrez conscience de vos responsabilités respectives, ce qui est excellent, mais vous manquerez parfois d'enthousiasme.

Conjonction Jupiter - Uranus (CR = + 1)

Votre couple ne peut « fonctionner » que si chacun laisse une grande liberté à l'autre. Votre relation porte la marque d'une grande originalité et possède un fort potentiel d'amitié. Elle vous donnera le goût de vivre toutes sortes d'expériences nouvelles.

Conjonction Jupiter - Neptune (CR = + 1)

Vous vous entendez bien sur le plan de la morale. Votre estime est réciproque et vous pourrez compter sur la générosité de l'autre. Vous connaîtrez les mêmes périodes de chance, ce qui est favorable pour une association.

Conjonction Jupiter - Pluton (CR = + 1)

Vous vous montrez raisonnables dans vos ambitions sur le plan matériel, ce qui vous permet d'éviter les dépenses inconsidérées. L'un apporte expérience et pondération à l'autre qui pourra mener à terme ses projets, parfois lentement mais sûrement.

Conjonction Jupiter - Lune noire (CR = 0)

Ici, la notion de sacrifice est fortement réduite. Il est possible que votre couple s'intéresse à des actions humanitaires.

Conjonction Jupiter - Nœud Nord (CR = + 1)

Cet aspect annonce un chemin de vie commun en principe sans écueils.

☆
☆ ☆
☆☆

Les oppositions en synastrie (comparaison du thème de couple)

Rappelons que l'opposition correspond à une différence angulaire entre deux planètes d'environ 180° (172 à 188°).

Les oppositions de l'Ascendant

Opposition Ascendant - Ascendant (CR = – 1)

Bien que vos destinées n'aillent pas dans la même direction, une certaine complémentarité est possible. Si l'Ascendant tombe dans la maison VI du partenaire, la relation pourrait se révéler source de contraintes.

Opposition Ascendant - Soleil (CR = + 2)

Malgré quelques petites rivalités, vous êtes des partenaires professionnels idéaux. Vous vous apportez mutuellement soutien et conseils, ce qui débouche sur une bonne collaboration. Vous pourrez renforcer vos points faibles.

Opposition Ascendant - Lune (CR = + 3)
Cette configuration est fréquente entre mari et femme. Vous vous aidez mutuellement à élargir le cercle de vos relations, car l'un d'entre vous constitue une bonne relation publique pour l'autre. Vous formez une association pleine de tact.
Opposition Ascendant - Mercure (CR = + 1)
Malgré des points de vue parfois contraires, il existe une complémentarité dans les idées. Cette configuration est profitable dans des relations entre un avocat et son client.
Opposition Ascendant - Vénus (CR = + 3)
Vous bénéficiez d'un excellent potentiel d'union, surtout dans le domaine affectif. Sans aspect néfaste, cette configuration promet beaucoup d'harmonie et de chaleur. Elle se retrouve souvent chez les personnes mariées ou associées de longue date.
Opposition Ascendant - Mars (CR = – 1)
Malgré certaines frictions dues à un sentiment de compétition, votre couple doit former une association énergique et constructive. Il règne une grande complémentarité entre vous, de même qu'une certaine attirance physique.
Opposition Ascendant - Jupiter (CR = + 2)
Cette configuration est sans doute la meilleure pour toute collaboration. Il est certain que vous réussirez mieux ensemble, au sein du couple, que séparément. Les relations s'avèrent particulièrement bénéfiques sur le plan professionnel.
Opposition Ascendant - Saturne (CR = – 2)
Cette relation est potentiellement durable, mais l'entente ne va pas de soi et il vous faudra du temps pour vous comprendre et vous apprécier. Vous ne manifesterez guère vos émotions. Si le partenaire est votre avocat ou votre employeur, mieux vaut en changer.
Opposition Ascendant - Uranus (CR = – 3)
Cette relation ne présente que peu de stabilité et les risques de rupture sont réels. Une association n'est à conseiller que dans le cas d'échanges d'idées originales, par exemple pour développer une invention.
Opposition Ascendant - Neptune (CR = – 2)
Il existe peut-être une communion mystique entre vous, mais les sentiments restent quelque peu évasifs. S'il s'agit de votre avocat : changez-en ! Il faudra consentir certains sacrifices pour une relation harmonieuse.
Opposition Ascendant - Pluton (CR = – 1)
Vous ne pourrez entretenir des relations satisfaisantes avec votre partenaire qu'après avoir sincèrement discuté de ses motivations réelles. L'un comme l'autre pourrez exiger un dévouement total et l'obtenir.
Opposition Ascendant - Lune noire (CR = – 2)
Un empêchement ou un frein entrave souvent cette relation, qui ne permet pas au couple de vivre uni.

Opposition Ascendant - Nœud Nord (CR = + 2)
Au fil du temps, votre évolution psychologique ne suit pas la même direction que celle de votre partenaire, de sorte que vous risquez de découvrir un jour en face de vous une autre personne !

Les oppositions du Soleil

Opposition Soleil - Soleil (CR = + 1)
Malgré une certaine compétition, vous êtes très complémentaires et saurez vous apprécier mutuellement. Il y a de fortes chances que votre relation soit harmonieuse, car vous êtes faits l'un pour l'autre.
Opposition Soleil - Lune (CR = + 3)
Vous êtes fondamentalement en harmonie sur le plan émotionnel et sentimental. Un fort magnétisme nimbe vos relations et vous savez vous apprécier. L'un séduit et l'autre se laisse prendre...
Opposition Soleil - Mercure (CR = + 1)
Cette relation est bonne pour une association, car il y a complémentarité entre action et réflexion. Il peut se produire parfois des désaccords sur le plan intellectuel qui éventuellement donneront lieu à des joutes oratoires piquantes.
Opposition Soleil - Vénus (CR = + 2)
Vos sentiments sont forts et les dissensions en général faibles. Si vous vivez ensemble ou êtes associés, les risques de rupture sont minimes. Vous éprouvez une grande affection l'un pour l'autre. Amitié ? Amour ? Tout ira bien !
Opposition Soleil - Mars (CR = – 1)
Un trop-plein d'énergie difficile à canaliser se produit quelquefois entre vous. Si vous êtes de sexe opposé, la femme aura tendance à « porter le pantalon ».
Opposition Soleil - Jupiter (CR = + 1)
Il existe un bon potentiel d'association et de complémentarité sur le plan matériel. Cependant, l'un des partenaires manifeste parfois une certaine paresse et aurait tendance à laisser travailler l'autre.
Opposition Soleil - Saturne (CR = – 1)
L'un des partenaires manque d'entrain et assombrit le petit coin de soleil de l'autre. Toutes sortes de refroidissements sont donc à prévoir.
Opposition Soleil - Uranus (CR = – 2)
Votre couple ne peut être stable, car votre irritabilité excessive entraîne des divergences destructrices. Vous ne vous supporterez pas vingt-quatre heures sur vingt-quatre !
Opposition Soleil - Neptune (CR = – 2)
Une association professionnelle est à déconseiller. Vos relations sont trop floues et chacun aura tendance à l'exagération. Pour réussir, la

relation devra faire l'objet d'une définition claire afin que puisse s'instaurer une confiance réciproque.

Opposition Soleil - Pluton (CR = – 1)

Sexualité et pouvoir : les deux vont souvent de pair. Entre vous les rapports de forces sont tels qu'une collaboration est impossible. Il reste une alternative : éviter certaines discussions ou se séparer !

Opposition Soleil - Lune noire (CR = – 1)

Votre couple risque de souffrir d'un manque de stabilité et d'un désir de rupture subconscient. La notion de sacrifice, voire d'esclavage de l'un par rapport à l'autre est fréquente.

Opposition Soleil - Nœud Nord (CR = + 1)

Les objectifs ne sont pas toujours identiques et il faudra veiller à bien les définir avant d'entamer la relation. Certains messages du passé vous permettent néanmoins d'éclairer votre chemin.

Les oppositions de la Lune

Opposition Lune - Lune (CR = + 2)

Les contrastes piquants qui existent entre vous semblent être à l'origine de la complicité qui se dégage de votre couple. Vous aurez envie de rire de tout et de rien. Ne vous en privez pas : le ridicule ne tue pas !

Opposition Lune - Mercure (CR = – 1)

L'esprit critique inapproprié de l'un poussera l'autre à s'opposer systématiquement à ses projets. Une harmonie de couple ne s'obtiendra qu'au prix de concessions dans les relations intellectuelles et émotionnelles.

Opposition Lune - Vénus (CR = + 2)

Vous possédez une bonne complémentarité dans les sentiments et les émotions. Vous aimerez marivauder. Amour ? Jeu de séduction ?... Ou simplement sympathie ?

Opposition Lune - Mars (CR = – 2)

L'un des partenaires peut, par sa brusquerie, heurter la sensibilité de l'autre, ce qui a pour effet de provoquer de grandes tensions dans le couple. En l'absence de sentiments forts, une telle relation est à éviter.

Opposition Lune - Jupiter (CR = + 2)

Il existe, dans votre couple, une bonne complémentarité entre l'action de donner et celle de recevoir. Le secret de la réussite d'une relation n'est-il pas de savoir ce dont l'autre a vraiment besoin ?

Opposition Lune - Saturne (CR = – 4)

La réserve, voire la froideur de l'un sera mal ressentie par l'autre qui, son besoin d'affection inassouvi, en concevra un sentiment de frustration. Sauf sérieux motifs, c'est une relation qu'il vaut mieux éviter d'entamer.

Opposition Lune - Uranus (CR = + 1)
Malgré une certaine fascination mutuelle, trop d'incompréhensions vous séparent sur le plan émotionnel. Des relations amicales ou des activités originales en commun sont néanmoins envisageables.
Opposition Lune - Neptune (CR = – 1)
Vous risquez de rater le coche sur le plan émotionnel, car l'expression de vos sentiments manque par trop de précision. Votre couple ne pourra survivre que si chacun fait l'effort de se confier à l'autre.
Opposition Lune - Pluton (CR = + 1)
La puissance de l'un des partenaires peut apparaître déstabilisante pour l'autre, qui devra veiller à ne pas tomber sous la coupe de son compagnon au risque de voir s'instaurer une certaine forme d'esclavage.
Opposition Lune - Lune noire (CR = – 1)
Un sacrifice émotionnel s'avère souvent inévitable sous cette configuration. Il faudra s'efforcer de le définir clairement avant de se lancer dans une relation affective.
Opposition Lune - Nœud Nord (CR = + 1)
Par cette configuration se présente soit une dette émotionnelle du passé qu'il faut maintenant « rembourser », soit une créance dont le moment est venu de recueillir le fruit. Il est donc vivement conseillé de « fixer les tarifs », autrement dit d'observer un temps de réflexion, avant de s'engager dans cette relation.

Les oppositions de Mercure

Opposition Mercure - Mercure (CR = – 1)
Vos divergences de points de vue sont constructives et stimulantes ; cependant l'un refuse parfois d'être contredit par l'autre. La réussite de votre couple passera par la tolérance et le respect des idées d'autrui.
Opposition Mercure - Vénus (CR = – 1)
Vous n'évoluez pas sur la même longueur d'onde dans les domaines émotionnel et intellectuel. Ce couple ne pourra durer sans la prédominance d'éléments forts.
Opposition Mercure - Mars (CR = – 1)
Voilà une relation dominée par la provocation, et où la tolérance sera nécessaire pour apaiser les conflits. Les partenaires se trouveront bien de rencontres espacées. Chacun d'eux prétend avoir raison alors que la vérité est ailleurs !
Opposition Mercure - Jupiter (CR = + 1)
La complémentarité dans la recherche des moyens de s'enrichir représente une bonne configuration pour une association. Attention cependant aux erreurs de jugement consécutives à une certaine paresse.

Opposition Mercure - Saturne (CR = – 1)
Il existe un blocage au niveau des échanges intellectuels et de la parole. Il vaut mieux apprendre à connaître et comprendre le « système » de raisonnement de l'autre avant d'entamer une polémique.
Opposition Mercure - Uranus (CR = – 1)
Cette configuration dénote un risque de querelles portant sur les conceptions intellectuelles. Tout sujet de discussion devra être évité. Si les autres aspects ne sont pas favorables, mieux vaut cesser la relation !
Opposition Mercure - Neptune (CR = – 3)
Il est difficile de ne pas se mentir sous cette configuration. Le dialogue évitera les incompréhensions et la franchise apportera une solution aux difficultés. Si l'un éprouve des doutes sur la façon de penser de l'autre, qu'il lui en demande l'explication.
Opposition Mercure - Pluton (CR = – 1)
Il risque de se produire un blocage entre les idées de l'un et le subconscient de l'autre. L'un des partenaires peut en effet provoquer des tensions en poussant l'autre dans ses retranchements par une inquisition constante.
Opposition Mercure - Lune noire (CR = – 1)
Symboliquement, cette configuration signifie « rupture de communication ». Celui qui souffre de cette situation devra demander à l'autre de cesser de lui couper systématiquement la parole !
Opposition Mercure - Nœud Nord (CR = + 1)
Il n'est pas certain que les opinions de ce couple concordent sur la définition des notions de vies antérieures.

Les oppositions de Vénus

Opposition Vénus - Vénus (CR = + 2)
Il existe une bonne complémentarité entre vos sentiments et vos désirs.
Opposition Vénus - Mars (CR = + 2)
Votre couple connaîtra quelques difficultés d'adaptation sur le plan physique, mais avec un peu d'entraînement tout rentrera dans l'ordre ! Il existe en effet un fort potentiel d'attirance, et seule l'impatience pourrait troubler la relation.
Opposition Vénus - Jupiter (CR = + 2)
Vous bénéficiez d'une bonne complémentarité sur le plan matériel et d'un intéressant potentiel pour profiter des acquis. Veillez cependant à respecter les aspirations de l'autre et à ne pas tenir à vous seul les cordons de la bourse.
Opposition Vénus - Saturne (CR = – 3)
Il est difficile de souder une réelle amitié sous cette configuration par

manque de complicité. Elle amène souvent le sacrifice de l'un sans que l'autre ne fournisse de contrepartie.

Opposition Vénus - Uranus (CR = + 1)

Si cette relation doit cesser, vous ne regretterez cependant pas de l'avoir vécue, car elle aura été d'une exceptionnelle intensité. L'un des partenaires pourra réveiller l'instinct sexuel de l'autre et même, en certains cas, le « démon de midi ».

Opposition Vénus - Neptune (CR = – 1)

Vos notions de tendresse et d'idéalisme se révèlent complémentaires, même si elles sont parfois décalées dans le temps. Une bonne connaissance l'un de l'autre permettra d'éviter de manquer votre relation sur l'un de ces plans.

Opposition Vénus - Pluton (CR = + 1)

Vous aurez besoin respectivement de beaucoup de liberté. C'est pourquoi une relation amant/maîtresse paraît être la plus indiquée. Vous saurez varier les plaisirs et détesterez la routine.

Opposition Vénus - Lune noire (CR = – 1)

Le risque de sacrifice émotionnel est sérieux. L'un pourra souffrir du manque d'affection de l'autre.

Opposition Vénus - Nœud Nord (CR = + 1)

Une certaine émotion vécue dans vos vies antérieures pourra resurgir et vous faire prendre conscience que votre rencontre n'est pas due au hasard.

Les oppositions de Mars

Opposition Mars - Mars (CR = – 2)

L'un des partenaires s'emploiera à contrarier les activités de l'autre. Il est toujours difficile de nouer une relation durable avec une telle configuration, à moins que le plan de travail ne soit nettement défini et placé sous le contrôle d'un tiers ne prenant pas parti.

Opposition Mars - Jupiter (CR = + 1)

La générosité de l'un se trouve en contradiction avec le désir impétueux de l'autre. L'un est optimiste et l'autre plutôt « fonceur ». Attention aux actions imprudentes.

Opposition Mars - Saturne (CR = – 3)

Il y a opposition et tension entre la réflexion de l'un et l'action de l'autre, ce qui rend la vie professionnelle ou en commun difficile, voire impossible. Seuls d'autres aspects favorables du thème peuvent estomper ces divergences.

Opposition Mars - Uranus (CR = – 2)

Vous vous tenez sur la défensive comme deux partenaires d'escrime. L'un attaque directement et l'autre par surprise. Si les problèmes ne sont pas résolus avec calme, l'un de vous risque de prendre la mouche et de provoquer la rupture.

Opposition Mars - Neptune (CR = – 3)
Vos facultés de compréhension ne sont guère compatibles. Certains problèmes se trouvent éludés et votre relation manque parfois de sincérité. Malgré l'existence d'une certaine fascination réciproque, vous risquez, toutes illusions perdues, de vous lasser.
Opposition Mars - Pluton (CR = – 2)
L'action de l'un peut susciter des pulsions inconscientes chez l'autre. Une franche hostilité se manifeste souvent entre vous, et il faudra beaucoup de diplomatie réciproque pour éviter des rapports de forces trop violents.
Opposition Mars - Lune noire (CR = – 2)
Une certaine forme d'hostilité ou un sacrifice excessif apparaît inévitable dans votre couple. Elle peut parfois mener à des ruptures pénibles.
Opposition Mars - Nœud Nord (CR = – 1)
Une éventuelle rencontre, dans une vie antérieure, ne s'est peut-être pas effectuée dans une parfaite sérénité. Il faudra veiller à ce que des velléités de compétition ne s'expriment pas trop abruptement dans la présente existence.

Les oppositions de Jupiter

Opposition Jupiter - Jupiter (CR = 0)
Vous rencontrerez quelques difficultés dans les échanges matériels et un déphasage dans la réalisation de vos projets financiers. L'un risque de limiter les désirs d'expansion de l'autre, qu'il jugera trop dépensier.
Opposition Jupiter - Saturne (CR = – 1)
Le comportement trop réfléchi de l'un peut freiner le partenaire dans ses désirs d'expansion matérielle. Il ne faudra pas hésiter à prendre l'avis de personnes neutres pour limiter les risques d'imprudence dans ce domaine.
Opposition Jupiter - Uranus (CR = + 1)
La stabilité n'est pas garantie dans votre relation, car le désir de liberté de chacun est grand. Les voyages lointains sont sources d'imprévus.
Opposition Jupiter - Neptune (CR = – 1)
Votre relation présente un risque d'exagération, parfois même de mensonge. Le reste du thème indiquera si cet aspect est léger ou s'il faut se méfier de la « comédie » de l'autre.
Opposition Jupiter - Pluton (CR = – 1)
Vos ambitions ne vont pas dans le même sens. Une saine expansion de la relation, tant sur un plan professionnel que financier, exigera une indispensable souplesse.
Opposition Jupiter - Lune noire (CR = – 1)
Les désirs d'expansion de l'un peuvent être freinés, voire sacrifiés par l'autre.

Opposition Jupiter - Nœud Nord (CR = + 1)
Si vous avez l'impression de vous être déjà rencontrés dans une vie antérieure, votre couple aura probablement vécu une relation agréable... qu'il faut maintenant poursuivre.

☆
☆ ☆
☆☆

Les sextiles et trigones en synastrie (comparaison du thème de couple)

Rappelons que le sextile correspond à une différence angulaire d'environ 60° (58 à 62°) et le trigone d'environ 120° (114 à 126°).

Les sextiles et trigones de l'Ascendant

Remarque préliminaire : pour les aspects en sextile et en trigone de la Lune noire et du Nœud Nord, il convient de se référer aux conjonctions dont les significations sont favorables. Pour les carrés, on se reportera aux oppositions.

Sextile ou trigone Ascendant - Ascendant (CR = + 1)
Les relations de votre couple sont agréables et décontractées. Sauf avis contraire, le sens moral et la générosité de l'un apporteront la sécurité à l'autre. Il existe une bonne complémentarité pour la réalisation de projets communs.
Sextile ou trigone Ascendant - Soleil (CR = + 1)
Vous disposez d'un bon potentiel pour tisser des liens solides entre vous. Vous apprécierez vos qualités mutuelles et aurez envie d'avancer ensemble dans l'existence. Le reste du thème précisera les domaines dans lesquels vous réussirez le mieux.
Sextile ou trigone Ascendant - Lune (CR = + 2)
Vous possédez tous deux une grande imagination et une faculté rare : celle de rire et de faire rire. Il en résulte une stimulation émotionnelle constructive et vos retrouvailles vous procurent un sentiment de bien-être.
Sextile ou trigone Ascendant - Mercure (CR = + 1)
Les messages passent en général bien entre vous. Cette configuration planétaire devrait vous permettre de vivre des expériences intellectuelles et culturelles très enrichissantes.

Sextile ou trigone Ascendant - Vénus (CR = + 2)
Il existe entre vous du charme et de la séduction. Vous vous sentirez à l'aise dans bien des domaines et consoliderez vos liens qui devraient déjà être affectueux au départ.
Sextile ou trigone Ascendant - Mars (CR = + 1)
Vous vous motivez pour agir. L'un de vous se révélera un bon défenseur des causes de l'autre. Une collaboration vous incitera sans cesse à vous égaler l'un l'autre.
Sextile ou trigone Ascendant - Jupiter (CR = + 1)
Vous vous rendrez service mutuellement. Ayant un bon potentiel d'estime réciproque et des aspirations similaires, vous vous sentirez à l'aise et désireux de profiter ensemble des plaisirs matériels.
Sextile ou trigone Ascendant - Saturne (CR = + 1)
L'un des partenaires apportera le fruit de son expérience et l'autre saura l'apprécier. Cette relation restera stable tant que les responsabilités seront partagées.
Sextile ou trigone Ascendant - Uranus (CR = + 1)
Votre relation possède quelque chose de magnétique susceptible de transformer votre vie, à condition que chacun laisse une liberté suffisante à l'autre. Toute contrainte, en effet, pourrait se révéler fatale. Quelle qu'en soit l'issue, la relation ne sera pas oubliée de sitôt.
Sextile ou trigone Ascendant - Neptune (CR = + 1)
L'un des partenaires aide l'autre à réaliser ses rêves et ses fantasmes secrets. Votre couple est idéaliste et, le cas échéant, disposé à se consacrer à des œuvres charitables ou humanitaires.
Sextile ou trigone Ascendant - Pluton (CR = + 1)
Il existe entre vous une force et un magnétisme secrets. Votre relation permettra à l'un et l'autre d'opérer une profonde transformation intérieure au fil du temps.

Les sextiles et trigones du Soleil

Sextile ou trigone Soleil - Soleil (CR = + 1)
Vous possédez une bonne harmonie dans vos objectifs et concevez la vie d'une façon agréable. Vous respectez votre partenaire et devriez former une union durable.
Sextile ou trigone Soleil - Lune (CR = + 2)
Vous êtes fascinés l'un par l'autre. Cet aspect planétaire constitue un très bon facteur de réussite pour une relation de couple ou d'amitié. La complémentarité de vos sentiments et de vos émotions garantit une longue union.
Sextile ou trigone Soleil - Mercure (CR = + 1)
Votre collaboration intellectuelle est efficace, mais veillez chacun à écouter et respecter l'avis de l'autre. Vous aimerez voyager ensemble et ce seront toujours des moments agréables.

Sextile ou trigone Soleil - Vénus (CR = + 2)
La position de Vénus garantit une grande affinité entre vous. Amitié ou amour, tout dépend de vos aspirations. Quelle que soit la nature de vos relations, le potentiel s'avère excellent pour nouer des liens solides.
Sextile ou trigone Soleil - Mars (CR = + 1)
Vous entretenez des relations chaleureuses et parfois brûlantes ! Le désir physique s'exprime avec facilité et s'assouvit en général agréablement.
Sextile ou trigone Soleil - Jupiter (CR = + 2)
Votre relation présentera des côtés agréables, en particulier sur le plan matériel. Vous détenez un bon potentiel de succès dans toutes les formes d'associations. La plupart du temps, cette combinaison garantit la réussite dans le mariage, même tardif.
Sextile ou trigone Soleil - Saturne (CR = + 1)
Chacun de vous saura assumer ses responsabilités, mais définir celles-ci et stabiliser la relation prendra un certain temps. Vous serez l'un pour l'autre une source d'enseignement et d'expérience.
Sextile ou trigone Soleil - Uranus (CR = + 1)
L'un de vous apportera quelque chose d'original, voire de « magnétique » à l'autre. Mais chacun devra conserver une certaine marge de liberté. Votre couple ne passera pas inaperçu de l'entourage.
Sextile ou trigone Soleil - Neptune (CR = + 1)
Vous possédez un idéalisme très similaire et pourrez développer toutes les formes de communication spirituelle. Vous rêvez des mêmes choses et vous réaliserez vos projets, à moins que votre entourage ne s'y oppose. Restez discrets sur votre relation.
Sextile ou trigone Soleil - Pluton (CR = + 1)
Si votre relation débouche sur une union, vous connaîtrez une profonde transformation mutuelle qui vous permettra de vous surpasser, de « renverser des montagnes », l'un pour l'autre.

Les sextiles et trigones de la Lune

Sextile ou trigone Lune - Lune (CR = + 3)
Vous éprouvez naturellement l'un pour l'autre une sympathie favorable à une collaboration fructueuse. Vous pourriez mener une activité en relation avec le public (commerce, mode ou éventuellement vie publique).
Sextile ou trigone Lune - Mercure (CR = + 1)
Il existe une grande réceptivité et un bon équilibre intellectuel entre vous : l'un profitera des connaissances de l'autre et aimera écouter son partenaire, qui sera heureux de trouver un tel auditoire.

Sextile ou trigone Lune - Vénus (CR = + 2)
Ne cherchez pas midi à quatorze heures. Vous avez toutes les raisons d'éprouver de profonds sentiments l'un pour l'autre. Il y a de grandes chances que vous ayez rencontré votre partenaire astral !
Sextile ou trigone Lune - Mars (CR = + 1)
Votre couple devrait être sexuellement en harmonie. Vous réussirez dans tous les domaines demandant un effort physique (activités sportives, etc.) et il régnera d'une façon générale un excellent esprit de stimulation entre vous.
Sextile ou trigone Lune - Jupiter (CR = + 2)
Votre couple a toutes les chances de vivre dans un climat optimiste et bon enfant. L'amitié et les relations sociales sont favorisées. La générosité, qualité que vous avez en commun, sera le fil conducteur de vos relations.
Sextile ou trigone Lune - Saturne (CR = + 1)
L'un appréciera le sens des responsabilités de l'autre, mais se trouvera gêné par sa difficulté à manifester ses sentiments. Même cachés, ceux-ci seront durables, parce que profonds.
Sextile ou trigone Lune - Uranus (CR = + 2)
Il existe un excellent potentiel d'amitié entre vous. Vous éprouverez toujours un grand plaisir à vous revoir si la relation n'est pas suivie. Vous vous stimulerez mutuellement dans des activités originales, voire révolutionnaires.
Sextile ou trigone Lune - Neptune (CR = + 1)
Vous possédez un idéal émotionnel similaire. Vous rêvez des mêmes choses et vos projets peuvent devenir réalité, si d'autres aspects du thème confirment ce potentiel.
Sextile ou trigone Lune - Pluton (CR = + 2)
La nette attraction qui existe entre vous ne garantit cependant pas la durabilité de la relation. Vos pulsions sont animales, surtout sur le plan émotionnel.

Les sextiles et trigones de Mercure

Sextile ou trigone Mercure - Mercure (CR = + 1)
Les voyages que vous ferez ensemble seront enrichissants sur tous les plans et la communication s'en trouvera facilitée.
Sextile ou trigone Mercure - Vénus (CR = + 1)
Cette configuration assure une communication facile et agréable, les partenaires se montrant affables et volontiers rieurs !
Sextile ou trigone Mercure - Mars (CR = + 1)
Les échanges dans le domaine de la pensée, suivis d'actions concrètes, seront la caractéristique dominante de votre couple. Les

stimulations de l'un inciteront vivement l'autre à créer. Les déplacements se révéleront enrichissants et constructifs.

Sextile ou trigone Mercure - Jupiter (CR = + 1)

L'intelligence de l'un pourra permettre à l'autre de développer ses affaires, en particulier si Mercure ou Jupiter de l'un se trouve dans la maison VII de l'autre.

Sextile ou trigone Mercure - Saturne (CR = + 1)

Votre couple pourra trouver un terrain d'entente dans les domaines mystique, philosophique ou occulte. Les échanges intellectuels se construiront lentement mais sûrement.

Sextile ou trigone Mercure - Uranus (CR = + 1)

L'un sera quelque peu intrigué par la forme de pensée originale de l'autre, ce qui l'amènera à s'interroger ou à revoir ses opinions.

Sextile ou trigone Mercure - Neptune (CR = + 1)

L'un apprendra à l'autre le raffinement, tant dans son comportement que dans son langage. Une grande compréhension s'installera au sein de votre couple au fil des ans, au point que vous pourrez lire les pensées l'un de l'autre.

Sextile ou trigone Mercure - Pluton (CR = + 1)

Pour convaincre l'autre, il faudra toucher son subconscient et agir avec tact et psychologie. Une évolution intérieure vers plus de transcendance permettra à votre couple d'atteindre une grande maturité.

Les sextiles et trigones de Vénus

Sextile ou trigone Vénus - Vénus (CR = + 1)

Cette relation agréable est placée sous le signe de la chance. Vous éprouvez l'un pour l'autre chaleur et sympathie. Méfiez-vous cependant de l'entourage qui pourrait jalouser votre bien-être.

Sextile ou trigone Vénus - Mars (CR = + 2)

Vous apprécierez le magnétisme de l'autre et aurez toutes les chances de vivre des relations sexuelles agréables. Vous représentez l'un pour l'autre, sur le plan physique, l'idéal dont vous rêviez.

Sextile ou trigone Vénus - Jupiter (CR = + 2)

Un grand courant de sympathie et de chaleur devrait circuler entre vous. La chance, également au rendez-vous, vous aidera à entreprendre ensemble toute une série de réalisations.

Sextile ou trigone Vénus - Saturne (CR = + 1)

Votre relation présente un grand potentiel de fidélité. Cette union est durable, même si parfois l'un des partenaires éprouve une certaine difficulté à manifester ses sentiments à l'autre, qui peut en éprouver une frustration.

Sextile ou trigone Vénus - Uranus (CR = + 2)

Votre vie sociale peut s'enrichir grâce à toutes sortes d'activités culturelles. Vous vous montrerez sensible au charme de l'autre et prêt à partir pour n'importe quelle destination, du moment que vous puissiez rester ensemble.

Sextile ou trigone Vénus - Neptune (CR = + 1)

L'idéal de relation que vous recherchez l'un et l'autre, tant sur le plan amical qu'amoureux, peut être réalisé dans votre couple.

Sextile ou trigone Vénus - Pluton (CR = + 2)

Cet aspect vous permet de manifester à votre partenaire une certaine reconnaissance, aussi bien physique qu'émotionnelle.

Les sextiles et trigones de Mars

Sextile ou trigone Mars - Mars (CR = + 1)

Disposant d'un grand potentiel d'action et de réalisation, vos énergies mises en commun se trouvent décuplées. Votre désir physique s'exprime souvent par des pulsions soudaines.

Sextile ou trigone Mars - Jupiter (CR = + 1)

Vous êtes complémentaires : l'un apporte le travail et l'autre les moyens de le réaliser (aide matérielle, structure administrative, organisation, relations...). Une collaboration engendrera d'importants bénéfices financiers.

Sextile ou trigone Mars - Saturne (CR = + 1)

L'un apportera à l'autre ses qualités de pondération et de patience, et l'aidera à bien préparer ses plans de travail ou d'action. Des relations harmonieuses pourront leur faire dire que l'un pense et l'autre agit.

Sextile ou trigone Mars - Uranus (CR = + 1)

Une forte attraction physique favorisera une stimulation réciproque, la force de l'un entraînant l'épanouissement de l'autre. Votre vie de couple bouillonnera de créativité, mais il vous faudra de temps en temps vous retrouver seul pour souffler !

Sextile ou trigone Mars - Neptune (CR = + 1)

La gentillesse de l'un de vous sera appréciée de l'autre et lui permettra de réorganiser ses idées. Votre couple affrontera les difficultés de l'existence en se soutenant mutuellement, bien que parfois vous laissiez des futilités provoquer entre vous des tensions.

Sextile ou trigone Mars - Pluton (CR = + 1)

Un fort désir physique soutient votre couple, consciemment ou non. Il s'agit d'une configuration très constructive, car il en résulte une forte stimulation.

Les sextiles et trigones de Jupiter

Sextile ou trigone Jupiter - Jupiter (CR = + 1)

Une bonne collaboration passera par la compréhension de l'autre. Vos désirs d'expansion se rejoignent souvent et vous permettront une belle association.

Sextile ou trigone Jupiter - Saturne (CR = + 1)
Grâce à l'existence d'une excellente complémentarité dans le domaine des valeurs matérielles et de leur utilisation, vous avez la faculté de vous assurer de solides bases financières.
Sextile ou trigone Jupiter - Uranus (CR = + 1)
L'un des partenaires fera bénéficier l'autre de sa générosité, lui permettant ainsi de développer toutes sortes de projets originaux. Chacun laissera à son compagnon une grande liberté de manœuvre.
Sextile ou trigone Jupiter - Neptune (CR = 0)
Une bonne compréhension de vos valeurs morales respectives permettra à l'un de devenir plus généreux et à l'autre de voir son inspiration et son idéalisme encouragés.
Sextile ou trigone Jupiter - Pluton (CR = + 1)
L'un de vous aidera l'autre à prendre conscience de ses ambitions et le poussera vers de nouveaux horizons, parfois même vers une réussite éclatante.

☆
☆ ☆
☆☆

Les carrés en synastrie (comparaison du thème de couple)

Rappelons que le carré correspond à une différence angulaire entre deux planètes d'environ 90° (85 à 95°).

Les carrés de l'Ascendant

Carré Ascendant - Ascendant (CR = – 1)
Les directions que vous vous êtes fixées pour cette vie ne sont pas identiques. Elles peuvent perturber l'équilibre de votre couple, tant sur le plan des activités de chacun que sur son subconscient.
Carré Ascendant - Soleil (CR = – 1)
De fréquents conflits d'autorité sont à attendre, car l'un veut dominer l'autre. Il faut rechercher un juste milieu entre l'agressivité de l'un et la trop grande passivité de l'autre.
Carré Ascendant - Lune (CR = + 1)
Votre émotivité parfois exacerbée vis-à-vis de votre partenaire peut provoquer des tensions. Les problèmes de l'autre suscitent en vous de trop nombreuses questions. Cette configuration amène aussi des sautes d'humeur ou des réactions désagréables de l'un ou de l'autre.

Carré Ascendant - Mercure (CR = – 1)
Bien qu'une certaine forme de communication existe entre vous, l'entente intellectuelle reste très imparfaite, car vous n'êtes pas sur la même longueur d'onde. L'un aura tendance à évoquer des sujets inintéressants pour l'autre, qui en éprouvera de l'agacement.
Carré Ascendant - Vénus (CR = + 1)
Sauf avis contraire, trop de possessivité se manifeste dans votre couple. Veillez à ne pas exciter la jalousie de l'autre. Les liens affectifs certains que vous avez noués sont remis en question pour des détails souvent insignifiants.
Carré Ascendant - Mars (CR = – 1)
L'un des partenaires se montre trop impétueux, autoritaire et exigeant. L'autre risque de se lasser et de mal réagir. La possibilité d'une relation harmonieuse devra être suggérée par d'autres éléments du thème.
Carré Ascendant - Jupiter (CR = + 1)
Un excès d'insouciance et de négligence quant aux valeurs matérielles de la part de l'un des partenaires pourrait, s'il n'y prend garde, pousser l'autre à vivre au-dessus de ses moyens. Voyant que l'on espère trop de lui, il pourrait se sentir exploité.
Carré Ascendant - Saturne (CR = – 1)
Les responsabilités de l'un vis-à-vis de l'autre se font parfois trop pesantes. Il faudra éviter de trop demander au partenaire, car l'ambiance peut devenir déprimante et susciter une certaine aversion.
Carré Ascendant - Uranus (CR = – 1)
En aucun cas l'un ne doit dicter sa conduite à l'autre, car la rupture surviendrait plus soudainement que ne s'est faite la rencontre. L'un des partenaires est en effet susceptible d'obliger l'autre à changer d'entourage, à rompre avec ses amis, voire sa famille.
Carré Ascendant - Neptune (CR = – 1)
Vous risquez de vous faire une fausse idée de l'autre. Sauf avis contraire, l'on se trouve en présence d'un sérieux risque de désillusion, voire de mensonge. Il ne peut y avoir de relation valable dans votre couple que si vous vous dites la vérité.
Carré Ascendant - Pluton (CR = – 1)
Cette relation risque de causer un déséquilibre psychique à chacun de vous, car vous éprouvez des difficultés à pardonner des erreurs que vous imputez systématiquement à l'autre.

Les carrés du Soleil

Carré Soleil - Soleil (CR = – 1)
Une insuffisante tolérance pourrait susciter entre vous des conflits de volontés. La prudence conseillerait, au lieu de rester toujours

ensemble, de vous apporter vos expériences réciproques... sans déranger l'autre.

Carré Soleil - Lune (CR = – 1)

L'un veut en toute circonstance avoir raison, ce qui fait souffrir le partenaire. Les sentiments sont forts, mais face à cette tendance égocentrique l'autre peut manifester des sautes d'humeur.

Carré Soleil - Mercure (CR = – 1)

L'un reproche à l'autre son manque de sérieux et de persévérance dans les idées, ce qui amène chez ce dernier une tendance à jouer les incompris. Rien de très grave, bien qu'une certaine nervosité puisse en découler.

Carré Soleil - Vénus (CR = + 1)

Mettre trop souvent son partenaire « en boîte » finira par le blesser dans son amour-propre. Mais même si vous vous séparez, vous aurez envie de vous revoir, conscients de votre attachement réciproque.

Carré Soleil - Mars (CR = – 1)

À moins que d'autres aspects ne l'allègent, cette configuration planétaire prédispose votre relation à un grand risque d'hostilité. Dans des cas extrêmes et selon les circonstances, ces tensions peuvent mener à la violence.

Carré Soleil - Jupiter (CR = – 1)

L'un des partenaires a tendance à profiter de la situation pour parvenir à ses fins, et l'autre, qui s'en rend compte, peut réagir avec mauvaise foi. Cette configuration entraîne rarement des événements graves, sauf si d'autres aspects viennent le conforter.

Carré Soleil - Saturne (CR = – 1)

Votre relation porte la marque d'une certaine mesquinerie et, sauf présence d'éléments plus harmonieux dans le thème, on ne peut dire que ce soit le grand amour. Toutes sortes de frustrations semblent y être inscrites, y compris une impression d'esclavage.

Carré Soleil - Uranus (CR = – 1)

Un risque permanent de rupture plane sur cette relation, compromettant fortement sa stabilité. Si les autres aspects planétaires se révèlent favorables, elle pourrait consister en un éternel chassé-croisé : partir, revenir...

Carré Soleil - Neptune (CR = – 1)

Une série d'attitudes confuses peut engendrer une incompréhension de nature à perturber votre couple. Une certaine nervosité risque d'en résulter, et des explications s'avéreront nécessaires pour donner des garanties de bonne foi et éviter tout malentendu.

Carré Soleil - Pluton (CR = – 1)

Conflits de pouvoir et éventuellement rivalité découlent de cette configuration. Une telle incompatibilité s'exprime parfois de manière si aiguë qu'il vaut mieux s'éviter plutôt que se détruire.

Les carrés de la Lune

Carré Lune - Lune (CR = – 2)
Certains traits de caractère du partenaire peuvent susciter de l'antipathie. Si un texte similaire apparaît à nouveau dans l'étude du thème, il existera une forte incompatibilité émotionnelle entre vous. Ce n'est la faute de personne, car il s'agit d'une réaction « astrale » instinctive.

Carré Lune - Mercure (CR = – 1)
La légèreté de l'un des partenaires risque de ne pas être appréciée de l'autre, qui estime qu'elle peut nuire à une bonne entente. L'agitation qui s'ensuivra éventuellement aura peu de chances d'apaiser l'atmosphère et un début de solution apparaîtra à condition que les susceptibilités respectives soient ménagées !

Carré Lune - Vénus (CR = + 1)
Votre couple est peut-être un peu volage ! Mais chacun saura pardonner à l'autre, car la compréhension et les sentiments se révèlent plus forts que certaines faiblesses. Le besoin de liberté est important et il faut se l'accorder.

Carré Lune - Mars (CR = – 2)
Évitez la provocation. L'attitude de l'un peut engendrer chez l'autre une certaine agressivité. Les relations physiques sont fortes mais pas toujours en harmonie. S'il n'existe pas de liens affectifs suffisants, les partenaires connaîtront des rapports tendus.

Carré Lune - Jupiter (CR = – 1)
La générosité de l'un risque d'être mise à profit abusivement par l'autre. Si le reste du thème est favorable, cela n'a pas d'importance mais, dans le cas contraire, l'on assiste à des rapports de forces où l'équilibre n'est pas conservé.

Carré Lune - Saturne (CR = – 3)
Cette relation s'avère très difficile sur le plan émotionnel. Vous souffrez d'une quasi-impossibilité à communiquer et il peut en découler un profond sentiment de frustration. Sauf motifs sérieux ou bons aspects, s'abstenir !

Carré Lune - Uranus (CR = – 1)
La conduite désordonnée de l'un gêne l'autre en dépit d'une fascination réciproque. L'inconscience du premier deviendra insupportable à la sensibilité du second, de sorte que la relation risque de ne pas durer.

Carré Lune - Neptune (CR = – 1)
Il résulte de cette configuration le risque de se laisser entraîner dans un univers utopique. Votre couple risque de s'illusionner sur la réalité de ses sentiments. L'idéalisation est en effet très exagérée, et le thème devra fournir d'autres éléments pour qu'une relation sérieuse puisse être envisagée.

Carré Lune - Pluton (CR = + 1)
L'un serait tenté d'abuser des émotions de l'autre pour le garder en son pouvoir. Il existe un risque de déséquilibre certain des rapports de forces et parfois même un réel danger de domination totale. Mais si l'on aime cela !

Les carrés de Mercure

Carré Mercure - Mercure (CR = – 1)
Vous possédez des points de vue divergents, ce qui amène des discussions sans fin et sans intérêt. Les contradictions se révèlent parfois fondamentales et la critique trop vive. D'autres éléments sont nécessaires pour laisser augurer une relation harmonieuse.
Carré Mercure - Vénus (CR = – 1)
L'un de vous critiquera l'inconsistance de l'autre. L'envie lui viendra de trouver son centre d'intérêt ailleurs. Sauf autres aspects favorables, votre couple a peu de chances d'exister durablement.
Carré Mercure - Mars (CR = – 1)
Vos déplacements ne représenteront pas toujours une sinécure, car plutôt mouvementés. Un risque de provocation et de nervosité dans votre couple apparaît avec cette configuration. Seules l'intelligence et la maturité pourront calmer ces tensions.
Carré Mercure - Jupiter (CR = – 1)
Des problèmes mineurs peuvent surgir entre la forme de pensée de l'un et les désirs d'expansion de l'autre. Les discussions seront plutôt stériles et il vaut mieux ne pas aborder les sujets d'ordre matériel.
Carré Mercure - Saturne (CR = – 1)
Un sens critique trop fort anime votre relation et vous aurez du mal à vous convaincre du bien-fondé des raisonnements échangés. La qualité de vos rapports peut s'en ressentir, en particulier sur le plan intellectuel.
Carré Mercure - Uranus (CR = – 1)
Se laisser entraîner dans des discussions stériles risque de provoquer de sérieuses dissensions, mais il sera très difficile d'accepter les idées préconçues de l'autre.
Carré Mercure - Neptune (CR = – 1)
Il existe dans cet aspect un fort potentiel de malentendus, voire de mensonges. Les déclarations souvent « nébuleuses » de l'un peuvent jeter le doute dans l'esprit de l'autre et lui faire perdre confiance.
Carré Mercure - Pluton (CR = – 1)
La curiosité de l'un et son insistance à convaincre contre vents et marées causeront un réel malaise à l'autre, qui aura la désagréable impression de subir un lavage de cerveau et une prise de contrôle de son subconscient.

Les carrés de Vénus

Carré Vénus - Vénus (CR = + 1)
Vos goûts artistiques et l'organisation de vos moments de détente sont parfois contrariés. Il n'y a là rien de grave, mais il faudra vous abstenir de manifester une possessivité excessive et surtout vous méfier des conseils des jaloux que comporte votre entourage.
Carré Vénus - Mars (CR = + 2)
L'attirance physique dans votre couple est impérieuse, mais le désir se trouve parfois décalé dans le temps. L'homme aura tendance à forcer les choses et la femme à exagérer sa réticence. Le degré d'affection peut se révéler inégal.
Carré Vénus - Jupiter (CR = + 2)
Tout devrait bien fonctionner dans votre couple, excepté peut-être un excès d'insouciance. Vous éviterez certains écueils en veillant à ne pas vivre au-dessus de vos moyens. Dans certains cas, l'un de vous pourrait se montrer trop possessif, ce qui serait dommage !
Carré Vénus - Saturne (CR = – 2)
Cette relation est marquée par l'égoïsme affectif de l'un des partenaires qui désire stabiliser la situation sans pour autant lui apporter de chaleur. Quant à l'autre, sa tendance à réclamer n'arrange pas les choses.
Carré Vénus - Uranus (CR = + 1)
Malgré une réelle et réciproque fascination, il se pourrait que cette relation prenne fin soudainement. Une telle rupture risque d'être pénible, mais les partenaires, grâce aux souvenirs heureux du temps passé ensemble, resteront longtemps présents dans la mémoire l'un de l'autre.
Carré Vénus - Neptune (CR = – 1)
Vous souffrez parfois d'une incompréhension réciproque sur le plan affectif, car vous avez des difficultés à interpréter les élans d'amitié ou d'amour de l'autre. Ceci provoque un sentiment de frustration et d'insécurité.
Carré Vénus - Pluton (CR = + 1)
Les avances de l'un se font parfois trop pressantes, mais il existe de toute façon une forte attirance entre vous. Votre relation sera pour le meilleur et le pire. À vous de juger !

Les carrés de Mars

Carré Mars - Mars (CR = – 2)
De sérieux conflits peuvent éclater entre vous, voire de l'hostilité. En cas de désaccord, songez à faire arbitrer vos litiges par une personne dont vous connaissez la neutralité. Il n'en demeure pas moins que vous aurez du mal à limiter votre esprit de compétition.

Carré Mars - Jupiter (CR = – 1)
Celui qui exerce une profession pourrait risquer l'argent du partenaire, lequel aurait tendance à demeurer passif. À ce dernier de le surveiller. Prenez le conseil de tierces personnes avisées afin de ne pas regretter certaines actions irréfléchies.
Carré Mars - Saturne (CR = – 3)
Construire quelque chose ensemble apparaît bien compromis, en particulier sur le plan professionnel, car l'un veut agir sans écouter les conseils de l'autre, qui devra cependant supporter les conséquences dommageables des actes de son compagnon. Il y a incompatibilité entre l'action et la réflexion.
Carré Mars - Uranus (CR = – 2)
L'un trouve l'autre trop fantasque et imprévisible, ce qui peut conduire à une incompréhension permanente, voire à une certaine hostilité. Il faudra éviter des tête-à-tête trop fréquents et essayer de conserver sa liberté.
Carré Mars - Neptune (CR = – 2)
Sauf avis contraire, les relations physiques risquent de rester platoniques ou bloquées, bien que l'un des partenaires déborde de sensualité. D'autres aspects devront parler dans ce thème pour apporter une harmonie en ce domaine.
Carré Mars - Pluton (CR = – 1)
Une rivalité potentielle très puissante existe entre vous, qui peut mener à différentes manifestations d'agressivité, voire à la violence. Les divers éléments du thème indiqueront si une place sera faite au calme dans cette relation ou s'il convient au contraire de s'éviter systématiquement.

Les carrés de Jupiter

Carré Jupiter - Jupiter (CR = 0)
Il vous faut parfois prendre l'air pour respirer, car une fréquentation trop assidue risque d'être une source de conflits. Vous harceler ne vous déplaît pas toujours, mais un peu d'espace s'avère parfois salutaire pour reprendre son souffle.
Carré Jupiter - Saturne (CR = – 1)
Vous possédez des points de vue opposés quant aux valeurs morales et aux conceptions philosophiques ou religieuses. La prodigalité excessive de l'un risque d'être freinée par l'autre : attention aux imprudences financières !
Carré Jupiter - Uranus (CR = – 1)
Certaines tensions se dessinent sur le plan financier. Le remboursement des dettes contractées par l'un envers l'autre risque d'être retardé ou tout simplement « oublié ». Si les relations sont d'ordre matériel, il ne s'agit pas là d'une configuration favorable.

Carré Jupiter - Neptune (CR = – 1)
La surexcitation de l'un peut mener l'autre à des spéculations financières hasardeuses. Il est impératif de se faire conseiller par des personnes étrangères à la relation avant de se lancer dans des investissements.
Carré Jupiter - Pluton (CR = – 1)
Avec cette configuration, un manque de confiance est parfois ressenti dans le domaine matériel. Il faudra s'expliquer clairement afin d'éviter tout conflit.

☆
☆ ☆
☆☆

Les planètes en maisons de synastrie

Les douze positions du thème de l'un rapportées aux douze maisons de l'autre conduisent à 144 interprétations auxquelles il faut ajouter la relation réciproque, c'est-à-dire au total 288 commentaires ! Ils ne seront pas reproduits ici, non par refus de l'effort, mais pour des raisons d'utilité véritable. Il convient néanmoins d'attirer l'attention sur les positions dites « difficiles », surtout lorsqu'elles se trouvent dans les deux comparaisons. Par exemple, Uranus (symbole de l'indépendance et de l'instabilité) de l'un en maison VII de l'autre (symbole des associations), et *vice versa,* ne garantit jamais la durabilité d'une relation. Pour connaître les diverses propositions planétaires, il faut donc se référer aux textes proposés sous la rubrique « Les planètes en maisons du thème composite ».

☆
☆ ☆
☆☆

5. LES INTERPRÉTATIONS DU COMPOSITE

Les valeurs des coefficients d'harmonie de durabilité (CD) correspondent aux points qu'il faut additionner pour obtenir les « coefficients d'harmonie de durabilité » d'une relation. Ne seront traitées ici que les conjonctions. Pour les autres aspects, il conviendra de se reporter à ceux qui sont décrits précédemment. Exemple : si le Soleil est en carré à la Lune composite, regarder l'aspect identique sous la rubrique « synastrie ». Il est impératif de noter que les heures de naissance des partenaires doivent être le plus exactes possible, à défaut de quoi les textes qui suivent perdraient une bonne part de leur signification.

Les aspects du thème composite

(mi-points entre les planètes de chaque partenaire)

Les conjonctions du Soleil composite

Conjonction Soleil - Lune (CD = + 3)
Si vous êtes de sexe opposé, cet aspect planétaire signifie tout simplement l'amour ! Vous formez un couple idéal sur bien des points. Seule la fatalité pourrait expliquer l'échec d'une telle relation.
Conjonction Soleil - Mercure (CD = + 1)
Vous possédez une facilité de communication et un bon contact intellectuel. Les partenaires se conseilleront mutuellement et l'un d'eux encouragera l'autre à étudier ou à écrire.
Conjonction Soleil - Vénus (CD = + 2)
Vénus occupe entre vous une position excellente et présage d'une profonde entente en amour, tant sur le plan émotionnel que physique. Vous éprouverez une grande affection réciproque et pourrez vivre une union ou une association heureuse.
Conjonction Soleil - Mars (CD = + 1)
Votre couple dégage une grande énergie créatrice et vous désirez réaliser des projets ensemble. L'attraction physique est forte, en particulier pour des personnes de sexe opposé. Quelle que soit la relation, l'indifférence n'y aura pas sa place.
Conjonction Soleil - Jupiter (CD = + 2)
L'optimisme est privilégié au sein du couple que lie par ailleurs une grande compréhension, et, dans le cas d'une association, la prospérité est assurée. Vous vous apprécierez et vous respecterez. Vous avez toutes les chances de réussir en amour !
Conjonction Soleil - Saturne (CD = + 1)
Cette relation est faite pour durer, même si elle n'apparaît pas passionnante tous les jours. Vous prendrez conscience de vos responsabilités respectives, ce qui est excellent, bien que l'enthousiasme fasse parfois défaut.

Conjonction Soleil - Uranus (CD = + 1)
Votre couple ne peut fonctionner que si chacun laisse une grande liberté à l'autre. Une grande originalité, de même qu'un fort potentiel d'amitié caractérisent votre relation. Toutes sortes d'expériences nouvelles vous intéresseront.
Conjonction Soleil - Neptune (CD = + 1)
Des goûts très proches en matière d'esthétique et de culture renforcent votre relation. L'un de vous ouvrira à l'autre un univers intérieur fascinant, et il s'établira entre vous des liens très subtils rarement perçus par l'entourage.
Conjonction Soleil - Pluton (CD = + 1)
Les relations de ce couple prennent parfois une tournure passionnelle... et autodestructrice, dans laquelle la sexualité peut jouer un rôle important. À vous de déterminer le moment où une régénération s'impose.

Les conjonctions de la Lune composite

Conjonction Lune - Mercure (CD = + 2)
Cette configuration est excellente pour les relations élève/professeur, car l'intérêt de l'un se focalise sur la culture de l'autre. Des centres d'intérêt communs facilitent la communication.
Conjonction Lune - Vénus (CD = + 3)
Pour des relations amoureuses, cet aspect s'avère être l'un des meilleurs. Peu importe la relation, vous ne passerez pas inaperçus ! Si le partenaire ne réagit pas à vos avances, c'est qu'il joue la comédie, car il ne pourra vous résister !
Conjonction Lune - Mars (CD = + 3)
Les relations physiques revêtent une grande importance et les dissensions se règlent vite sur l'oreiller, surtout lorsque la femme défie l'homme. En cas d'inhibition sexuelle de l'un, l'autre risque de connaître des moments de frustration.
Conjonction Lune - Jupiter (CD = + 2)
Au sein de votre couple, les relations sont agréables et décontractées. Sauf avis contraire, le sens moral et la générosité de l'un apporteront à l'autre la sécurité. Une bonne complémentarité permet la réalisation de projets communs.
Conjonction Lune - Saturne (CD = – 2)
Au niveau émotionnel se trouve un blocage fondamental. Il ne faut accuser personne, mais une certaine antipathie est inévitable, car les élans de l'un se heurtent à l'attitude réservée de l'autre.
Conjonction Lune - Uranus (CD = + 2)
Il s'exerce entre vous une sorte de fascination magnétique. Mais comme celle-ci n'opère pas à la demande et obéit à ses propres lois,

elle peut parfois faire défaut et l'attirance n'est pas forcément durable.

Conjonction Lune - Neptune (CD = + 1)

Votre couple vit une sorte de rêve. La très délicate et subtile sympathie qui s'en dégage prend volontiers un caractère irréel. L'un apportera à l'autre de l'espoir et de la fantaisie, en lui ouvrant un univers nouveau.

Conjonction Lune - Pluton (CD = + 2)

Cette relation comporte un potentiel sexuel intense, voire irrésistible. Cet aspect se retrouve en particulier chez ceux que l'on convient d'appeler les « amants infernaux » !

Les conjonctions de Mercure composite

Conjonction Mercure - Vénus (CD = + 1)

L'un aidera à propager les idées de l'autre. Dans les relations d'un client avec son agent de publicité ou de relations publiques, il s'agit d'un bon aspect. Le cercle des connaissances et des amis augmentera.

Conjonction Mercure - Mars (CD = + 1)

Vous aurez quelque peu tendance à vous provoquer l'un l'autre, ce qui créera une vive émulation. Tant que cette forme de tension reste raisonnable, elle permet d'associer l'action à la réflexion de façon constructive.

Conjonction Mercure - Jupiter (CD = + 1)

L'entente intellectuelle est bonne. L'un fera profiter l'autre de ses expériences et l'aidera à développer son savoir. Les relations enfants/parents se présentent de manière favorable et harmonieuse sous cet aspect.

Conjonction Mercure - Saturne (CD = + 1)

L'un exerce une influence stabilisante face à la nervosité de l'autre, qu'il fera profiter de sa pondération et de son expérience en lui donnant des conseils pratiques. Il lui fera aussi prendre conscience de ses responsabilités.

Conjonction Mercure - Uranus (CD = + 1)

C'est souvent d'une façon imprévue et originale que l'un aidera l'autre à prendre de nouvelles orientations intellectuelles et à ouvrir son esprit vers d'autres horizons. Il pourra se produire entre vous des transmissions de pensée.

Conjonction Mercure - Neptune (CD = + 1)

La compréhension manque dans votre couple. L'intellect de l'un s'harmonise mal avec la sensibilité et la tendance à idéaliser de l'autre. Malgré tout, une appréciation similaire des sujets artistiques et mystiques pourrait vous rapprocher.

Conjonction Mercure - Pluton (CD = + 1)

L'un peut connaître une transformation intellectuelle subconsciente et évoluer vers une sorte de transcendance. L'autre se montrera curieux de comprendre la forme de pensée du partenaire, mais chacun devra veiller à conserver son identité.

Les conjonctions de Vénus composite

Conjonction Vénus - Mars (CD = + 3)
Voilà une configuration excellente pour tout ce qui concerne l'entente physique. À ne pas manquer, si vous ne vous connaissez pas encore sur ce plan !
Conjonction Vénus - Jupiter (CD = + 2)
Les deux « meilleures » planètes se trouvent en conjonction. Que demander de mieux pour une entente sympathique et agréable sur tous les plans ?
Conjonction Vénus - Saturne (CD = – 2)
L'un des partenaires exige trop de l'autre, d'autant plus qu'il manifeste parfois une froideur excessive. Malgré certaines frustrations, cette relation pourra cependant durer.
Conjonction Vénus - Uranus (CD = + 2)
Vous formez un couple magnétique et vos relations se révèlent très stimulantes et pimentées, y compris sur le plan sexuel. L'autre vous fascine totalement, mais la crainte que cela ne dure pas vous habite.
Conjonction Vénus - Neptune (CD = + 1)
Dans cette affection se remarque une grande pureté. Si vous avez la chance de connaître une bonne entente physique, vous constituerez un couple idéal. La tendresse réciproque n'exclut cependant pas la lucidité.
Conjonction Vénus - Pluton (CD = + 2)
Vous avez une forte perception de la sexualité du partenaire, ce qui apporte une grande harmonie dans ce domaine. Cette configuration s'avère excellente pour des partenaires sportifs, car les réactions de l'autre sont vite comprises.

Les conjonctions de Mars composite

Conjonction Mars - Jupiter (CD = + 1)
Cet aspect est excellent pour toute activité physique et un partenariat sportif. Vous détiendrez de fortes chances de réussite en ce domaine. Bien que le faisant d'une manière insouciante, l'un apporte parfois une aide matérielle pour favoriser la réussite de l'autre.
Conjonction Mars - Saturne (CD = – 2)
Cette configuration permet une certaine stabilisation de la relation, car l'un de vous peut tempérer l'autre et ce dernier apporter l'assu-

rance et la confiance dans la réussite. Mais il s'agit là d'une combinaison quelque peu périlleuse.

Conjonction Mars - Uranus (CD = – 2)

Vous devez parfois prendre l'air pour respirer, car une compagnie trop assidue risque de devenir une source de conflits. Vous trouvez un certain plaisir à vous harceler, mais se donner de temps en temps un peu d'espace permet de « recharger les batteries ».

Conjonction Mars - Neptune (CD = – 1)

Votre relation physique prend parfois un tour trop émotionnel, ce qui pourrait créer un réel problème. L'un agit de manière directe tandis que l'autre esquive en permanence : difficile de se retrouver ! La séduction mystérieuse de ce dernier fascine le partenaire.

Conjonction Mars - Pluton (CD = – 2)

Un potentiel de violence se dégage de votre relation et peut décupler vos énergies si vous apprenez à les canaliser. Dans le cas contraire, vos pulsions excessives vous font courir un risque inévitable de destruction.

Les conjonctions de Jupiter composite

Conjonction Jupiter - Saturne (CD = + 1)

Vous excellez à stabiliser vos ressources matérielles et à éviter les dépenses inconsidérées. L'un apporte son expérience et sa pondération, et l'autre pourra mener à terme ses projets d'expansion, lentement mais sûrement.

Conjonction Jupiter - Uranus (CD = + 1)

La relation est originale et peu conventionnelle. L'un fera l'apport de sa créativité tandis que l'autre contribuera à la réalisation de ses inventions. C'est un bon aspect pour les associations. Chacun laissera à l'autre sa liberté d'action.

Conjonction Jupiter - Neptune (CD = + 1)

Vous appréciez les aspirations de l'autre et avez toutes les chances de bonheur, en particulier sur le plan matériel. Votre couple possède le sens de la charité, et ensemble vous pourriez exceller dans tous les domaines concernant l'aide aux autres.

Conjonction Jupiter - Pluton (CD = + 1)

L'un des partenaires redonne de l'optimisme à l'autre. Il l'aidera à se réaliser tant sur le plan financier que sur celui du travail, et sera pour lui une sorte de Pygmalion.

☆

☆ ☆

☆☆

Les planètes en maisons du thème composite
(mi-points entre les planètes de chaque partenaire)

Soleil en maisons

Soleil en maison I
Vous accomplirez à deux plus que vous ne seriez capable de réaliser chacun de votre côté. Veillez cependant à ne pas trop disperser cette force et évitez de provoquer l'entourage. Cette configuration favorise une longue union.
Soleil en maison II
Votre couple dispose d'un bon potentiel pour obtenir des gains d'argent et profiter des valeurs matérielles. En cas d'union, ce domaine se révélera très important pour sécuriser la relation, et il conviendra d'être attentif aux tensions qui pourraient s'y produire.
Soleil en maison III
La communication, tant écrite que verbale, prédomine dans votre couple. En cas de problème émotionnel, vous aurez cependant tendance à trop intellectualiser vos rapports.
Soleil en maison IV
Votre couple appréciera particulièrement le temps passé à l'intérieur du foyer. Le potentiel de vie en commun est excellent parce que vous aimerez partager tout ce qui concerne la maison et les biens immobiliers.
Soleil en maison V
Le potentiel de relations sexuelles est très bon. Il en va de même pour tout ce qui touche à la créativité, aux jeux, aux spéculations et aux enfants. Chacun devra cependant laisser à l'autre une certaine liberté.
Soleil en maison VI
L'action de donner et celle de recevoir ne sont pas toujours équilibrées à l'intérieur de la relation, car parfois décalées dans le temps. Votre couple pourra néanmoins travailler ensemble s'il possède un objectif commun.
Soleil en maison VII
Votre relation de couple a toutes les chances de déboucher sur une union sentimentale, mais elle peut aussi rester strictement professionnelle. La notion de complémentarité est très forte, tant que n'apparaît pas d'esprit de compétition.
Soleil en maison VIII
Si ce couple dure, les aspirations profondes de chacun des partenaires subiront une véritable transformation. Le contact de l'autre amènera une évolution susceptible de déboucher sur une nouvelle manière de concevoir la vie. Les relations sexuelles sont stimulées.

Soleil en maison IX
Votre couple éprouvera des aspirations philosophiques, mystiques ou religieuses très similaires et pourrait même entretenir des rapports platoniques. Les voyages sont favorisés ainsi que les activités en relation avec l'enseignement, les lois ou l'étranger.
Soleil en maison X
La notion de vie sociale occupe une place très importante dans votre couple. Votre union devrait favoriser l'élévation sociale ou professionnelle de l'un de vous. Veillez cependant à protéger votre vie privée.
Soleil en maison XI
L'amitié représente beaucoup pour vous et garantit une grande durabilité de relation. Vos idéaux sont similaires et vous aimerez partager les mêmes amis. Vous aurez toutes les chances de réaliser en commun vos projets et vos espoirs.
Soleil en maison XII
Il vous faut réfréner votre envie de ne pas tout vous dire, car le manque de franchise risque de mettre votre couple en péril. La présence d'aspects plus favorables peut vous amener à vous dévouer aux autres.

Lune en maisons

Lune en maison I
Vous êtes très concernés par les questions émotionnelles. Cela ne suffit pas pour construire une relation durable, à moins que les niveaux d'expression de vos émotions ne soient synchrones.
Lune en maison II
Le besoin de sécurité prédomine dans votre couple. Il peut éventuellement être assouvi par des compensations d'ordre matériel. Vous possédez en vous le besoin d'amasser des objets ou des valeurs afin de les partager.
Lune en maison III
Une grande sympathie intellectuelle, voire une complicité, existe entre vous. Vous avez matière à rire ensemble et à développer vos idées. Vous serez étonnés de découvrir que vous pensez souvent aux mêmes choses au même moment.
Lune en maison IV
Votre couple doit se mettre bien d'accord sur les notions de famille, de maison et de racines. Sauf présence d'autres aspects très dissonants, la durabilité de l'union est garantie.
Lune en maison V
Votre couple a toutes les chances de vivre une relation amoureuse de type maîtresse-amant. Vous aimerez vous trouver ensemble et partager toutes sortes de plaisirs (sorties, jeux, vacances...). La fécondité est assurée.

Lune en maison VI
Il existe ici un risque de déséquilibre émotionnel, car chacun pourrait apporter à l'autre ce qu'il attend avec un certain retard. Des aspects favorables devront donc venir au soutien de cette configuration pour donner à ce couple une meilleure garantie de durabilité. Des échanges équitables y contribueraient probablement.
Lune en maison VII
La notion d'union occupe une place privilégiée. Vous avez toutes les chances de former une entité solide, un peu comme si vous n'étiez qu'une seule et même personne. Évitez simplement d'exagérer vos émotions l'un vis-à-vis de l'autre.
Lune en maison VIII
Votre intimité émotionnelle est très forte et de nature à bouleverser tous vos préjugés sur la façon d'aimer quelqu'un.
Lune en maison IX
Les notions philosophiques, mystiques ou religieuses revêtent une grande importance pour vous et vous possédez de grandes affinités intellectuelles. Les voyages sont favorisés, et votre rencontre s'est peut-être faite en relation avec l'étranger.
Lune en maison X
Les activités liées au public et à la vie sociale exercent sur vous une grande attirance. Gardez cependant votre jardin secret, afin de conserver à une action professionnelle commune son impact le plus favorable.
Lune en maison XI
Cette configuration qui mêle amitié et amour se révèle très favorable. Elle est une garantie de longévité. Vous aimerez partager les mêmes amis et formerez un couple uni, ce dont tout l'entourage se rendra compte.
Lune en maison XII
Il vous faudra déployer beaucoup d'efforts pour être sur la même longueur d'onde émotionnelle. Il existe de part et d'autre trop de sacrifices pour que votre couple vive en harmonie sur ce plan.

Mercure en maisons

Mercure en maison I
La communication représente un facteur essentiel de votre existence de couple. Toute activité dans ce domaine est donc favorisée. Vous ne risquez pas de vous retrouver en tête-à-tête sans avoir rien à vous dire.
Mercure en maison II
Vous attachez une grande importance aux biens matériels et aux moyens de les acquérir. Vous aurez envie de monter des « coups » ensemble ! Il s'agit d'une excellente configuration pour des associations financières, pas forcément à long terme.

Mercure en maison III
Il existe une totale communication intellectuelle. Vous aimez « croiser le fer » et vous mesurer dans des joutes oratoires ou épistolaires. Si votre couple dure, vous aurez toutes les chances de rallier votre entourage à vos idées.
Mercure en maison IV
La vie privée, la maison ou la famille constituent vos sujets de conversation favoris. Tous les livres ou objets concernant la communication vous passionnent et vous aimerez vous entourer d'intellectuels.
Mercure en maison V
Si vous avez des enfants, votre principal souci sera de leur dispenser une parfaite éducation et de les pousser le plus loin possible dans leurs études. Ne négligez pas cependant le côté affectif.
Mercure en maison VI
Vous aurez tendance à tout analyser dans votre relation. Votre couple gagnerait en équilibre s'il s'investissait dans une activité faisant appel à son goût de la minutie et de la précision, ou dans le domaine de la communication.
Mercure en maison VII
Une configuration très favorable pour une association, car les échanges d'idées et la complémentarité intellectuelle sont excellents. Votre couple formera un véritable rempart vis-à-vis du monde extérieur.
Mercure en maison VIII
Le « fonctionnement » psychologique de l'autre vous intéresse au point que vous souhaiterez le découvrir en profondeur. Votre compréhension mutuelle en sera renforcée, car chacun aura étudié les réactions de l'autre face aux événements de la vie.
Mercure en maison IX
Une association professionnelle dans le domaine des écrits, des voyages ou de la communication s'avérerait très favorable. À vous deux vous atteindrez une forme de philosophie à laquelle vous n'auriez pu prétendre séparément.
Mercure en maison X
Votre couple prendra conscience de sa force et de ses capacités dans des activités professionnelles menées en commun et permettant un échange d'idées très constructif.
Mercure en maison XI
Possédant des idéaux très similaires, il vous sera donné de vous comprendre à demi-mot. Vous possédez une vision optimiste de l'avenir, et des amis, souvent plus jeunes, joueront autour de vous un rôle important.
Mercure en maison XII
Vous aurez entre vous une forme de communication secrète dont vous n'accorderez l'accès à personne. Vous vous complairez à vous

manipuler réciproquement sur le plan émotionnel. Veillez à ce que cela ne reste qu'un jeu !

Vénus en maisons

Vénus en maison I
Cette position de Vénus favorise amour et tendresse. Vous aurez toutes les chances de former un couple solide et, si vous ne comprenez pas toujours la raison de votre attirance réciproque, une grande amitié vous liera de toute façon.
Vénus en maison II
Vous aimez goûter ensemble les plaisirs matériels ou artistiques. Vous possédez un idéal de beauté élevé et avez besoin d'évoluer dans un environnement confortable et chaleureux.
Vénus en maison III
Vos conceptions intellectuelles de la beauté et de l'art sont très similaires. Vous aimerez partager vos émotions et vous écrire des lettres tendres. Les chances de durabilité du couple sont excellentes.
Vénus en maison IV
La notion de domicile, de foyer se révèle fondamentale pour votre couple, et vous partagerez avec plaisir tout ce qui concerne la famille et la maison. Vous collaborerez aussi favorablement dans le domaine de l'immobilier.
Vénus en maison V
La relation de type amant-maîtresse est très forte. Vous aimerez vous retrouver et, dans certains cas, vous pourrez participer à une création artistique commune ou mettre au monde des enfants que vous élèverez dans un climat heureux.
Vénus en maison VI
L'intérêt est prioritaire dans votre relation, même si les sentiments existent. Une configuration de cette nature débouche souvent sur une union.
Vénus en maison VII
Votre couple devrait vivre heureux, qui privilégie l'affection et l'amour. Vous vous montrerez particulièrement attentifs à préserver l'harmonie et la paix de votre ménage, éventuellement au prix de petits sacrifices.
Vénus en maison VIII
L'intensité émotionnelle se fait exceptionnellement forte au sein de votre couple. Elle se manifeste souvent par une vie sexuelle passionnée, comme vous n'en avez peut-être jamais connu auparavant.
Vénus en maison IX
Vos sentiments ne se manifestent de manière aisée et naturelle que s'ils sont profonds. Peut-être une grande pudeur caractérise-t-elle

votre relation ou préférez-vous communiquer sur un plan plus philosophique.

Vénus en maison X

Votre couple devra veiller à se montrer plus discret en public sur ses sentiments. Vous aimerez travailler ensemble, surtout dans le domaine des arts, de la création et des loisirs.

Vénus en maison XI

Cette configuration vous assure un profond sentiment d'amitié l'un pour l'autre, et même d'amour, à moins que d'autres éléments dans votre thème de couple n'indiquent le contraire. Vous possédez des idéaux très similaires.

Vénus en maison XII

Vous donnez aux autres l'impression de cacher vos sentiments, à moins que votre relation ne doive rester secrète, telle une liaison inavouable. Votre sens du couple se révèle néanmoins très fort.

Mars en maisons

Mars en maison I

Vous pourrez abattre ensemble une quantité de travail impressionnante et mener de nombreuses activités en commun. Veillez cependant à ce qu'elles soient constructives afin de tenir loin de vous l'esprit de compétition.

Mars en maison II

Prenez garde aux dépenses excessives. Sauf autre aspect favorable, votre couple risque de dilapider ses biens. Les questions matérielles devront être clarifiées avant d'entamer une vie commune.

Mars en maison III

Si votre relation est harmonieuse, vous développerez une grande énergie intellectuelle. L'entourage et les connaissances à l'extérieur du couple sont très importants pour vous mais, à défaut d'autres aspects positifs, vos relations ne seront pas toujours sereines.

Mars en maison IV

Votre domicile ne ressemblera pas forcément à un havre de paix ! Les aspects de Mars dans le ciel composite devront être étudiés avec soin : s'ils ne forment pas de carrés ni d'oppositions contraignantes, votre foyer pourra se construire avec énergie.

Mars en maison V

Les relations sexuelles se révèlent très favorables et vous manifestez une grande énergie créative. Votre contact est naturel et sans retenue exagérée.

Mars en maison VI

Le travail en commun se présente bien. Vous aurez cependant tendance à lui accorder une priorité absolue au détriment de vos loisirs. Les relations sexuelles rencontrent parfois quelques difficultés sous cette configuration.

Mars en maison VII

L'esprit de compétition est trop affirmé dans votre couple. Vous serez vite fixés sur la nature véritable de votre relation : amis ou ennemis... Si vous vivez ensemble depuis longtemps, les sources de conflit devront être évitées.

Mars en maison VIII

La sexualité constitue l'élément fondamental de votre couple. Elle favorise la régénération de vos relations et vous oriente vers une forme d'absolu. Des tensions relatives à des questions d'argent se présenteront probablement.

Mars en maison IX

Si le reste de votre thème est favorable, vous posséderez des convictions identiques. Dans le cas contraire, des heurts risquent de se produire si vous entreprenez de vous convaincre mutuellement. Vous pourriez avoir une activité en commun à l'étranger.

Mars en maison X

Chacun veillera à laisser à l'autre une grande liberté d'action sur le plan professionnel, sans le contraindre à suivre ses propres objectifs.

Mars en maison XI

Votre couple aime voir graviter beaucoup de monde autour de lui, et s'en faire reconnaître par la parole ou l'action. Son équilibre exige qu'il soit soutenu par des objectifs similaires.

Mars en maison XII

Votre couple vivra en permanence dans le conflit et les disputes paraissent difficilement évitables. Vous vous provoquerez mutuellement, comme si vous y étiez incités par un désir de destruction subconscient.

Jupiter en maisons

Jupiter en maison I

Votre couple dégage de l'optimisme et une grande productivité, sous le signe de la chance. Même si des éléments contraires coexistent dans le thème, vous saurez régler les litiges avec bonne humeur.

Jupiter en maison II

Cette configuration est la meilleure pour tout ce qui concerne l'argent et les valeurs matérielles. Elle ne signifie pas forcément la richesse, mais indique que vous saurez économiser et dépenser avec mesure.

Jupiter en maison III

Ensemble vous développerez vos talents pour la communication. De petits voyages d'affaires ou d'agrément s'effectueront sous de bons auspices.

Jupiter en maison IV
La famille et le foyer auront une importance fondamentale pour votre couple. Une association est de surcroît possible dans le domaine de l'immobilier.
Jupiter en maison V
Votre couple dégage probablement du bonheur et de la joie de vivre. Amis, amants ou conjoints, tout dans cette configuration se prête à une relation heureuse.
Jupiter en maison VI
Vous vous sentez tenus d'une obligation envers les autres et avez envie de vous investir dans une action humanitaire. Le travail en commun est favorisé dans ce thème. Si votre couple est une relation patron/employé, la collaboration se révélera excellente.
Jupiter en maison VII
La position de Jupiter indique que cette union sera profitable quelle qu'en soit la raison. Il y a là un potentiel d'association tout à fait exceptionnel, et il faudrait que le reste du thème se présente vraiment très mal pour ne pas réussir.
Jupiter en maison VIII
Vous entretenez d'excellentes relations d'ordre matériel et financier. Cette configuration vous encourage à opérer des placements ensemble et vous bénéficierez de toutes sortes de facilités pour obtenir des crédits de l'extérieur.
Jupiter en maison IX
Vous partagerez les mêmes idéaux philosophiques, religieux ou politiques et accorderez au respect mutuel une particulière importance, même si votre relation ne dure pas. Vous aurez envie d'entreprendre de grands voyages et la vie à l'étranger est favorisée.
Jupiter en maison X
La conception que vous avez de votre couple ne se dissocie pas de la vie sociale. Vous évoluerez ensemble plus favorablement que si vous étiez séparés. Veillez cependant à ne pas provoquer les autres par un comportement trop « mondain ».
Jupiter en maison XI
Une très grande amitié et des objectifs similaires vous rapprochent l'un de l'autre. Cette configuration signale souvent une relation maritale, car la vision optimiste de la vie qui la caractérise favorise les engagements.
Jupiter en maison XII
Vous saurez éviter les pièges d'ennemis ou de jaloux, mais cette relation ne dure généralement pas en raison de votre tendance à étaler vos états d'âme et à les discuter sans cesse.

Saturne en maisons

Saturne en maison I
Vous aurez tendance à vivre hors de la vue des gens. Sauf autres aspects favorables, ce couple risque de se heurter à des difficultés de communication et d'échange, chacun gardant ses émotions pour soi.
Saturne en maison II
Vous éprouverez un sentiment d'insécurité matérielle et quelques difficultés à vous constituer un patrimoine. La peur de manquer vous empêchera de profiter des biens acquis. N'envisagez une union que si ces problèmes sont résolus.
Saturne en maison III
Une véritable barrière semble vous empêcher de communiquer. Elle est souvent due au fait que l'un des partenaires se sent supérieur à l'autre, ce qui constitue une disposition regrettable lorsque la notion de couple est basée sur le respect.
Saturne en maison IV
Évitez de vivre ensemble, car il existe une incompatibilité fondamentale à partager le même toit. Vous vous sentirez frustrés et le domicile commun risque d'apparaître comme un lieu terriblement austère. Apprenez d'abord à bien vous connaître.
Saturne en maison V
Sauf autres aspects favorables, il existe peu de bonheur dans votre couple ou alors il viendra tardivement. Les obligations y pèseront lourdement et vous aurez peu d'occasions d'exprimer librement vos sentiments. La vie sexuelle s'annonce difficile.
Saturne en maison VI
À moins d'éléments venant alléger le thème, vous ne pouvez vous attendre à beaucoup de bonheur dans votre couple, ou il consacrera une longue patience. Les obligations risquent d'y être pesantes et vos sentiments ne trouveront guère à s'épancher. Les relations sexuelles n'en seront pas favorisées.
Saturne en maison VII
L'union porte la coloration saturnienne : elle sera durable et s'inscrira dans une optique de responsabilité et un sens du devoir qui renforceront la relation. Celle-ci risque cependant de ne pas être exaltante tous les jours.
Saturne en maison VIII
Le sentiment d'insécurité qui accompagne les questions matérielles risque de susciter certains problèmes. Des soucis peuvent également provenir de complications relatives à des successions difficiles. La relation peut être platonique.
Saturne en maison IX
Vous vous autoriserez peu de fantaisie mais saurez apprécier une vie calme et pondérée. Vous partagerez des idées de rigueur et de haute moralité. Sauf autres aspects favorables, l'union sera austère.

Saturne en maison X
Vos objectifs dans l'existence sont similaires, mais le moyen de les réaliser se révèle difficile. Il vous arrivera de perdre la foi et de croire que tout s'écroule, mais avec le temps vous construirez sur des bases solides.
Saturne en maison XI
Ce thème ne fait guère de place à la notion d'amitié ni à la fréquentation de nombreux semblables. Vos idéaux ne se rejoignent pas et il faut d'autres éléments pour envisager une relation sympathique à long terme.
Saturne en maison XII
Une sorte de tristesse pèse sur votre couple, qui devra éviter de s'unir à moins que l'idéal commun ne se révèle très fort. Vous manquerez de tolérance et éprouverez une impression de solitude malgré la présence du partenaire.

Uranus en maisons

Uranus en maison I
Chacun se trouvant pourvu d'un fort individualisme, la relation a peu de chances de durer longtemps, en particulier si elle prend l'allure d'un train-train quotidien...
Uranus en maison II
Vos gains et possessions matériels se feront d'une façon originale ou imprévue, mais ils demeureront rarement stables. Comme vous aurez tendance à négliger cet aspect, votre bien-être risque d'en être sérieusement éprouvé.
Uranus en maison III
Vos conceptions intellectuelles ont un cachet quelque peu révolutionnaire, à moins que vous n'ayez pris l'habitude de changer fréquemment d'opinion. En tout état de cause, cette configuration n'apporte pas de stabilité dans votre couple.
Uranus en maison IV
Cette configuration se constate plus souvent chez des amants que chez des conjoints, qui auront du mal à supporter la vie du foyer. À moins que celle-ci ne soit dans le style bohème !
Uranus en maison V
Vous tiendrez à conserver respectivement beaucoup de liberté. C'est pourquoi une relation amant-maîtresse s'avérera plus simple, vous permettant de varier les plaisirs et de détester la routine.
Uranus en maison VI
Accepter les contraintes de tous les jours sera difficilement supportable et, à la longue, un certain sentiment d'« esclavage » apparaîtra inévitablement. Trouvez une alternative au train-train quotidien.

Uranus en maison VII

Cette configuration constitue (hélas) un grand classique des séparations. Elle n'empêche pas l'affection ni même le grand amour. Mais la vie en commun est une tout autre histoire.

Uranus en maison VIII

Votre évolution psychologique et celle de votre partenaire ne suivent pas, au fil du temps, la même direction. Vous risquez donc de découvrir un jour en face de vous une autre personne !

Uranus en maison IX

Vos conceptions de la vie sont très différentes et, sauf bons aspects du thème, une mésentente risque de s'installer sur des questions de morale, de philosophie ou de religion. Vous devrez apprendre à surmonter vos préjugés.

Uranus en maison X

La carrière ou la vie sociale de votre couple souffre d'instabilité, chacun s'obstinant à agir de son côté. Sous des aspects favorables, il n'est pas rare que se produisent des retournements de situation tout à fait inattendus, en tout cas rarement classiques.

Uranus en maison XI

Une raison assez peu conventionnelle a présidé à cette union. À défaut d'amour, vous aurez trouvé une stimulation intellectuelle, un travail ou un objectif qui éclipse le reste. Les amis seront excentriques et instables.

Uranus en maison XII

Vous perdez votre temps dans des conflits inutiles et énervez votre entourage. Ce désir de rébellion réapparaît souvent, pour des causes futiles. Si vous n'avez pas d'autres bonnes raisons d'être ensemble, cette relation est à éviter.

Neptune en maisons

Neptune en maison I

Les relations affectives manquent de clarté. D'abord on y croit, puis on s'interroge, et un beau jour on s'aperçoit que le partenaire est parti !

Neptune en maison II

Il règne une grande confusion dans la jouissance des biens matériels et la manière de gagner de l'argent. Prenez garde que la source des revenus ne soit pas d'origine douteuse.

Neptune en maison III

La communication verbale se révèle difficile, souvent décalée dans le temps. Cette configuration n'est bonne que si vous avez appris à lire dans les pensées de l'autre. Les rapports avec l'entourage sont flous.

Neptune en maison IV
Vous rêvez sans doute depuis longtemps d'acquérir un domicile, à moins que vous ne souhaitiez en permanence en changer. Cette trop forte idéalisation et ce désir quelque peu utopique déstabilisent votre vie de famille.
Neptune en maison V
Vous considérez votre relation avec un grand idéalisme. L'excès de romantisme de l'un la rend parfois platonique, entraînant chez l'autre un sentiment de frustration.
Neptune en maison VI
Votre sens du devoir et des responsabilités est poussé à l'extrême. Vos activités professionnelles communes pourraient se tourner vers une œuvre sociale ou humanitaire.
Neptune en maison VII
Vous vous êtes leurrés sur la véritable nature de vos relations. Celles-ci recèlent un potentiel d'illusions important. Vous pourriez bien découvrir chez l'autre des défauts restés inaperçus de vous. Donc prudence !
Neptune en maison VIII
Votre couple a une notion très confuse des valeurs matérielles. Il faudra sérieusement écouter les conseils avisés de tiers avant de vous engager dans des aventures.
Neptune en maison IX
Les idéaux tant philosophiques que matériels constituent les points forts de votre relation. Ceux-ci ne se révélant pas toujours très réalistes, il serait prudent de ne pas voir éternellement la vie en rose.
Neptune en maison X
Votre carrière risque de souffrir de cette configuration, qui apporte manque de stabilité, flou et illusion. Votre vie sociale est assez mal définie. Il existe une possibilité de travail en commun dans des activités touchant à l'occultisme.
Neptune en maison XI
Cette relation est idéalisée à l'extrême. L'un saura se sacrifier pour l'autre en cas de besoin. Vous n'encourez qu'un reproche : une passivité excessive. Attention aux faux amis.
Neptune en maison XII
Vous avez de la société et de l'univers des conceptions désintéressées, et il existe dans votre relation un grand potentiel de sacrifice l'un pour l'autre. Vous saurez exploiter vos intuitions. Attention aux jalousies venant de l'entourage.

Pluton en maisons

Pluton en maison I
Vous aurez envie de refaire le monde ou, à défaut, de façonner votre entourage. Ne laissez pas cet excès d'énergie se retourner contre votre partenaire.
Pluton en maison II
L'acquisition de valeurs matérielles peut se muer chez vous en une véritable passion. Tout ira bien tant que vous resterez associés en ce sens. Veillez cependant à ne pas limiter vos relations à l'argent.
Pluton en maison III
Il se dégagera de votre couple une forte personnalité et vous rallierez votre entourage à vos idées. Cette configuration se révèle très favorable à la communication ou la politique. Évitez d'examiner votre relation de manière trop psychanalytique.
Pluton en maison IV
Il se pourrait que l'un de vos parents s'intéresse de trop près à vos affaires. Si vous voulez maintenir votre équilibre, il vous faudra peut-être suggérer à votre belle-mère de demeurer à sa place !
Pluton en maison V
Sentiments et sexualité : une association de rêve ! Veillez cependant à ce que votre relation ne devienne pas obsessionnelle. Si des imperfections tempèrent l'harmonie sexuelle, mieux vaut s'abstenir !
Pluton en maison VI
Vous déploierez des efforts constants pour mener à bien les actions entreprises, dont certaines ne constituent parfois qu'un prétexte pour passer le temps. Votre relation se trouvera grandie si vous aidez votre partenaire dans son travail.
Pluton en maison VII
L'esprit d'équipe joue un rôle fondamental dans votre couple, qui aspirera à une nouvelle vie. L'un dominera l'autre, et cela alternativement. Tant que le désir de construire existera dans votre couple, il se réalisera avec force.
Pluton en maison VIII
Vie sexuelle intense et transformation psychologique sont les maîtres aspects régissant votre couple. Ils vont souvent de pair, en particulier lorsque le signe du Scorpion marque de sa présence vos thèmes individuels.
Pluton en maison IX
Votre couple partage des idéaux similaires. Mais il n'est pas pour autant indispensable de rallier à tout prix votre entourage à vos conceptions. Vous entreprendrez peut-être avec votre partenaire des réalisations secrètes.
Pluton en maison X
Votre couple exprime une solide ambition. Vous désirez atteindre les

sommets de la vie sociale ou politique. L'étude des aspects de Pluton dans vos thèmes respectifs indiquera si le chemin en sera facile ou semé d'embûches.

Pluton en maison XI

Vous voulez réaliser vos idéaux avec énergie et émotion, et il est possible que vous vous investissiez dans une cause humanitaire. Vous entretiendrez avec vos amis des relations intenses.

Pluton en maison XII

Attention aux ennemis cachés qui disent du mal de vous derrière votre dos !

★
★ ★
★★

CHAPITRE 3

LES SEPT RENCONTRES ASTRALES

Quelle force obscure et fantasque préside à la destinée des êtres qui se cherchent, les fait se rencontrer par un concours de circonstances ahurissant ou au contraire se manquer alors que tout semblait les porter l'un vers l'autre ? Les uns ont la conviction d'avoir reçu une aide providentielle, tandis que les autres se heurtent sans cesse à une obstruction incompréhensible et désespérante.

Il ne viendrait à l'idée de personne de confier sa carrière ou la gestion de son patrimoine au seul hasard. Et pourtant, il semble bien que même les plus avisés, voire les plus durs en affaires, trouvent naturel de laisser celui-ci régir leur vie sentimentale, domaine pourtant « personnel » et primordial s'il en fut, à moins d'un choix contraire. Un grand nombre d'entre nous avouent compter carrément sur les circonstances, par essence inopinées, fluctuantes et insaisissables, pour nouer des relations avec leurs semblables de sexe opposé ou entrer en contact avec certains partenaires d'affaires.

Cette propension à laisser les choses de leur vie intime se réaliser « d'elles-mêmes » dénote chez nos concitoyens le sentiment confus qu'il s'agit là d'un domaine particulièrement sensible et délicat, mystérieux aussi, qui ne peut s'accommoder de la seule raison.

Les affinités existant entre les êtres semblent en effet échapper à toute tentative de définition, qui réunissent des personnes si dissemblables que nul n'aurait osé les présenter l'une à l'autre, ou au contraire font s'affronter comme chats en colère d'autres qui semblaient faits pour s'entendre.

Dans le grand kaléidoscope des couples qui se font et se défont, où, touchant et anachronique, se fraie le sillage isolé de quelque attelage soudé, la logique paraît briller par son absence. Tout existe, en matière d'attirance, si l'on en croit le spectacle de la vie où le jeu de la fascination et de la séduction semble bien constituer la grande affaire humaine. Ce ballet papillonnant a pourtant de quoi laisser songeur, qui fait tourbillonner des couples dépareillés en âge, sensibilité, corpulence, style et mentalité, qui mêle le sublime et le grotesque, la passion et l'indifférence, la sincérité et le calcul, et qui laisse le spectateur occasionnel enthousiaste, navré, ébahi ou hilare.

Le témoin philosophe se demande, quant à lui, qui tire les ficelles des marionnettes qui s'agitent ainsi sur le théâtre de l'existence et quelle indéfinissable magie, pour un jour ou une vie, les a ainsi rapprochées.

Si l'on admet le principe des « affinités astrales », connu de nombreuses civilisations anciennes et toujours utilisé dans certaines régions du globe, le mystère s'éclaircit notablement.

En réalité, les attirances humaines sont la manifestation de tendances, de dispositions et de potentialités que nous proposaient les astres à l'heure de notre naissance, et qui par le mécanisme inexorable des transits s'activent, évoluent ou disparaissent à mesure que s'avance le temps.

L'homme a beau s'imaginer construire et maîtriser ses goûts, exigences et aspirations dans le domaine sentimental, il imagine mal à quel point il est tributaire des archétypes de sa société, de son temps... et de ceux qui ont modelé son histoire personnelle, le plus souvent inconnue de lui car très antérieure à ses premiers souvenirs d'enfant. Qui d'entre nous admettrait volontiers que l'expression de sa volonté et de son libre arbitre ne constitue en réalité que la répétition automatique de comportements qui furent les siens il y a bien longtemps et qui l'ont déterminé à être ce qu'il est — ou devrait être —, en un lieu et une époque qui ne doivent probablement rien au hasard ?

Les critères qui nous font rechercher l'autre, ou le fuir, se révèlent d'une déconcertante variété et, simultanément aux éléments matériels, visibles, de choix (la taille, la corpulence, la couleur des yeux, des cheveux...) , s'en profilent d'autres, moins aisément définissables.

Une rencontre, et à plus forte raison un coup de foudre, représente un événement dont le retentissement nous dépasse parfois et provoque des remous intérieurs qui transparaissent souvent au-dehors, pour notre plus grande confusion. Que s'est-il passé ? Bien souvent, notre sagesse intérieure ou cette obscure partie de nous-même qui « sait » nous signale ainsi que nous venons de rencontrer un partenaire astral, quelqu'un dont la configuration du ciel de naissance présente des compatibilités avec le nôtre, ou au contraire d'irréductibles antinomies.

Rappelons les sept types de rencontres entre deux personnes : les rencontres matérielles, magnétiques, philosophiques, émotionnelles, physiques, intellectuelles et karmiques La découverte d'un partenaire astral se produit toujours par l'une d'elles, ou par plusieurs.

Les brefs récits qui suivent, dont certains auraient pu appartenir à l'histoire personnelle du lecteur, ont pour objet d'illustrer les diverses apparences sous lesquelles le destin peut se manifester en nous mettant en présence d'un(e) inconnu(e) ou en le (la) plaçant de manière insistante dans notre cadre de vie.

☆
☆ ☆
☆☆

Une rencontre à tendance matérielle

— Tiens, j'ai encore vu Binet, aujourd'hui ! déclara Isabelle à sa mère au cours du déjeuner, de retour du club hippique. Qu'est-ce qu'il est moche ! Et gros ! Couvert de poils ! Il vient de plus en plus souvent au club, je le vois presque chaque fois, en ce moment... Il veut peut-être maigrir ? ajouta-t-elle en ricanant.

Un sourire furtif passa sur le visage perspicace de sa mère. Son instinct féminin et maternel lui soufflait que quelque chose se tramait entre ces deux-là, à l'insu de sa fille, solide et énergique jeune femme de trente-deux ans au visage rond, aux cheveux blonds coupés au carré et aux yeux noisette.

— Il m'a même offert un verre au bar, après avoir dessellé... J'ai accepté : j'avais soif !

Un brin préoccupée, elle ajouta :

— Il m'a dit que ma jument avait un début d'œdème au boulet... Il va peut-être falloir que j'appelle le vétérinaire ?

— Mais est-ce qu'il s'y connaît suffisamment en chevaux ? objecta sa mère, pratique.

— Oui, pour ça, il est valable. Il monte depuis vingt ans... Évidemment, il a au moins cinquante ans. Qu'est-ce qu'il est vieux !

— Il ne te plaît pas ?

— Ah non, alors !

— Mais il est peut-être gentil ?

Isabelle hésita un instant :

— Oui, oui... Mais s'il s'imagine je ne sais quoi, il peut toujours courir !

— Galoper ?

— Ah ah ! Il est bien trop lourd, il lui faudrait un boulonnais !

Quelques semaines passèrent puis, voyant arriver sa fille en une fin de matinée ensoleillée, l'air dynamique et absorbé, donnant quelques petits coups de cravache distraits sur le tissu de ses jodhpurs, sa mère devina qu'il s'était produit quelque chose de nouveau. Malgré elle, son cœur se serra. Elle avait récupéré sa fille après que celle-ci eut divorcé, et elle avait le pressentiment qu'elle allait bientôt la voir repartir. En son cœur, elle s'efforça de sourire : après tout, n'était-ce pas ce qui pouvait arriver de mieux à Isabelle que de trouver un autre compagnon ?

— Ce week-end, je vais faire une randonnée équestre avec Binet ! annonça Isabelle dès son entrée. Il organise tout et prend les frais à sa charge. Alors j'ai accepté, ça me changera les idées...

— Ah bon ? entérina sa mère, qui prit soin de ne pas manifester trop de surprise. Ma foi, s'il est gentil... c'est le principal. La gentillesse fait oublier le physique...

— Alors là, ça ne va pas jusque-là ! Enfin !... Après tout, ils sont tous faits pareil... Il n'y a que la tête qui change.

— Mais... objecta sa mère avec un peu d'inquiétude, il ne te déplaît tout de même pas tant que cela ?

— Bof ! Je m'habituerai. On s'habitue à tout sur cette pauvre terre ! Il m'a proposé de faire avec lui des rallyes équestres de plusieurs jours par la suite, je vais améliorer mon assiette ! Et au moins nous aurons un sujet de conversation.

La mère d'Isabelle ne se laissa pas abuser par l'apparent détachement de sa fille. Elle en aurait mis sa main au feu : Isabelle était amoureuse.

Plutôt que de donner l'exemple d'une relation fondée sur les intérêts matériels dont l'existence ne fournit que trop d'exemples, nous avons préféré celui-ci, plus rafraîchissant. Signalons toutefois que, lorsque l'argent constitue le soubassement occulte d'une association, son mobile véritable, une configuration astrale de synastrie le dénote : une opposition Mars-Neptune ou Mercure-Neptune doit aussitôt attirer l'attention, car elle représente l'archétype du mensonge. Ce sont hélas les lois humaines, et non les lois astrales, qui fabriquent les déséquilibres matériels. À chacun de mesurer avec sa propre balance.

Rappelons-nous cependant le conseil de bon sens que nous donne la sagesse populaire : « Lorsque les chevaux n'ont plus d'avoine, ils se battent... » Mieux vaut donc rencontrer le partenaire de ses rêves lorsque l'on a les poches décousues. Existe-t-il meilleur test pour sonder ses sentiments véritables ?

Une rencontre à tendance magnétique

Un concours de circonstances fit qu'un soir M. D..., homme d'affaires dont le complet bien coupé masquait mal l'athlétique carrure, se trouva attablé à la *Fulgurance* avec son ex-belle-mère.

Tout en conversant patiemment malgré le peu d'intérêt de la conversation, il discourait en son for intérieur : « Encore heureux que mon ex-épouse et la belle-famille ne m'aient pas davantage embêté ! Il est vrai qu'elles ignoraient l'existence de mon patrimoine mobilier. Ainsi j'ai pu faire les choses généreusement sans trop souffrir, tout en gardant une certaine estime de leur part... »

Il amorçait malgré lui un parallèle captivant entre sa mise vestimentaire et son élégance affective quand, par-delà l'épaule grassouillette de son interlocutrice, vainement enjolivée d'opaque dentelle, il croisa un regard qui suspendit à la fois son ronronnement intérieur et celui, courtois et mesuré, qu'il faisait entendre par-dessus son assiette.

Une splendide jeune femme, attablée quelques mètres plus loin, semblait elle aussi se morfondre dans la lumière poudrée qui tombait de la grande verrière en forme de dôme. Quelque chose, dans la manière dont elle regardait rêveusement ses longs doigts avant de laisser errer ses regards dans l'immense salle à manger, lui semblait constituer un message destiné à lui seul.

Ses yeux immenses, qu'une nostalgie légère — il en était sûr — embuait de manière fascinante, semblaient exprimer tout le mystère de la vie, de la mort, de l'amour. La Femme ! Elle était là, discrète, à l'une des tables autour desquelles virevoltaient les serveurs, la serviette pliée sur le bras, silencieuse parmi le brouhaha diffus des dîneurs, et pourtant sa présence emplissait tout l'espace. L'éternel féminin, ce qu'il recherchait désespérément sans pouvoir le définir à travers toutes les femmes, qui jusqu'alors s'étaient sans exception révélées décevantes, limitées, trop prévisibles... cette inconnue l'incarnait de manière stupéfiante, affolante.

L'homme corpulent, au crâne dégarni et suintant la finance qui dînait avec elle se retourna soudain, et M. D... eut l'impression qu'il l'avait repéré et le fusillait du regard, comme s'il se fût trouvé seul dans la salle. Son imagination lui jouait-elle des tours ? Son compagnon la questionnant sans doute, il vit la femme hausser légèrement, en signe d'étonnement, l'arc parfait de ses sourcils, en lesquels il vit, extatique, le rappel ineffable de la voûte céleste.

Un frémissement fiévreux le saisit, comme chaque fois qu'il discernait, derrière un enchaînement troublant de faits, le sourire voilé du destin.

La présence de sa belle-mère lui devint tout à coup aussi insupportable que le souvenir de ses gâteaux à l'écœurante crème au beurre. N'allait-elle donc jamais se lever et s'éloigner, ne serait-ce qu'un instant ?

Enfin ! Pour la première fois peut-être, l'homme d'affaires eut envie d'embrasser sa belle-mère, qui venait de saisir son sac de cuir noir. N'étant plus bridé par la présence de son invitée à l'opulente poitrine poudrée de rose jusqu'à l'invraisemblance, il passa à l'action avant même qu'elle eût disparu dans l'escalier des toilettes à la rampe dorée.

Il n'y avait qu'une chose à faire, et vite, avant que la ravissante jeune femme, si mal accompagnée, ne disparût pour toujours, entraînée par son compagnon. Il appela le maître d'hôtel qui, après une légère inclinaison du buste, attendit ses ordres :

— Voudriez-vous avoir l'amabilité de remettre discrètement cette carte à la dame qui se trouve avec le gros monsieur chauve ? demanda-t-il d'une voix ferme et assurée, mais vibrant malgré lui d'émotion.

Ce faisant, il glissa dans la main de l'homme un billet qui annihilait d'avance toute propension au défaitisme.

— Vous me rendriez grand service... ajouta-t-il avec le sourire confiant de qui est certain d'être compris.

— Bien, Monsieur.

Le maître d'hôtel, après un nouveau discret salut, s'éloigna. Il mettrait à profit le moment favorable.

Lorsque la belle-mère de l'homme d'affaires revint, la bouche enduite du rouge à lèvres visqueux dont il avait surveillé avec un secret amusement l'abolition progressive au cours du dîner, elle trouva son ex-gendre fort déférent, prêt à la reconduire chez elle.

Qui sait quels sentiments s'affrontent derrière les traits impassibles d'un visage ? M. D... se sentait maintenant profondément calme mais, se connaissant, il savait qu'en lui couvait un brasier prêt à flamber d'un seul coup... Mais s'il s'était trompé ? Si l'adorable créature allait tendre naïvement, ou avec la perversité de son espèce, sa carte à son cerbère, le financier ventripotent ? Le paradis contre un risque minime ! Au pis, une aventure excitante qui fait du bien par où elle passe ! répondait en lui l'homme d'affaires.

Il préféra se concentrer sur les charmes à peine entrevus de la belle inconnue, se demandant quel moment elle choisirait pour l'appeler au téléphone. Peut-être le ferait-elle dès demain ? Il prit la route de son domicile désert. La longue attente commençait.

Le coup de foudre, quoique exaltant, est un phénomène dangereux que régit Uranus, planète magnétique par excellence, capable dans sa folie de réaliser des miracles aussi bien que d'irréparables catastrophes.

Il se trouve en puissance dans la conjonction en synastrie d'Uranus et de la Lune et fait partie de ces rencontres nécessaires dans une existence mais insuffisantes à la construire. Cet aspect en cache souvent d'autres, moins remarquables mais qui s'animent à mesure que s'écoule le temps, et qui incitent à détacher ses regards du partenaire dont les feux exercent sur soi un irrésistible attrait. Si Uranus est la planète de l'imprévu et du magnétisme, la Lune, elle, est le symbole des yeux.

Une rencontre à tendance philosophique

Sous la voûte étoilée de la loge maçonnique dansait une musique de Mozart. Debout sur le sol de marbre blanc et noir, le vénérable se tenait immobile, la main droite posée sur le cœur, un maillet dans la main gauche.

Maîtres, compagnons et apprentis attendaient que l'on frappât à l'entrée de la loge les trois coups rituels annonçant l'entrée des profanes : des femmes avaient demandé à passer sous le bandeau. C'était une tenue blanche.

Le maître des cérémonies ouvrit la porte et un petit groupe de vestales, vêtues d'un simple pagne blanc, avancèrent lentement dans le temple. Elles furent placées au Nord et attendirent qu'on leur fît signe de s'asseoir. Le vénérable prononça un petit discours de bienvenue et donna la parole à un compagnon assis au Sud.

— Très chers frères et bientôt très chères sœurs, nous sommes ici en un lieu sacré, magique, sous les étoiles du firmament. Ici, le microcosme que nous sommes peut contempler l'infini de l'univers. Nous y sommes pour trouver la lumière, en toute liberté, avec tolérance et humanisme. Nous sommes Isis et Osiris, unis par le lien des étoiles, qui vous envoient ce message : « Venez en paix et repartez avec ce que vous avez apporté. » La lumière de cette loge, c'est vous qui la faites, qui la ferez, personne d'autre que vous. Les symboles que vous découvrez autour de vous ne sont que des supports pour vous aider à comprendre, à tailler la pierre brute, à lui donner une forme, lui insuffler l'esprit...

En observant à la dérobée l'une des futures sœurs, l'un des frères ne pouvait s'empêcher de penser que la plupart des maçons avaient raison de ne pas mélanger les hommes et les femmes. Ces dernières possédaient une manière différente de penser et de raisonner, et aucun homme ne pouvait se prétendre détaché des choses de ce monde au point de ne plus ressentir le trouble qu'inspiraient leur présence et leur anatomie. Même les tabliers, supposés protéger des bas instincts, se révélaient fragile rempart. La sérénité du temple ne risquait-elle pas de voler en éclats ? Il éprouvait à cette idée une vague inquiétude, qui curieusement se propageait dans tout son corps par un picotement amer et agréable à la fois.

Après la cérémonie, tous se retrouvèrent dans une pièce voisine, devant un verre de vin. S'approchant d'elle, il lui demanda :

— Que cherches-tu dans cette loge ?

— La sagesse.

— Et qu'est-ce que la sagesse, pour toi ?

Ses pressentiments furent à l'instant confirmés lorsqu'elle leva vers lui des yeux profonds constellés de points d'or :

— C'est se détacher des choses, les considérer avec un sourire.
— Quelles choses ?
— Celles de la vie, celles de la mort...

L'intonation de sa voix lui semblait provenir d'un espace situé hors du temps... hors de son entendement. L'effarante pensée lui vint qu'avec elle il pourrait progresser.

L'expression « rencontre philosophique » possède une assez large acception dans la mesure où elle concerne la maison IX, qui englobe également l'enseignement et l'éducation.

Ces derniers constituent souvent la pierre d'achoppement des couples, car nombreux sont ceux qui éprouvent les plus grandes hésitations à se lier avec quelqu'un d'un niveau socio-culturel différent. L'on pourrait objecter que « l'amour fait les égalités mais ne les recherche pas » et conseiller à ceux que préoccupe cette question de s'interroger sincèrement sur le point de savoir s'ils peuvent s'accommoder des cadres mentaux de leur compagnon.

Précisons que, lorsque Saturne, Neptune et Mercure sont en harmonie dans un thème de synastrie, il existe de fortes chances que les partenaires possèdent une forme d'esprit compatible et fonctionnent sur la même longueur d'onde.

Une rencontre à tendance émotionnelle

Le téléphone, par sa sonnerie stridente, rompit l'enchantement du silence. Le monde étranger, acharné à en faire exploser les atomes, manifestait son impatience. Il se leva pour décrocher le combiné, tandis qu'elle s'absorbait dans la contemplation du fond de sa tasse de thé où se mêlaient en volutes, pour se défaire ensuite, les fils de soie brune du tanin.

Elle luttait contre une tendance à l'accaparer, à ressentir comme une menace, un arrachement, les interférences de l'extérieur briseuses d'harmonie. Mais lorsque l'on aime, se disait-elle, peut-on se montrer indifférente à l'irruption des tiers qui ne s'adressent qu'à l'autre ? Comment ne pas se sentir un peu exclue, reléguée, près d'être renvoyée au néant que représentait désormais la vie sans lui, celle qu'elle vivait avant de le rencontrer et qui — elle éprouvait à cette pensée un sentiment vertigineux — n'était que la gestion d'un indescriptible vide ?

Une pudeur extrême l'empêchait de prononcer les mots inévitables, si galvaudés qu'ils en avaient perdu toute signification, mais elle exprimait tant dans la sobriété de ses gestes, la douceur de son sourire et les paroles simples de tous les jours qu'ils eussent détruit le bonheur ineffable qu'elle semblait créer autour d'elle où qu'elle se trouvât.

« Pourquoi ai-je si peur ? Et de quoi exactement ? » se demandait-elle parfois. Étrangement, elle ne pouvait se départir d'une anxiété dont les racines lui semblaient s'enfoncer dans la nuit des temps. « D'où cela me vient-il ? » Le tour qu'avait pris son existence réveillait en elle des échos oubliés, et les jours qui s'écoulaient sans bruit, presque furtivement, avaient le goût doux-amer des choses révolues que l'on ne maintient dans le présent qu'au prix d'un effort constant. Le temps se figeant soudain, elle se surprenait à contempler l'instant comme l'eût fait un témoin situé au plafond, afin que sa mémoire en portât le souvenir. Ce qu'elle vivait avait le charme déchirant du bonheur à peine entrevu et qui s'éloigne déjà.

Son cœur se serra. L'intonation de sa voix n'était pas celle qu'elle lui connaissait. Son intuition, héritée de milliers de générations, lui apprit qu'il parlait à une femme. Ne sentait-elle pas maintenant dans ses réponses une réserve légère, comme s'il ne s'exprimait pas librement ? Une signification cachée à certains propos et une manière indéfinissable de s'exprimer qui révélait une longue amitié ou davantage ? Elle éprouvait tout à coup un sentiment d'étrangeté, de décalage, d'inconsistance, comme si elle incarnait à elle seule la contingence des choses et des êtres.

Les rires affectueux de son ami qui, elle en faisait la découverte, ne lui étaient pas réservés exclusivement, avaient noué sa gorge, crispé ses doigts sans qu'elle s'en rendît compte sur l'anse fine de la tasse de porcelaine où dormait désormais un liquide froid et sans attrait.

Elle réalisa qu'elle respirait avec gêne. Les oreilles bruissantes, elle entendait confusément s'exhaler, venant du fond des âges, comme des chants lointains auxquels se mêlaient des plaintes. Portée par des voix inconnues et pourtant vaguement familières, une injonction monta jusqu'à elle :

— Aime, ne pense qu'à aimer !

Ces mots résonnaient au centre d'elle-même et, comme si deux visions se réajustaient pour coïncider à nouveau, elle vit son ami venir vers elle en souriant puis la regarder avec attention, avec une légère inquiétude :

— Tu ne te sens pas bien ?

— Si ! Mais... j'ai laissé refroidir mon thé et... j'ai un peu froid.

Il se rendit compte que quelque chose lui échappait mais, reportant à plus tard une conversation à ce sujet :

— Tu as sans doute deviné qui c'était ?

Le vertige la reprit tandis que, d'une poigne de fer, une intolérable angoisse lui étreignait à nouveau la gorge. Une maîtresse ! Il allait lui apprendre, avec une incroyable aisance, qu'il avait une maîtresse !

Éperdue, elle ne put que répondre non de la tête.

— Ma cousine, ma cousine germaine qui a été mon premier amour ! Tu te rappelles ? Je t'ai raconté cette histoire... Tu sais, ces vacances que j'avais passées avec elle chez notre grand-mère, à la campagne, avec le jardin plein de pavots multicolores et une fontaine où l'eau ruisselait de la gueule d'un lion... Tu l'as oubliée ? ajouta-t-il avec une douceur inconnue.

L'étau, en se desserrant, laissait béante une brèche par où fuyaient, blêmes et s'effilochant, ses pensées en déroute. Peu à peu, l'univers figé et mat recouvra sa tonalité, le dialogue des couleurs reprit et elle vit, dans le regard profond qui plongeait dans le sien, s'ouvrir comme une voie où filaient éternellement, dans une ivresse vertigineuse, des milliards de galaxies.

— Tu es sûre que tu te sens bien ?

La voix lointaine la ramena du futur. Son ami la tenait dans ses bras et elle entendait battre dans sa poitrine, à l'unisson des étoiles, le tempo rassurant de son cœur. Elle répondit dans un murmure :

— Je crois simplement... que je t'aime.

☆
☆ ☆
☆☆

Une rencontre à tendance physique

Compte tenu que ce sujet, malgré son caractère rebattu, n'en continue pas moins de passionner l'humanité, nous en présenterons une illustration, que nous n'avons voulue ni banale ni graveleuse, tout en présentant le piquant souhaité.

Nostradamus, devenu l'astrologue officiel de Catherine de Médicis et qui possédait également de vives lumières en matière d'onguents, élixirs et autres spécialités destinées à la beauté féminine, nous a une fois encore inspiré en nous suggérant de proposer aux lecteurs le bref récit qui suit, et que certains connaissent sans doute.

Il ne s'agit plus en l'occurrence d'un couple, mais d'un trio : celui que formaient, par la force des choses ou plutôt des passions, Catherine de Médicis, Henri II et Diane de Poitiers. Quelques-uns des archétypes de la libido s'y trouvent représentés : voyeurisme, narcissisme et bestialité.

Henri II, né à Paris le 31 mars 1518 à 7 heures du soir, n'est généralement pas considéré comme l'un des monarques les plus marquants de l'Histoire de France. Sa carte du ciel cependant n'était pas dépourvue d'intérêt, par les pulsions physiques que lui imprimait le

Soleil en Bélier et la propension au papillonnage et à la galanterie que lui inspirait Vénus en Gémeaux.

Catherine de Médicis, qui engendra trois rois de France, était surtout tenaillée du besoin de tout savoir et de tout voir, préoccupation normale dans un environnement tissé d'intrigues mortelles. Pour ce qui concernait le monde de l'invisible, auquel elle recourait assidûment, elle consulta René le Florentin, son compatriote et expert en mixtures mystérieuses et poisons volatils, puis Nostradamus devenu célèbre par sa prédiction de la mort tragique de son époux.

Mais les choses du monde visible, palpables voire adorables, ne la laissaient pas davantage indifférente, ainsi que l'atteste l'anecdote suivante.

Déterminée à découvrir par quels moyens son écrasante rivale Diane de Poitiers, alors plus âgée que lui de vingt ans, parvenait à régner sans partage sur les sens de son royal époux, Catherine fit découper, dans le parquet de la pièce située au-dessus de la chambre où l'illégitime couple prenait ses ébats, un trou suffisant pour voir ce qui se passait sur le lit.

En compagnie d'une dame d'honneur chargée de faire préalablement le guet, ce à quoi elle ne pouvait condescendre, la reine vit donc son époux dévêtir sa rivale avec plus d'ardeur qu'il n'en mettait à soulever la courtepointe du lit royal. En découvrant le corps magnifique de Diane, elle ne put s'empêcher de s'exclamer avec désespoir : « Dieu, qu'elle est belle ! » et de fondre en larmes.

Mais les amants infernaux donnaient libre cours à leur passion, qui ne tarda pas à les entraîner sur le tapis sous le regard furieux mais captivé de Catherine, qui trouva sans doute matière à combler certaines lacunes car elle s'écria soudain :

— Mais il ne me fait jamais cela, à moi !

La synastrie opérée entre le thème natal d'Henri II et celui de Diane de Poitiers (née le 15 mai 1499) se révèle tout à fait explicite : d'une part Vénus du roi conjoint Soleil de sa maîtresse et réciproquement, Mars conjoint Mars et Lune de Diane conjointe Jupiter d'Henri II.

Notons que l'une des configurations astrales les plus favorables en ce domaine est réalisée lorsque, chez l'un, Mars, symbole du désir, se trouve en conjonction de synastrie avec Vénus, symbole de l'amour, chez l'autre, ou, dans une moindre mesure, lorsqu'ils forment un aspect bénéfique.

☆

☆ ☆

☆☆

Abordons maintenant les rencontres intellectuelles. Ces dernières ne présentant généralement pas de relief particulier, j'ai préféré, plutôt que d'entrer dans des spéculations n'intéressant que les protagonistes, évoquer une consultation qui, pour moi du moins, constitua une originale gymnastique intellectuelle.

Une rencontre à tendance intellectuelle

J'étais plongé dans des calculs portant sur les incidences entre la maison VIII et les héritages, lorsque le téléphone sonna. Un homme au fort accent italien me demanda un rendez-vous urgent pour une consultation.

À ma grande surprise, ils arrivèrent à huit, toute une famille napolitaine accompagnée d'une discrète aura de friture de tomates et d'oignons. Un couple d'une soixantaine d'années prit place sur le canapé, un très vieux monsieur s'assit dans un fauteuil, une dame dans l'autre fauteuil dont je disposais, tandis que deux couples plus jeunes s'installaient sur des sièges disparates, dont le tabouret de ma salle de bains.

Ami lecteur, mieux vaut prendre une feuille de papier et un crayon pour comprendre la suite.

L'homme du couple plus âgé, dont je reconnus la voix, me voyant légèrement stupéfait, annonça d'entrée de jeu :

— Voilà ! Je suis le beau-fils de ma femme, Gina, ici présente à côté de moi.

— Expliquez-vous...

— C'est très simple. Nous sommes tous italiens, de Naples. Il y a trente ans, le divorce était interdit en Italie. J'étais alors marié avec Claudia, la dame que vous voyez assise dans ce fauteuil. Nous avons décidé à l'époque de ne plus vivre ensemble. Gina était alors ma maîtresse, et elle devint enceinte. Comme nous sommes tous croyants et très respectueux des règles de la Santa Chiesa, j'ai voulu donner mon nom à cet enfant. Pour l'adopter, je devais avoir le consentement de Claudia, ma femme légale. Or nous étions en froid. C'était donc impossible de ce côté-là ! Le malheur de la disparition de ma mère nous apporta cependant une solution. Je demandai à mon père ici présent — il désigna le très vieux monsieur — d'épouser Gina, ce qui était possible puisqu'il était veuf. Ainsi l'enfant porterait mon nom. Roberto, qui est assis devant vous, a pu alors naître tranquillement. Nous vécûmes heureux pendant des années dans la maison de mon père. Sa femme était en fait la mienne et son fils, qui était censé être mon-demi-frère, était le mien.

— Attendez ! l'interrompis-je, sentant que ce n'était pas fini. Je pris une feuille de papier pour tracer un schéma... Donc vous êtes le beau-fils de votre femme, enfin... de la femme de votre père... et votre père est le grand-père de son fils !

— *Si ! Perfettamente !* Vous avez compris ! Mais la suite est un peu moins simple... Mon fils Roberto s'est marié avec Maria, qui est assise à côté de lui. Ils ont un fils qui est mon petit-fils.

— Non ! Qui est votre neveu !

— Enfin... Oui, si vous voulez !

— Mais il n'est pas là, lui ?

— Non, nous n'avons pas pu emmener tout le monde. Nous sommes tous venus de Naples dans ma Fiat Uno, il n'y avait plus de place.

Il s'arrêta un instant et reprit :

— Ma femme Claudia, que je n'ai pas vue pendant trente ans et avec laquelle je suis encore marié, a fait la même chose de son côté. Elle a accouché d'une fille, Clara, qui est assise là-bas.

— Et qui est le père de cet enfant ?

— Il a disparu ! C'est un *stronzo* !

— Si j'ai bien compris, la fille de Claudia ici présente est la demi-sœur de votre fils et en même temps sa nièce !

— C'est exact ! Ah, vous les Français, vous comprenez vraiment tout ! Chez nous, en Italie, tout le monde s'y perd !

— Bien, répondis-je. Où est le problème ?

— Il vient de mon père. Maintenant que le divorce est permis en Italie, il voudrait divorcer de Gina et que je divorce de Claudia, afin que je puisse épouser Gina. Jusque-là, pas de problème, mais il est tombé amoureux de Claudia qu'il voudrait épouser.

— Ainsi votre fille légale qui n'est pas la vôtre deviendrait votre demi-sœur ?

— Hélas ce n'est pas tout ! J'ai un jeune frère, Mario, qui est assis à côté de Maria, ma fille légale. Il voulait aussi l'épouser, ce qui est possible, puisqu'ils n'ont aucun lien de sang.

— En fait votre vrai frère veut épouser votre fausse fille !

— Non ! Il voulait ! Mais il ne veut plus ! Il veut plutôt épouser Gina, ma femme, parce qu'elle ressemble à ma mère disparue, et il propose en contrepartie que j'épouse Maria, ma fille !

— Mais dites-moi ! J'éclatai de rire et demandai : Que voulez-vous de moi ? Que peut faire un astrologue ?

L'Italien poursuivit :

— Nous allons avoir d'épouvantables problèmes de succession. Nous voudrions que vous fassiez les thèmes de chacun de nous pour voir quelles seraient les meilleures unions pour simplifier la question.

Je repris mon papier, fis un rapide calcul et réclamai de substantiels honoraires de consultation.

— Mais... c'est très cher ! s'exclama l'Italien surpris et choqué.

— Pas du tout ! Vous rendez-vous compte du travail que cela représente ? Je dois étudier le thème de chaque personne et établir les thèmes des couples légaux entre eux, puis des illégaux entre eux, puis des légaux avec les illégaux, puis des futurs légaux avec les futurs illégaux et...

Ce fut plus fort que moi : j'éclatai à nouveau de rire. L'Italien se leva furieux et, déversant sur moi un chapelet d'injures napolitaines, sur un claquement de doigts, il emmena toute son escorte avec lui.

☆
☆ ☆
☆☆

Une rencontre à tendance karmique

Henri se trouvait dans une situation de transition. La douleur que lui avaient causée son divorce et sa séparation d'avec ses enfants restés avec leur mère commençait à devenir plus supportable, et il sentait vaguement qu'un équilibre nouveau, différent, s'instaurait insensiblement. Le travail, les amis, les sorties remplissaient désormais tout son temps et, quand le cafard faisait entendre en lui ses accents poignants de violoncelle, il se réfugiait au cinéma, devant un grand classique ou un film historique — en aucun cas l'une de ces productions sentimentales actuelles, dans lesquelles il avait trop peur de se reconnaître.

Il s'investissait de plus en plus dans sa vie professionnelle et bientôt il obtint un poste l'amenant à nouer davantage de contacts à l'extérieur, ce qui lui procura un sentiment d'allégement indicible. Rencontrer les autres ne soulage-t-il pas de soi-même ?

Six mois plus tard, il se rendait dans une grande société avec laquelle son entreprise s'apprêtait à conclure un marché. Il souriait distraitement, conscient de la puérilité de ses pensées : il se demandait en effet si son interlocutrice ressemblerait à l'idée qu'il s'en était faite en entendant, à plusieurs reprises, sa voix au téléphone. Ils avaient eu un bon contact et le rendez-vous ne lui causait aucune appréhension. Il avait constaté que, si la tonalité d'une voix pouvait enflammer l'imagination, elle coïncidait rarement avec la réalité.

Comme il arrivait en vue de son bureau, elle se trouvait dans le couloir, devant la porte ouverte, et là, dans l'espace exigu qu'éclairait à peine une petite fenêtre assombrie par la pluie, sans que rien n'indiquât qu'elle était sa correspondante, il eut la sensation que le temps s'arrêtait. Dans l'étrange silence qui s'était fait, la certitude les pénétra qu'ils se connaissaient par-delà leur naissance et le chemin parcouru.

Plus tard, ils évoquèrent cette immobilisation intérieure que, chacun de leur côté, ils avaient au même instant éprouvée. Il lui était simultanément revenu, comme un flash, une phrase lue dans un livre lorsqu'il était adolescent : « Dès que je la vis, je sus que c'était elle... » À l'époque, il avait ri en se disant que c'était du roman. Maintenant, il comprenait.

Alors le temps avait repris son accélération. Il possédait maintenant une réputation de « fonceur » parmi ses collègues de travail, et sa situation matérielle s'améliorait nettement. Mais son centre d'intérêt véritable, désormais, était ailleurs : une vraie passion le précipitait dans les bras de Béatrice. Rapidement, ils s'étaient installés dans un appartement dont ils avaient fait un havre de paix, un refuge, un endroit où l'on se sentait bien, où l'on avait envie de s'aimer.

Les mois s'envolèrent et, un jour, retentit en lui l'appel de ses racines, celui qui, tôt ou tard, vous remémore que vous êtes un maillon dans la chaîne sans fin des générations : le moment était venu de fonder un nouveau foyer.

Un enfant ! Il voulait un enfant... Il lui en parlerait le soir même et elle accueillerait sa demande, il en était sûr, avec sa tendresse habituelle, celle qu'il avait tant de hâte à retrouver chaque soir. Elle fermerait les yeux, poserait sa tête sur son épaule et murmurerait : « Je t'aime... » Alors ils le fabriqueraient, leur petit, dans une étreinte les projetant dans le futur, avec fougue, avec ferveur. Et la sueur perlerait à leurs fronts, et leurs corps, rompus et heureux, auraient le sentiment de participer à l'enfantement éternel de l'univers.

Ce soir-là, voyant défiler les rues désormais familières qui le ramenaient vers elle, il se demanda pourquoi sa légère exaltation, son allégresse contenue se voilaient malgré lui d'anxiété.

Lorsque, penché sur elle dont les lèvres exhalaient un gémissement sourd, il lui fit part de sa demande, il vit, dans le regard embué, s'élargir les prunelles au point que disparut presque l'iris couleur de turquoise.

Un lourd silence s'installa tandis qu'une expression de détresse, où perçait même, lui sembla-t-il, une obscure terreur, s'imprimait sur le visage aimé.

Béatrice était divorcée, elle n'avait pas d'enfant.

— Tu ne veux pas d'enfant ? lui demanda-t-il avec douceur.

— Non, non... murmura-t-elle d'une voix étranglée, puis elle éclata en sanglots : Ce n'est pas possible !

— Tu ne peux pas avoir d'enfant ?

— Si, mais...

— Tu ne m'aimes pas ?

— Si ! Si, jamais je n'ai aimé quelqu'un autant que toi, s'écria-t-elle avec désespoir.

Quel lourd secret portait-elle, dont il ne s'était pas douté ?

— Mais dis-moi au moins pourquoi tu ne veux pas que nous ayons un enfant ? Lorsqu'un homme et une femme s'aiment, il est normal qu'ils aient envie d'avoir un enfant. D'ailleurs, c'est souvent la femme qui le demande...

Elle semblait en proie à une véritable panique intérieure.

— Je ne sais pas, je ne sais pas !

— Tu n'as jamais essayé de savoir pourquoi tu refusais la maternité ?

Elle fit effort pour se reprendre et tenta de lui expliquer le déchirement qui se produisait en elle :

— Ce n'est pas que je n'aie pas envie d'avoir un enfant avec toi, mais... tout mon corps s'y refuse, il se révolte à cette idée ! Je ne comprends pas !

Et elle se mit à sangloter si fort, manifestant une telle détresse, qu'il préféra l'envelopper de ses bras et la serrer contre lui, apaisant et protecteur :

— N'en parlons plus. Ne pleure plus...

Tandis que contre lui le corps tiède et menu, aux contours adorables, se calmait peu à peu, il sentait son propre cœur ralentir sa cadence et une sensation de froid l'envahir.

La femme aimée était toujours celle dont il était si fort épris, et pourtant il la sentait maintenant différente, comme si, encore agrippés l'un à l'autre, ils commençaient, sans bien le discerner encore, à s'éloigner l'un de l'autre. Une fêlure venait de se produire dans leur amour, et il avait le sentiment qu'elle irait s'agrandissant.

Dans un soupir, il appela comme une grâce l'anéantissement provisoire du sommeil, remettant à plus tard toute réflexion plus approfondie sur leur couple à peine constitué et déjà travaillé par les forces de la dissolution. La conscience douloureuse le pénétrait déjà qu'un morceau d'éternité s'arrachait de son corps et de son âme.

La difficulté insurmontable qu'ont rencontrée Henri et Béatrice est relativement fréquente.

Il est intéressant de savoir que la synastrie de leurs thèmes natals faisait apparaître une conjonction de leur Lune noire, qui interdisait, au-delà de la rencontre bouleversante, toute vie en commun prolongée. Autre signe fatidique, dans le ciel de la jeune femme, Pluton carré à la Lune et carré à son Ascendant révélait un refus absolu de la maternité...

Il est probable que Béatrice, dans une vie précédente, a connu de telles difficultés en rapport avec la maternité (mort en couches ?) ou avec les enfants (abandon d'enfant, chagrins profonds et répétitifs causés par ses enfants ou encore mauvais traitements infligés par elle à ses propres parents...), qu'elle est revenue, dans cette existence, porteuse d'un blocage en ce domaine. Si elle a le courage d'entamer une réflexion approfondie et sincère sur ce sujet, ou éventuellement une thérapie, peut-être parviendra-t-elle à identifier puis surmonter cette difficulté qui hypothèque gravement tous les efforts qu'elle déploiera pour s'engager véritablement dans une relation durable.

Une relation karmique se présente souvent comme un événement puissant, voire irrésistible, et pas toujours aisément définissable. Certains l'attribuent au destin ou à la fatalité, tandis que d'autres ne voient en elle, au mieux, que l'expression d'un problème psychologique.

En réalité, la notion de karma, à mon avis, est appelée à influencer, puis à transformer la psychologie telle qu'elle est conçue et pratiquée actuellement. Les voies de réflexion et de travail personnel qu'elle propose se révèlent si efficaces dans la compréhension et la résolution progressive des difficultés que chacun, à des degrés divers, est appelé à affronter, qu'elle rejoindra probablement, dans l'avenir, les thérapies considérées comme classiques.

En matière de rencontre, deux facteurs essentiels demeurent souvent sous-jacents : l'un des partenaires — ou les deux — est en état de manque affectif et prêt à opérer un transfert d'image, et il se produit bientôt une recherche inconsciente d'« addition » de ce manque.

Car il est une question que devraient se poser bien des couples sur le point de se former : « Allons-nous additionner ou annihiler nos manques ? »

La meilleure relation karmique que l'on puisse souhaiter, c'est celle de deux personnes qui se rencontrent et qui ont l'impression que leur relation d'autrefois se poursuit au-delà du temps.

La rencontre karmique est certainement la plus facile de toutes à identifier au premier abord, mais aussi la plus rebelle à livrer ses secrets. Il est impératif de s'assurer, dans une relation dont on ne comprend pas la puissance, qu'aucun litige antérieur demeuré sans solution n'est en train de resurgir dans l'existence présente.

☆
☆ ☆
☆☆

Les sept archétypes de rencontre précédents se combinent fréquemment entre eux, donnant ce que l'on pourrait appeler des rencontres mixtes : sexualité et valeurs matérielles, par exemple, ou encore magnétisme et philosophie... Alliages multiples, à l'image de la vie, qu'il est bon de reconnaître et d'apprécier, ou de savoir refuser.

Ce chapitre serait incomplet si nous n'évoquions pas ceux qui se manquent. Dans de nombreux cas, des rencontres extraordinaires demeurent sans lendemain, car les protagonistes ne disposent pas à ce moment précis d'une disponibilité d'esprit leur permettant d'envisager une suite. Le lieu ne s'y prête pas, un détail matériel dérange, un emploi du temps contraignant n'autorise pas la moindre déviance, ou encore, trop souvent, un souci non moins rigide des convenances ou du qu'en-dira-t-on répond par une obstruction aveugle aux propositions du destin... En tous les cas, un élément indéfinissable, celui, peut-être, qui éveille ces mystérieuses correspondances entre les êtres, semble absent.

Y a-t-il une femme de bonne éducation qui n'ait le souvenir d'un homme croisé dans la rue, dont le regard ou l'allure, ou encore quelque chose d'invisible, a éveillé en elle un écho profond et qui, prisonnière de son conditionnement, n'en a pas moins abaissé les paupières et continué son chemin, malgré un véritable état de choc intérieur ?

De même, quel homme ne porte en lui le regret lancinant de n'avoir pas retenu l'inconnue dont les yeux ont rencontré les siens le temps d'un instant ou de l'échange de quelques mots anodins, et ne parvient pas à comprendre comment il a pu la laisser monter dans un taxi ?

« Ô toi que j'eusse aimée, ô toi qui le savais !... » Ces rencontres manquées arrivaient-elles trop tard, ou trop tôt ? Nombreux sont ceux qui en ont un jour été bouleversés et qui au soir de leur vie s'en souviennent encore.

Afin de ne pas rester sur une note trop nostalgique, proposons au lecteur une méthode susceptible de protéger sa sensibilité : qu'il attende que Vénus transite le Soleil, la Lune, Mercure, Mars, Jupiter ou Uranus pour se risquer dans la rue, au restaurant, à un vernissage... bref dans un lieu public. C'est bien le diable alors s'il ne rencontre pas quelqu'un du sexe opposé prêt comme lui à planter ses dents dans la pomme verte de la vie. Car lors de ces transits, son aura dégagera cet imperceptible attrait qui lui manquait la veille et qui dans quelques jours aura disparu.

Enfin, n'oublions pas qu'un partenaire astral ne correspond pas toujours aux archétypes incrustés en nous. Il se présente souvent de manière très différente de ce que nous imaginions et, passé le premier moment de surprise, nous constatons que tout est bien ainsi ! En tout état de cause, aucune rencontre ne peut se produire si l'on reste pétrifié devant son poste de télévision ou l'écran de son ordinateur. Répétons-le : l'autoroute de l'information n'est que le péage de la solitude.

★
★ ★
★★

CHAPITRE 4

DES COUPLES CÉLÈBRES

Le lecteur trouvera dans ce chapitre, sous forme de tableaux, des études rapides de couples qui lui fourniront des éléments de réflexion pour ses recherches personnelles.

Parmi les couples célèbres que nous évoquerons ici, certains ne se constituèrent pas de leur propre mouvement, au mieux donnèrent-ils leur consentement à une union rendue nécessaire par des raisons dites supérieures, qui n'étaient pas celles du cœur. La raison d'État forma bien des couples « obligatoires » dont l'entente, quand elle fut bonne, dut beaucoup à la clémence du hasard. La vie de la plupart d'entre eux ayant fait l'objet d'études historiques très complètes, nous nous limiterons à l'examen de leurs potentialités astrales.

Le concept de couple sera ici pris au sens large dans la mesure où il peut s'appliquer aussi à des amis inséparables, des personnes de même sexe ou encore des ennemis irréductibles. Le tableau suivant présente, résumés, les **coefficients d'harmonie de rencontre** (CR) et ceux de **durabilité** (CD) de quelques couples ou partenaires dont la relation a marqué l'histoire des derniers siècles.

Rappelons brièvement que les valeurs CR obtenues doivent être supérieures à 14 pour signifier une rencontre intéressante, tandis que les valeurs CD situées au-dessous de 8 ne laissent guère présager une vie épanouissante.

Légende : **CR = Coefficient d'harmonie de rencontre**
CD = Coefficient d'harmonie de durabilité

Partenaires		CR	CD	Commentaire
Henri II 31 mars 1518 Paris 19 h	Catherine de Médicis 13 avril 1519 Florence 6 h	6	12	Il n'est pas certain qu'ils se soient plu dès la première rencontre !
Henri IV 14 décembre 1553 Pau 1 h 30	Marguerite de Valois 14 mai 1553 St-Germain 16 h 15	16	8	Les plaisirs de la chair furent visiblement partagés !
Henri IV 14 décembre 1553 Pau 1 h 30	Marie de Médicis 26 avril 1575 Florence 11 h 30	10	1	Elle fut soupçonnée de l'assassinat de son époux !
Louis XIII 27 septembre 1601 Fontainebleau 10 h 30	Anne d'Autriche 21 septembre 1601 Valladolid 23 h 51	20	8	Un beau couple ! Dommage que l'homosexualité du mari ait altéré ce mariage.
Louis XIII 27 septembre 1601 Fontainebleau 10 h 30	Richelieu 13 mars 1596 Paris 9 h 34	9	12	Pas de sympathie naturelle, mais l'obligation de collaborer un certain temps !
Mazarin 14 juillet 1602 Pescina (I) 19 h	Anne d'Autriche 21 septembre 1601 Valladolid 23 h 51	15	10	Ils auraient eu ensemble un fils : Louis XIV !
Louis XIV 5 septembre 1638 St-Germain 11 h 11	« La » Montespan 5 octobre 1640 Lussac 7 h	23	6	Un grand coup de foudre du Roi-Soleil !
Louis XV 15 février 1710 Versailles 8 h 03	« La » Pompadour 29 décembre 1721 Paris	7	2	La relation était visiblement limitée à un seul et unique domaine !
Louis XVI 23 août 1754 Versailles 6 h 25	Marie-Antoinette 2 novembre 1755 Vienne 19 h 30	16	4	Une bonne première rencontre, mais pas idéale à la longue...
Axel de Fersen 4 septembre 1755 Stockholm (? h)	Marie-Antoinette 2 novembre 1755 Vienne 19 h 30	6	13	La relation avec l'amant aurait dû être plus durable qu'avec l'époux.
Napoléon Bonaparte 15 août 1769 Ajaccio 11 h 30	Joséphine 23 juin 1763 Martinique 9 h	20	5	On sait que ce fut un coup de foudre... et qu'il ne dura pas.
Napoléon Bonaparte 15 août 1769 Ajaccio 11 h 30	Marie-Louise 12 décembre 1791 Vienne 23 h 30	8	11	La première rencontre fut visiblement plus politique qu'amoureuse.
Napoléon Bonaparte 15 août 1769 Ajaccio 11 h 30	Talleyrand 2 février 1754 Paris 21 h	10	4	Méfiance, haine et admiration réciproques dominèrent cette relation.
Duc de Windsor 23 juin 1894 Richmond (GB) 22 h	Lady Simpson 14 novembre 1896 Baltimore (USA) 6 h	16	9	Une rencontre si forte qu'il renonça pour elle à la couronne d'Angleterre.
Prince Charles 14 novembre 1948 Londres 21 h 14	Lady Diana Spencer 1er juillet 1961 Londres 18 h 45	15	12	Ils auraient pu mieux faire !

Le tableau ci-dessus confirme l'intérêt que présente le calcul des coefficients d'harmonie, qui permet de constater aussitôt la manière dont le couple évolue dans son milieu.

☆
☆ ☆
☆☆

Voici maintenant les coefficients d'harmonie de couples d'artistes qui ont fait couler beaucoup d'encre et même verser quelques larmes :

Partenaires		CR	CD	Commentaire
Frédéric Chopin 1er mars 1810 Zelazowa (PL) 17 h 55	George Sand 1er juillet 1804 Paris 15 h	15	9	Une histoire bien de son époque : passion et romantisme.
Victor Hugo 26 février 1802 Besançon 22 h	Juliette Drouet 10 avril 1806 Fougères 7 h	14	12	Un bon couple classique.
Paul Verlaine 30 mars 1844 Metz 21 h	Rimbaud 20 octobre 1854 6 h	20	0	Un contraste saisissant entre la rencontre et la durabilité.
Sigismund Freud 6 mai 1856 Freiberg 18 h 30	Carl Gustav Jung 26 juillet 1875 Kesswil (CH) 18 h 25	15	5	Après quelques années d'entente, ils se séparèrent.
Jean Cocteau 5 juillet 1889 Maisons-Laffitte 1 h	Jean Marais 21 décembre 1913 Cherbourg 12 h 30	18	3	La relation aurait été de courte durée s'ils étaient restés ensemble 24 h sur 24.
Luis Buñuel 22 février 1900 Calonda 12 h	Catherine Deneuve 22 octobre 1943 Paris 13 h 55	18	10	Normal, pour un grand réalisateur et une grande actrice.
Johnny Hallyday 15 juin 1943 Paris 13 h	Sylvie Vartan 15 août 1944 Iskretz (Bg) 16 h	4	– 5	La séparation était inéluctable !
Johnny Hallyday 15 juin 1943 Paris 13 h	Laetitia 18 mars 1975	18	10	Bien meilleur !

☆
☆ ☆
☆☆

Sans vouloir entrer dans la vie privée de certaines célébrités politiques, jetons un bref regard sur les coefficients d'harmonie existant entre le président Jacques Chirac et son entourage :

Partenaires	CR	CD	Caractéristiques planétaires	Remarques
Bernadette Chirac 18 juin 1933 Paris 9 h	7	22	Conjonction ☉, ♂, ♃ et ♆ en composite	Pas terrible, la première rencontre, mais géniale ensuite !
Alain Juppé 15 août 1945 Mont-de-Marsan 4 h	16	3	Conjonction AS – ♇ et ☾ – ♀ en synastrie	D'abord sympathique, mais pas durable car destructeur.
Charles Pasqua 8 avril 1927 Grasse 15 h	7	12	Carrés ☉ – ♄, ♂ – ♄ et ☿ – ☾ en synastrie	Pas sympathique, mais durable.
Philippe Séguin 21 avril 1934 Tunis 0 h 15	10	13	Conjonction AS – ☾	Rencontre moyenne, mais durabilité garantie.
Jean-Louis Debré 30 septembre 1944 Toulouse 4 h	11	5	Carrés ♀ – ♄ et ☉ – ☾. Oppositions ☾ – ♂ et ☾ – ♆	Tristounet !
Édouard Balladur 5 février 1929 Smyrne 4 h	18	– 3	☉, ☿, ♀ et ♄ en XII composite et opposés ♇	Caïn et Abel !
Nicolas Sarkozy 28 janvier 1955 Paris 22 h	20	3	♂ et ♅ en maison VII composite	La lutte entre le jeune et le vieux lion !
Raymond Barre 12 avril 1924 La Réunion 6 h 30	19	11	♃ conjoint ☾ et ☿ ♄ conjoint ♀ ♂ conjoint ♄	Un mélange de frustrations et d'optimisme.
François Léotard 26 mars 1942 Cannes 3 h 45	16	20	☉ et ☿ conjoints AS et trigones ☾ ♃ conjoint ♇	Excellent ! Belle association.
Michel Rocard 23 août 1930 Courbevoie 9 h	8	11	Conjonction ♀ – ♂ trigone ♅	À la longue, ce couple s'y fait !

☆

☆ ☆

☆☆

Bien que les personnages suivants, à peu d'exceptions près, ne se connussent pas, il est intéressant de constater l'existence d'une certaine constante dans leur carte du ciel, car ils le scrutaient souvent pour déchiffrer dans les constellations les messages inscrits à l'intention des hommes.

Noms	Né le	Heure	Lieu	Points communs
Pic de La Mirandole	06.03.1463	02.42	Modène	☉ ☿ ♀ en Poissons
Copernic	19.02.1473	16.48	Pologne	☉ ☿ en Poissons
Nostradamus	14.12.1503	11.10	St-Rémy	AS ♅ en Poissons
Tycho Brahé	15.02.1546	11.00	Danemark	☉ ☿ en Poissons
Galilée	15.02.1564	15.00	Pise	☉ ☿ ♀ ♇ en Poissons
Kepler	27.12.1574	14.30	Weil (RFA)	♂ ♇ en Poissons
Morin de Villefranche	23.02.1583	08.34	Villefranche	☉ ☾ ♀ ♄ ♃ en Poissons
Herschel	16.11.1738	13.30	Hanovre	AS en Poissons

C'est à se demander si ces astronomes ne sont pas reliés au firmament par un point... un point antérieur. Ce sujet, qui fera comprendre l'inéluctable lien qui lie l'homme et le cosmos, sera développé plus loin. Car un être humain représente un événement, un maillon de la chaîne qui relie le passé au devenir.

Le tableau ci-dessus donne un nouvel exemple de l'extraordinaire efficacité des calculs informatiques : ces derniers, en quelques secondes, mettent en évidence le fait que tous ces natifs étaient fortement marqués par le signe des Poissons.

Éléments d'interprétation pour trois couples célèbres

Voici maintenant trois exemples proposant une première approche méthodique pour l'étude d'un thème de couple.

1 - Frédéric Chopin et George Sand
2 - Napoléon Bonaparte et Maurice de Talleyrand
3 - Mazarin et Anne d'Autriche.

Légende des cartes du ciel

À droite de la colonne située en partie gauche (liste des planètes) figurent quelques données dont la signification est la suivante :
R = Planète rétrograde (la rétrogradation est un mouvement apparent de recul d'une planète observée depuis la Terre). Elle indique selon le thème un effet retard de la planète ou une faiblesse momentanée.
D ou **C** = Lune décroissante ou croissante.
Chiffres entre parenthèses = Maître de nativité. Les valeurs indiquées sont arbitraires. Les plus élevées d'entre elles représentent les dominantes du thème. En d'autres termes, lorsque les planètes transistent sur des points-clés du thème, elles ont un effet augmenté. À titre d'exemple, lorsque la dominante est la Lune, le sujet aura tendance à changer souvent d'avis et à se comporter de façon « lunatique ». En revanche, lorsqu'il s'agit de Saturne, il prendra tout son temps... quitte à énerver ses partenaires.
Aspects en trait plein : sextiles et trigones.
Aspects en trait pointillé : carrés et oppositions.
Heure de naissance : corrigée en temps universel (TU) au méridien de Greenwich.

1. FRÉDÉRIC CHOPIN ET GEORGE SAND

PRINCIPAUX ASPECTS EN SYNASTRIE

Conjonctions	Sextiles	Carrés	Trigones	Oppositions
AS – ♇ ☉ – ♇	☾ – ⚸	☾ – ☾ ☿ – ⚸	☉ – AS ☉ – ☉	☿ – ♀ ♂ – ♅
♀ – ♇ ☾ – ♃	☊ – ♀	♀ – ☉ ♅ – ♀	☾ – ♂ ☿ – ☿	♄ – ☿ ♅ – ♂
♅ – AS ♅ – ⚸		☿ – ♇ ⚸ – ♅	♀ – ☉ ♄ – ☿	
⚸ – ☉ ☊ – ♃			♅ – ☉ ☊ – ☿	

PRINCIPAUX ASPECTS EN COMPOSITE

Conjonctions	Sextiles	Carrés	Trigones	Oppositions
☾ – ♇	☉ – ♇	♂ – ♃ ☾ – ♆	☉ – ⚸ ♄ – ♇	♀ – ♆ ☉ – ♄
		♃ – ♅	☾ – ♅ ☿ – ☊	♂ – ♅ ♇ – ⚸
				☾ – ⚸

CHOPIN

1 3 1810 17.55 h TU Lat 52.13 Lon 21.00 CARTE NATALE

1	28°56	VIE
2	22°32	BAL
3	22°38	SCO
4	28°36	SAG
5	4°41	VER
6	5° 3	POI
7	28°56	POI
8	22°32	BEL
9	22°38	TAU
10	28°36	GEM
11	4°41	LIO
12	5° 3	VIE
⊕	20°30	SCO

SOL	10°32	POI	(2)
LUN	18°58	CAP	(26)D
MER	18°20	VER	(28)R
VEN	7° 8	POI	(28)R
MAR	7°49	BEL	(26)R
JUP	24°43	BEL	(16)R
SAT	14°39	SAG	(16)R
URA	14°11	SCO	(17)R
NEP	9° 0	SAG	(4)R
PLU	15°34	POI	(11)R
LN.	8°34	CAN	
NOD	16°11	BAL	

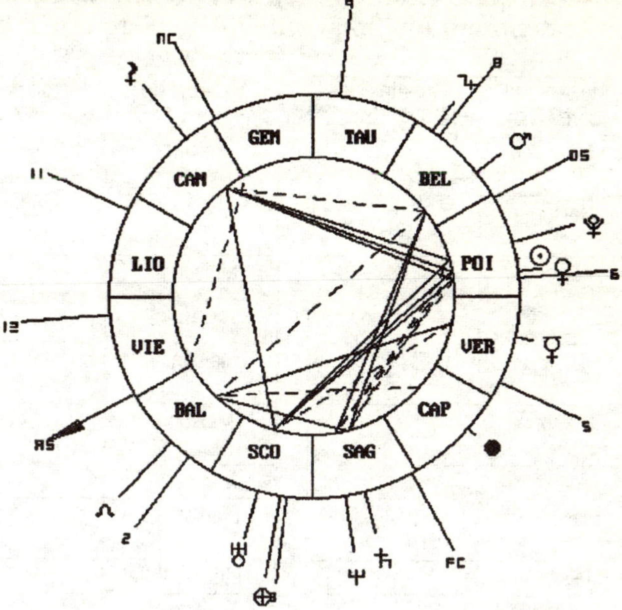

GEORGE SAND

1 7 1804 15.00 h TU Lat 48.50 Lon 2.20 CARTE NATALE

1	11° 8	SCO
2	10°26	SAG
3	16°20	CAP
4	24°29	VER
5	27° 0	POI
6	21°52	BEL
7	11° 8	TAU
8	10°26	GEM
9	16°20	CAN
10	24°29	LIO
11	27° 0	VIE
12	21°52	BAL
⊕	24° 5	LIO

SOL	9°27	CAN	(9)
LUN	22°24	BEL	(9)D
MER	18°15	GEM	(17)R
VEN	17° 7	LIO	(8)
MAR	22°44	TAU	(17)R
JUP	26° 2	BAL	(18)R
SAT	27°27	VIE	(23)R
URA	12° 5	BAL	(26)R
NEP	23°29	SCO	(21)R
PLU	9°52	POI	(7)R
LN.	18° 2	SCO	
NOD	5°44	VER	

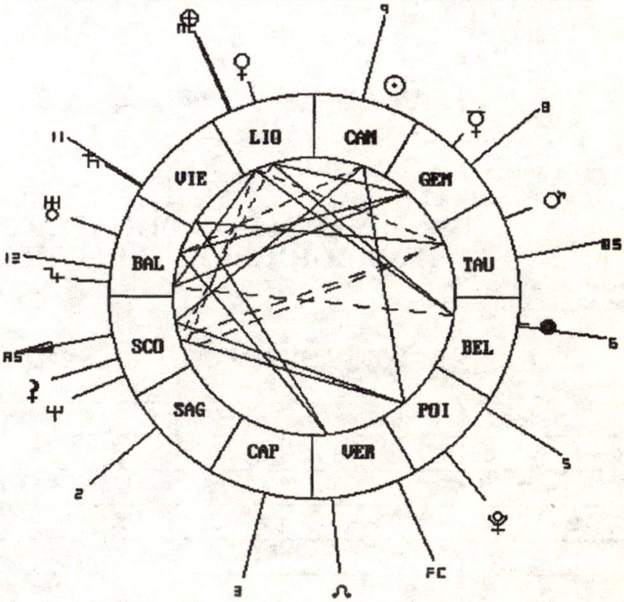

Remarque : Les nombreuses oppositions de planètes peu compatibles dénotent une impossibilité de vivre une relation stable.

Maisons de George Sand	Planètes de Frédéric Chopin
Maison I	♅ ♆
Maison II	♄
Maison III	☾ ☿
Maison IV	☉ ♀ ♇
Maison V	♂
Maison VI	–
Maison VII	⚳
Maison VIII	–
Maison IX	–
Maison X	–
Maison XI	–
Maison XII	☊

Maisons de Frédéric Chopin	Planètes de George Sand	Commentaires
Maison I	♅	Personnalité entière de chacun.
Maison II	♃ ⚳	Rapports d'argent source de tracas.
Maison III	♆	Sentiment et idéalisme dans la communication.
Maison IV	–	Il se sentait bien dans sa maison.
Maison V	☊	Forte relation physique.
Maison VI	♇	–
Maison VII	–	Sacrifice dans l'union.
Maison VIII	☾	Émotion et sexualité.
Maison IX	☿ ♂	Force dans les convictions.
Maison X	☉	Aide dans la carrière.
Maison XI	♀	Grande amitié.
Maison XII	♄	Épreuves du destin.

☆
☆ ☆
☆☆

2. NAPOLÉON BONAPARTE ET MAURICE DE TALLEYRAND

PRINCIPAUX ASPECTS EN SYNASTRIE

Conjonctions	Sextiles	Carrés	Trigones	Oppositions
☿ – ☾ ♀ – ☾	♂ – ♄ ♄ – AS	☉ – ♃ ☉ – ♅	AS – ☾ ♂ – ☾	☉ – ☉ ☉ – ☿
♃ – ☉ ♃ – ☿		☾ – ♂ ☾ – ♆	♄ – ♂	☾ – ⚳ ☾ – ☊
♄ – ♇ ♆ – ☿		♅ – ⚳ ♇ – ♂		☿ – ♄ ♀ – ☿
				♀ – ♄ ♄ – ♀
				♅ – ♂ ♆ – ☾

PRINCIPAUX ASPECTS EN COMPOSITE

Conjonctions	Sextiles	Carrés	Trigones	Oppositions
☾ – ♇	☉ – ♇	♂ – ♃ ☾ – ♆	☉ – ⚷ ♄ – ♇	♀ – ♆ ☉ – ♄
		♃ – ♅	☾ – ♅ ☿ – ☊	♂ – ♅ ♇ – ⚷
				☾ – ⚷

Remarque : Les nombreux carrés et oppositions de planètes peu compatibles montrent bien que ces deux hommes se détestaient. Ce thème de couple fait donc partie des « amours obligatoires » dictées par la raison d'État et les aspirations personnelles.

NAPOLEON   15 8 1769 11.30 h TU Lat 41.55 Lon 8.44 CARTE NATALE

1 13°29 SCO
2 13° 0 SAG
3 17°19 CAP
4 23°30 VER
5 25°59 POI
6 22°16 BEL
7 13°29 TAU
8 13° 0 GEM
9 17°19 CAN
10 23°30 LIO
11 25°59 VIE
12 22°16 BAL
⊕ 19°59 BEL

SOL 22°47 LIO (21)
LUN 29°17 CAP (5)D
MER 6°13 LIO (12)R
VEN 7° 4 CAN (17)
MAR 12° 4 VIE (25)
JUP 15° 1 SCO (14)R
SAT 25°35 CAN (8)R
URA 11°26 TAU (14)R
NEP 8°41 VIE (18)R
PLU 13°35 CAP (1)R
LN. 8°48 SAG
NOD 20° 9 SAG

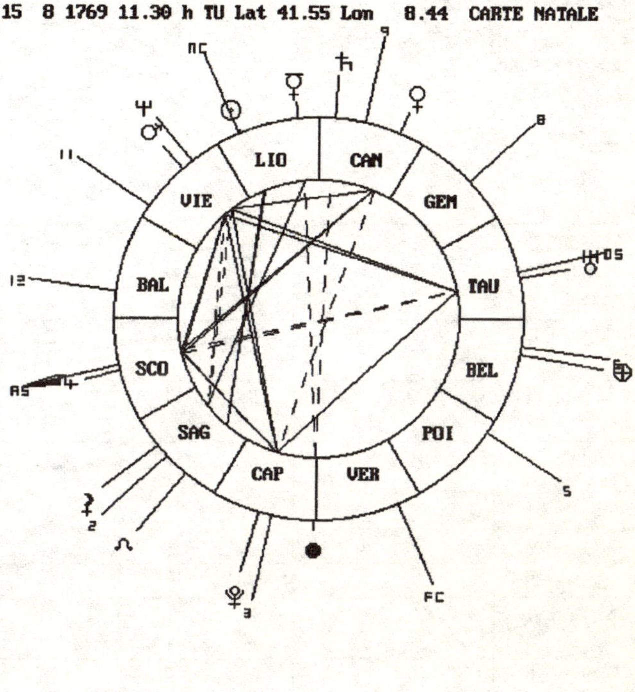

TALLEYRAND 2 2 1754 21.00 h TU Lat 48.50 Lon 2.20 CARTE NATALE

```
  1    0°12 BAL
  2   24°43 BAL
  3   25° 4 SCO
  4    0°15 CAP
  5    5°25 VER
  6    5°44 POI
  7    0°12 BEL
  8   24°43 BEL
  9   25° 4 TAU
 10    0°15 CAN
 11    5°25 LIO
 12    5°44 VIE
 ⊕     3° 0 GEM

SOL 14° 2 VER ( 9)
LUN 11°15 GEM ( 6)C
MER 24°42 CAP (18)R
VEN  0° 3 VER (20)
MAR 27°20 TAU ( 0)
JUP 13°22 LIO (18)R
SAT 12°15 CAP (32)R
URA  6° 1 POI (18)R
NEP  4°52 LIO (12)R
PLU 13°12 SAG (29)R
LN.  6°48 POI
NOD 20°29 BAL
```

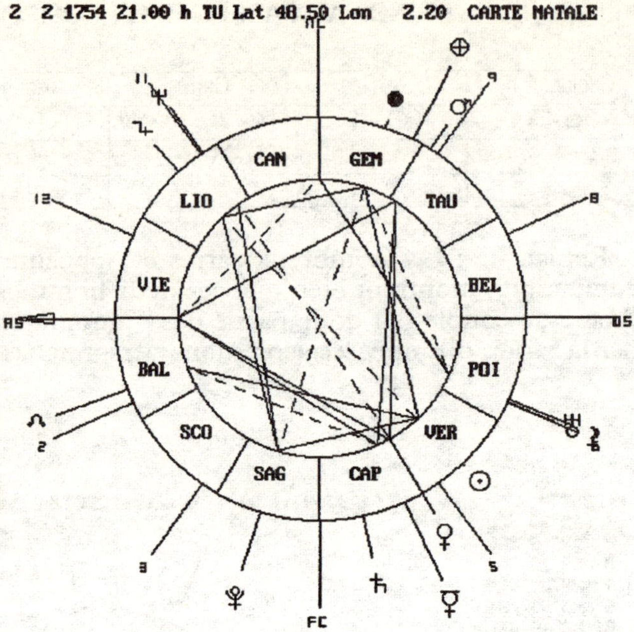

Maisons de Bonaparte	Planètes de Talleyrand
Maison I	–
Maison II	♇ ♄
Maison III	☿ ♀ ☉
Maison IV	♅ ⚸
Maison V	–
Maison VI	–
Maison VII	☾ ♂
Maison VIII	–
Maison IX	♃ ♆
Maison X	–
Maison XI	☊
Maison XII	–

Maisons de Talleyrand	Planètes de Bonaparte	Commentaires
Maison I	–	–
Maison II	♃	Frustration des besoins matériels.
Maison III	⚸ ☊	Ils furent obligés de communiquer.
Maison IV	☾ ♇	Une vie commune sous le même toit eût été hasardeuse !
Maison V	–	–
Maison VI	–	–
Maison VII	–	Complémentarité et compétition.
Maison VIII	♅	Déstabilisation.
Maison IX	–	Idéal politique.
Maison X	♀ ♄	Grandeur et décadence !
Maison XI	☉ ☿	Réalisation de projets.
Maison XII	♂ ♆	Inimitiés et désillusions.

☆

☆ ☆

☆☆

3. MAZARIN ET ANNE D'AUTRICHE

PRINCIPAUX ASPECTS EN SYNASTRIE

Conjonctions	Sextiles	Carrés	Trigones	Oppositions
☉ – ♂ ☿ – ☾	AS – ♄ ♂ – ☾	☉ – ♇ ☿ – ♄	☾ – ☿ ♆ – ♇	♄ – ♅ ♅ – ♄
☿ – ♀ ☿ – ♂	♂ – ☾	☿ – ♅ ♀ – ♄	♆ – ☊ ♇ – ♆	
♀ – ☾ ♀ – ♀		♄ – ♀ ♅ – ♀	♇ – ☊ ☊ – ♀	
♀ – ♂ ♂ – ☉				
♂ – ☿ ♂ – ♃				

Remarque : Le magnifique ensemble de conjonctions assurait une grande histoire d'amour.

PRINCIPAUX ASPECTS EN COMPOSITE

Conjonctions	Sextiles	Carrés	Trigones	Oppositions
☉ – ☿ – ♂ – ♆	♀ – ♃ ☾ – ♇	♀ – ♅ ♃ – ⚸	♇ et (☉☿♂♆)	♄ – ♆
	☾ et (☉☿♂♆)	♀ – ♄	⚸ et (☉☿♂♆)	☾ – ⚸

Remarque : La quadruple conjonction ☉–☿–♂–♆ signale également une relation astrale d'une exceptionnelle intensité.

ANNE D AUTRICHE 21 9 1601 23.51 h TU Lat 40.24 Lon 3.42 CARTE NATALE

1	20° 6	CAN
2	9°45	LIO
3	2°45	VIE
4	1°51	BAL
5	8°12	SCO
6	16°38	SAG
7	20° 6	CAP
8	9°45	VER
9	2°45	POI
10	1°51	BEL
11	8°12	TAU
12	16°38	GEM
⊕	14°29	VIE

SOL	28°53	VIE	(9)	
LUN	4°30	LIO	(17)	D
MER	26° 9	VIE	(22)	R
VEN	12°58	LIO	(17)	
MAR	1°41	LIO	(29)	
JUP	1°20	BAL	(29)	R
SAT	6°45	SCO	(9)	R
URA	8°35	TAU	(6)	R
NEP	1° 1	VIE	(12)	R
PLU	24°55	BEL	(8)	R
LN.	16°27	SAG		
NOD	26°53	SAG		

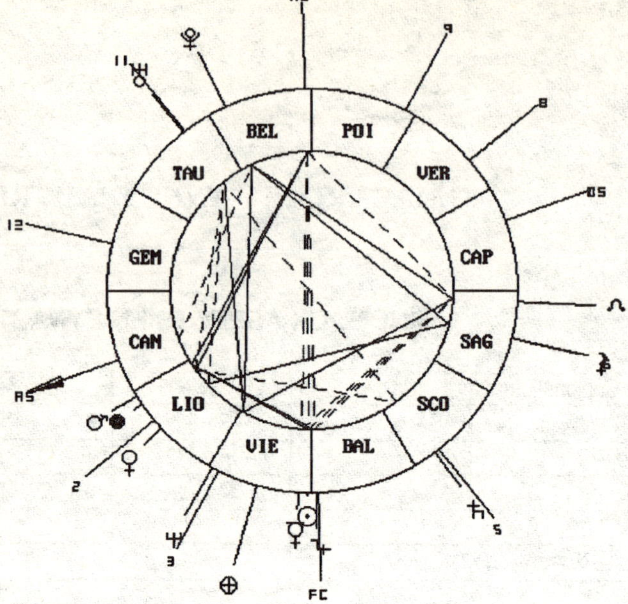

MAZARIN 14 7 1602 19.00 h TU Lat 48.50 Lon 2.20 CARTE NATALE

1	8°42	CAP
2	26°42	VER
3	11°24	BEL
4	11°11	TAU
5	2°33	GEM
6	20°36	GEM
7	8°42	CAN
8	26°42	LIO
9	11°24	BAL
10	11°11	SCO
11	2°33	SAG
12	20°36	SAG
⊕	8°42	SCO

SOL	21°50	CAN	(5)	
LUN	21°50	TAU	(26)	D
MER	8°57	LIO	(22)	R
VEN	8°37	LIO	(19)	
MAR	5°29	BAL	(16)	
JUP	14°13	BAL	(18)	R
SAT	14° 5	SCO	(24)	R
URA	12°47	TAU	(14)	R
NEP	0°41	VIE	(12)	R
PLU	26°25	BEL	(9)	R
LN.	19°24	CAP		
NOD	11°14	SAG		

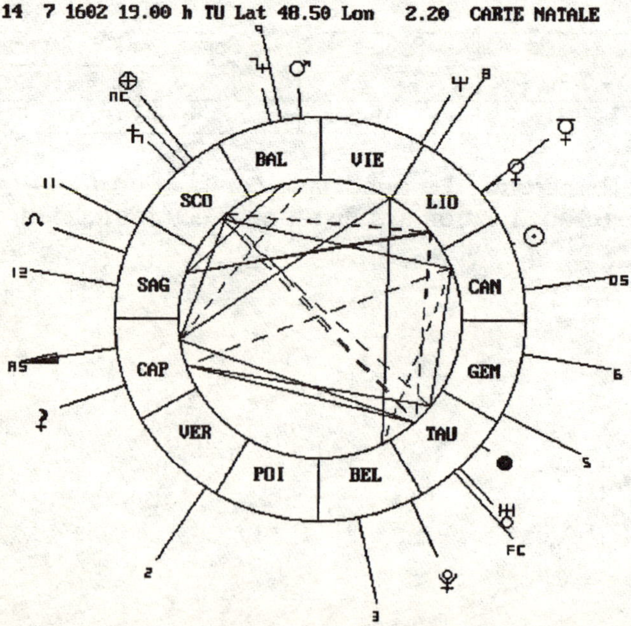

Maisons de Mazarin	Planètes d'Anne d'Autriche
Maison I	–
Maison II	–
Maison III	♅ ♇
Maison IV	–
Maison V	–
Maison VI	–
Maison VII	☾ ♀ ♂
Maison VIII	☉ ☿ ♄ ♆
Maison IX	♄
Maison X	–
Maison XI	⚳
Maison XII	☊

Maisons d'Anne d'Autriche	Planètes de Mazarin	Commentaires
Maison I	☉ ♀ ☿	Développement des consciences.
Maison II	♆	Enrichissement pas forcément honnête.
Maison III	–	Brutalité et mesures impopulaires.
Maison IV	♂ ♃ ♄	Désir d'établir des racines.
Maison V	–	–
Maison VI	⚳ ☊	Sacrifices dans le travail.
Maison VII	–	Belle association.
Maison VIII	–	Intense relation physique.
Maison IX	–	Conceptions identiques.
Maison X	♇	Puissance de pouvoir.
Maison XI	☉ ♅	Instabilité et sacrifice dans les projets.
Maison XII	–	Destin lié dans les épreuves.

★
★ ★
★★

CHAPITRE 5

THÈME NATAL ET CONNAISSANCE DE SOI

Ce rappel de quelques positions et aspects du thème natal permettra au lecteur un rapide survol de sa personnalité et des potentialités de son partenaire. Il y découvrira parfois des aptitudes latentes qui lui offriront une perspective inattendue sur les dispositions et les besoins fondamentaux de l'autre. Ces textes ne sont naturellement pas exhaustifs et doivent être considérés comme des « spots », quelquefois percutants, qu'il conviendra bien entendu d'adapter compte tenu de l'ensemble du thème. Dans le souci de rester clair et simple, rappelons qu'en principe les textes contradictoires s'annulent, tandis que ceux dont le sens est répétitif confirment la sentence.

Traditionnellement, l'étude des planètes s'effectue par couples. Les aspects sont donc malheureusement réduits à ceux présentés par les deux planètes considérées. Il serait en effet très intéressant de considérer les planètes d'un thème par trios, quatuors ou quintettes, mais le nombre des combinaisons serait tel qu'un volume n'y suffirait pas. Par ailleurs, une telle étude systématique ne pourrait jamais se substituer au travail d'interprétation de l'astrologue, qui demeure essentiel quelles que soient les performances techniques, en particulier celles dues à l'informatique, qui peuvent venir au soutien de l'étude astrologique.

Le lecteur devra donc posséder une certaine expérience avant de pouvoir s'engager dans le déchiffrage des aspects planétaires multiples.

Considérons à titre d'exemple, afin d'éclairer ces propos, une configuration complexe que nous aborderons sous une forme « télégraphique ».

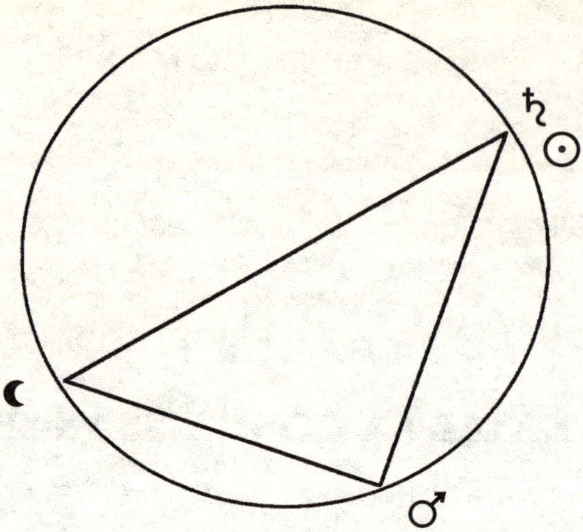

Soleil conjonction Saturne : Vitalité - Restriction.
Soleil carré Mars : Vitalité en désaccord avec l'action : imprudence.
Soleil opposé Lune : Problèmes émotionnels liés à la naissance.
Lune carré Mars : Émotion - Agressivité.
Lune opposée Saturne : Émotion - Restriction.
Mars carré Saturne : Conflit entre l'action et la réflexion.

Les constatations ci-dessus conduisent aisément au diagnostic suivant : le sujet disposant de cette configuration aura besoin d'une sérieuse aide et d'un bon partenaire !

1. LES PLANÈTES EN SIGNES

Au-delà de Jupiter, les planètes en signes concernent tous les natifs d'une même période (en effet, Saturne séjourne dans un même signe pendant environ 2 ans et demi, Uranus 7 ans, etc.). Leurs positions, en l'occurrence, relèvent plutôt de l'astrologie mondiale, pour autant que l'on sache traduire Nostradamus !...

Ascendant en Bélier
Vous possédez l'esprit d'initiative et un vif goût pour l'action. Mais il vous arrive de vous disperser par manque de constance, c'est pour-

quoi votre volonté et votre énergie constitueront pour vous la meilleure garantie de réussite.

Ascendant en Taureau

Vous progressez lentement mais avec persévérance, et connaissez d'importants besoins physiques et matériels. Vous réussirez tardivement grâce à votre puissance de travail et à votre volonté.

Ascendant en Gémeaux

Votre jeu consiste à paraître. Les contacts et le mouvement vous stimulent, mais vous êtes instable. Il vous faut sans cesse donner à votre esprit matière à s'occuper, seule chose qui vous passionne vraiment.

Ascendant en Cancer

Intuition et imagination tiennent une grande place dans votre vie. Vous recherchez la famille et vous sentez bien avec les choses du passé. Maîtrisez vos émotions et évitez de vous laisser influencer afin de ne pas vous trouver déstabilisé.

Ascendant en Lion

Conscient de descendre d'une importante famille, vous désirez vous engager dans une voie noble et honorifique. Votre tempérament se révèle fort et passionné. Vous dépendez de vos sentiments et avez besoin d'être entouré. Évitez la tentation de l'orgueil.

Ascendant en Vierge

Vous faites preuve d'un esprit méticuleux, voire pinailleur. Votre manque de confiance vous joue parfois de mauvais tours. La meilleure chance de réussite réside pour vous dans un travail demandant de la minutie ou de la précision.

Ascendant en Balance

Des partenaires vous sont indispensables. Vous vous intéressez à la politique ou à l'art. Votre indécision risque de gêner votre entourage. Un constant besoin de justice vous habite, que vous devez vous efforcer de satisfaire.

Ascendant en Scorpion

Vous possédez une dimension transcendantale et votre esprit se projette souvent dans l'au-delà quand il n'évolue pas, parfois, dans une autre vie. Vous détruisez volontiers pour mieux recommencer. Veillez à ne pas vous battre pour des chimères.

Ascendant en Sagittaire

Bien que recherchant la vie collective, vous appréciez l'indépendance. Tout ce qui concerne l'étranger, les lois, la philosophie et les voyages vous attire.

Ascendant en Capricorne

Vous avez le sens de la mesure et de la diplomatie. Votre vie intérieure est réfléchie et profonde. Sobre et économe, vous aimez la stabilité. Votre rigueur et votre attitude située au-dessus des passions vous apporteront la réussite.

Ascendant en Verseau
Les témoignages de vos amis quant à vos idées originales et novatrices revêtent une grande importance. Votre remarquable souplesse d'esprit vous rend parfois insaisissable. Vous ne resterez dans une structure conventionnelle que si vous y êtes contraint.
Ascendant en Poissons
Vous faites preuve d'un idéalisme profond mais parfois un peu vague. Vous n'hésitez pas à vous sacrifier pour autrui mais vivez souvent dans les illusions et les rêves. Les sciences occultes exercent sur vous un puissant attrait et vous êtes à l'écoute de votre intuition.

☆
☆ ☆
☆☆

Soleil en Bélier
Votre courage et votre audace sont réels et vous réussirez par l'action. Définissez bien votre idéal et n'agissez pas sur des coups de tête, car vous pourriez le regretter.
Soleil en Taureau
Vous recherchez la réussite matérielle ou artistique. Vous aimez la bonne chère et les plaisirs physiques en tout genre. Vous avez peur de manquer d'argent, car ce dernier représente pour vous la seule garantie de sécurité.
Soleil en Gémeaux
Si l'on dit de vous que vous avez deux personnalités, c'est parce que vous êtes insaisissable ! Votre intelligence dérange et vous réussirez dans les écrits, les voyages et la communication. Ne vous dispersez pas trop !
Soleil en Cancer
Sauf mauvais aspects du Soleil, vous mènerez une vie familiale heureuse et rencontrerez du succès dans la deuxième partie de votre vie. Votre émotivité et votre romantisme vous attireront les sympathies d'autrui.
Soleil en Lion
Vous aimez diriger et commander. Vous connaîtrez une réalisation importante dans des domaines variés tels que la haute finance, la mode, la décoration ou encore les enfants.
Soleil en Vierge
Vous possédez une intelligence très analytique. Vous appréciez de vous investir dans un travail pour le compte d'une autre personne, à laquelle vous serez fidèle. Toute tâche demandant de la précision vous intéresse.
Soleil en Balance
Vous recherchez les mondanités et vous montrez doué pour l'art et la

politique. Mais les principales réalisations se feront dans le mariage, les contrats ou les associations.

Soleil en Scorpion

Votre vie vous donne des aperçus de l'enfer sous toutes ses formes. Si vous savez maîtriser votre puissance passionnelle, vous aurez là un bon moyen de régénération. Votre énergie, votre combativité et votre sexualité sont intenses.

Soleil en Sagittaire

La maturité venue, vous réussirez dans le domaine des écrits, des voyages et de la communication sous toutes ses formes.

Soleil en Capricorne

Le succès viendra dans la seconde partie de votre vie, grâce à votre sens de la mesure. Vous atteindrez le seuil de la Connaissance et de la Sagesse. Vous obtiendrez des postes à responsabilités et vos conseils seront écoutés.

Soleil en Verseau

Les sciences modernes ou tout ce qui concerne les groupes et le public vous réussiront plus particulièrement, de préférence dans un entourage amical. Votre vie de famille se révélera assez instable.

Soleil en Poissons

Vous possédez des aptitudes pour tout ce qui est occulte. Votre grande intuition vous permet d'avancer. Méfiez-vous des illusions qui pourraient vous conduire à la marginalité.

☆
☆ ☆
☆☆

Lune en Bélier

Votre entourage féminin constitue une source de conflits. L'influence de votre mère a marqué votre jugement à l'égard des femmes et déstabilisé votre famille. Vous compenserez ce manque grâce à une vie en contact avec le public.

Lune en Taureau

Votre foyer est stable et vous avez le sens de l'hospitalité. Vous vous constituerez des gains et une fortune immobilière par le public.

Lune en Gémeaux

Vous aimez les voyages, le journalisme, la représentation. Vous faites preuve d'une imagination brillante mais aussi, parfois, d'un esprit indécis et d'un certain éparpillement de vos qualités mentales. La vie de famille est nomade. Possibilité de plusieurs unions.

Lune en Cancer

La Lune en Cancer vous féminise et vous apporte une très grande intuition que vous gardez cachée. Vous possédez une vie intérieure intense. Vous manifestez un goût prononcé pour le passé et l'Histoire. Vous êtes marqué par la famille.

Lune en Lion
Les femmes de votre entourage sont très concernées par les médias ou le théâtre. Vous entretenez des relations sociales de prestige et aimez manipuler tout ce qui brille. Votre progéniture est plutôt féminine. Vos amours sont instables et frisent parfois le scandale.

Lune en Vierge
Vous disposez d'une bonne mémoire. Vous aimerez travailler avec le public mais changerez souvent de travail. La réflexion et la prudence constituent vos points forts. À moins que la Lune ne soit bien aspectée, vous risquez de souffrir de maux d'estomac à répétition.

Lune en Balance
Vous redoutez la solitude et cherchez un rôle social que vous obtiendrez, sauf si la Lune reçoit des aspects défavorables. Vous vous montrez trop sensible à l'opinion d'autrui et risquez l'échec de votre mariage. Vous connaîtrez une certaine popularité.

Lune en Scorpion
Votre famille ou votre foyer risque d'être perturbé par une sorte de fatalité. Vous possédez une puissante sensualité et portez en vous un potentiel de violence et d'impulsivité parfois incontrôlé.

Lune en Sagittaire
Votre famille est marquée par l'étranger. Vous pourrez faire des études de philosophie ou de droit. Vous êtes optimiste et aimez l'équitation, ou avez une relation privilégiée avec les chevaux.

Lune en Capricorne
Votre sentimentalité est assez faible et vous sacrifiez votre famille à vos ambitions. Vous jouerez un rôle politique dans la seconde partie de votre vie.

Lune en Verseau
Vous manifestez une préférence pour l'union libre et aurez une popularité artistique. Vous entretenez des amitiés et des relations brillantes avec les femmes. Vos parents risquent de se séparer et vos amis ne tiennent pas toujours parole.

Lune en Poissons
Vous êtes artiste, poète ou musicien. Vous fuyez le foyer et pouvez mener une double vie. Votre mère a pu perturber votre équilibre. Le sens des responsabilités se trouve peu développé et, à moins que la Lune ne soit bien aspectée, vous montrez une certaine paresse.

☆
☆ ☆
☆☆

Mercure en Bélier
L'esprit se révèle vif et âpre à la discussion. Vous voulez dominer par la parole ; l'action domine sur la raison. Vous manquez de persévé-

rance et de prévoyance. Vous possédez des aptitudes pour le dessin ou la peinture.

Mercure en Taureau

L'esprit est lent à prendre des décisions, mais la réflexion et le sens de la diplomatie vous apporteront un succès certain. Vous vous montrez habile aux combinaisons financières et à la gestion.

Mercure en Gémeaux

Vous êtes doté d'une grande habileté mentale et possédez tous les atouts pour mener à bien de hautes études Mais vous risquez des échecs par excès de nervosité, sauf si Mercure est bien aspecté. L'intelligence prime parfois sur les sentiments.

Mercure en Cancer

Vous disposez d'une imagination fertile et d'une excellente mémoire. Votre milieu familial est jeune et une occupation intellectuelle au foyer vous convient parfaitement. Vous pouvez être tenté d'écrire des livres historiques.

Mercure en Lion

Vous avez tendance à concevoir des projets trop ambitieux, mais il faut reconnaître que vous possédez des dons d'organisation. Vous faites volontiers la démonstration de votre intelligence et tenez à la faire respecter.

Mercure en Vierge

Vous êtes matérialiste, scientifique ou pointilleux. Vous possédez un bon raisonnement. En vous montrant suffisamment altruiste, vous pourriez exceller dans une carrière médicale.

Mercure en Balance

Vous faites preuve d'un bon jugement mais remettez souvent en question les idées reçues. Vous pourrez choisir entre plusieurs voies (politique, magistrature, littérature...). Si Mercure est affligé de mauvais aspects, vous risquez de rencontrer des difficultés dans les contrats et les associations.

Mercure en Scorpion

Vous manifestez un sens critique très vif et parfois sarcastique. La sexualité est précoce. Gardez-vous de vivre dans un état de « descente permanente aux enfers » susceptible de vous conduire à des états dépressifs.

Mercure en Sagittaire

La quête permanente d'un idéal philosophique, voire mystique, vous caractérise. Doué pour les langues, il est possible que vous fassiez des études à l'étranger. Attention aux erreurs de jugement !

Mercure en Capricorne

L'esprit est ambitieux. Vous menez avec persévérance vos recherches et possédez le sens de l'économie. Parfois entêté, vous pouvez vous obstiner à suivre une voie que vous vous êtes choisie envers et contre tous. Vous analysez à fond l'objet de votre étude. Veillez à ne pas vous montrer « radin » !

Mercure en Verseau
Vous disposez d'une bonne intuition et d'aptitudes pour les sciences modernes. Vous êtes franc et sociable mais élaborez parfois des projets qui frisent l'extravagance.
Mercure en Poissons
L'esprit est médiumnique et rêveur. L'inspiration et l'imagination se révèlent constructives lorsque Jupiter et Neptune sont bien aspectés. Si vous possédez une bonne configuration entre la Lune et Neptune, vous pourriez faire un excellent astrologue !

☆
☆ ☆
☆☆

Vénus en Bélier
Cette position vous donne de la force en amour mais peu de stabilité, car vous agissez par pulsions. Les liaisons sont parfois irréfléchies et les dépenses nombreuses.
Vénus en Taureau
Vous faites preuve de sentiments stables et généreux. L'amour vous apportera sécurité et argent. Vous êtes fidèle. Vous aimeriez travailler dans le domaine artistique.
Vénus en Gémeaux
Votre meilleure qualité n'est pas la fidélité ! Difficile de comprendre vos sentiments, car ils sont essentiellement mentaux. Vous aimez la danse et la poésie. Si Vénus est affligée de mauvais aspects, vous encourez des déboires amoureux.
Vénus en Cancer
L'amour dans le cadre de la famille, tel est votre rêve profond. Vos sentiments sont romanesques mais vos affections parfois instables, voire capricieuses.
Vénus en Lion
Vous aimez les enfants, le raffinement et le luxe. Vous aurez les faveurs de personnes importantes. Vous placez haut votre idéal amoureux. Si Vénus est mal aspectée, vous vous exposez à perdre au jeu et à gaspiller vos biens.
Vénus en Vierge
Vous êtes à la recherche d'une activité artistique. Malgré un tempérament fidèle, vous possédez peu de sentimentalité, excepté si Vénus reçoit des aspects favorables.
Vénus en Balance
Vos partenaires sont raffinés. L'amour constitue un facteur puissant et devrait trouver sa réalisation dans le mariage. Vous connaîtrez une popularité artistique.

Vénus en Scorpion
Vous possédez un fort magnétisme sexuel et des désirs charnels importants. Vous recevrez souvent des cadeaux ou des donations. Faites attention aux risques de diffamation et aux jalousies !
Vénus en Sagittaire
L'amour peut se rencontrer à l'étranger ou en relation avec l'étranger. Cette configuration favorise les études.
Vénus en Capricorne
Il peut exister sur le plan sentimental une différence d'âge importante. Vous manifestez un penchant pour la solitude. Des femmes haut placées vous accorderont leur affection. Si Vénus est mal aspectée, vous aurez tendance à calculer en amour.
Vénus en Verseau
Vous alliez la foudre à l'amour mais tenez à tout prix à votre indépendance. Vous préférez l'amitié à l'amour. Votre comportement est anticonformiste, extravagant et infidèle... sauf en amitié.
Vénus en Poissons
Vous alliez la charité à l'amour et possédez une grande bonté. Vous faites des rêves visionnaires. Vous êtes doué pour la musique. Mais Vénus mal aspectée vous expose à la trahison en amour.

☆
☆ ☆
☆☆

Mars en Bélier
En vous l'action domine, mais votre vigueur n'est pas toujours bien dirigée. L'audace, le courage et la force physique vous caractérisent. Vous avez des qualités de chef.
Mars en Taureau
Votre sentimentalité reste rudimentaire et une certaine brutalité transparaît dans votre voix. Vous risquez des procès d'argent, que vous gagnerez si Jupiter est en bon aspect.
Mars en Gémeaux
Votre nature est franche et dominée par l'action et l'intelligence. Vous aimez les joutes oratoires et faites preuve d'esprit critique. Attention aux accidents de la route et aux problèmes pulmonaires.
Mars en Cancer
Vous connaissez des conflits au foyer et des ennuis domestiques. Votre nature est capricieuse et irritable.
Mars en Lion
Vos actions vous vaudront des honneurs. Vous manifestez une forte volonté mais ne faites pas toujours bon usage de votre énergie. Attention aux brûlures et aux problèmes cardiaques ; possibilité d'enfants hors mariage.

Mars en Vierge
Votre vive intelligence fait de vous un bon stratège. Vous êtes calculateur et irritable, volontiers chicaneur. Attention aux intestins.
Mars en Balance
Vous risquez une certaine instabilité avec vos associés, qui ne comprennent pas toujours vos actes dispersés. Persévérance et tolérance vous permettront d'instaurer des relations harmonieuses avec votre entourage.
Mars en Scorpion
Chez vous l'action se fait secrète et implacable. Acharnement ou rébellion constituent votre réponse aux événements. Personne n'espère de cadeaux de votre part. Pour vous, la vie sur terre ne se différencie pas de la jungle !
Mars en Sagittaire
Vous entretenez des rapports difficiles avec l'étranger. Vous ne vous montrez guère tolérant, ce qui peut vous amener de sérieux litiges. Attention aux accidents à l'étranger et aux blessures à la cuisse.
Mars en Capricorne
Vous témoignez d'une grande force de caractère et d'une puissance de travail impressionnante. Vous aurez tendance à sacrifier votre famille ou votre entourage pour obtenir une position dans la société.
Mars en Verseau
Une cause révolutionnaire mobilise votre combativité. Vous risquez de vous quereller avec votre entourage. Attention aux accidents en cours de voyage.
Mars en Poissons
Vous feriez un excellent policier ou agent secret. Vous pourriez travailler isolément.

☆
☆ ☆
☆☆

Jupiter en Bélier
Vous possédez un excellent potentiel de réussite dans l'action.
Jupiter en Taureau
Vous détenez toutes les chances d'acquérir des richesses matérielles. Mais Jupiter mal aspecté vous fait craindre l'obésité, un matérialisme exagéré et des scandales financiers.
Jupiter en Gémeaux
Cette configuration vous prédispose à faire des études loin de votre lieu de vie habituel.
Jupiter en Cancer
Vous pourriez réussir dans l'immobilier et la politique. En cas de remariage, celui-ci sera heureux.

Jupiter en Lion
Tout ce qui concerne les spéculations, les enfants et les honneurs dans la carrière devrait vous être favorable. Des aventures ou des amours en relation avec l'étranger vous attendent peut-être.
Jupiter en Vierge
Des opportunités de travailler en rapport avec l'étranger se présenteront, probablement dans le secteur commercial. Vous pourrez vous investir avec profit dans toute activité demandant de la précision.
Jupiter en Balance
Le mariage présente un bon potentiel de réussite. Vous signerez des contrats importants à l'époque de votre maturité et vivrez de bonnes relations avec votre entourage.
Jupiter en Scorpion
Sauf afflictions graves, vous êtes prédestiné à gagner vos rares litiges. Sur le plan matériel, gagner de l'argent ne devrait pas vous demander grand effort.
Jupiter en Sagittaire
Vos meilleurs gains et potentiels de croissance se situent surtout à l'étranger.
Jupiter en Capricorne
Une carrière politique peut être envisagée à l'âge de la maturité si la Lune présente de bons aspects. Des personnes influentes représentent votre meilleure garantie d'expansion.
Jupiter en Verseau
Vos amis vous aideront dans les affaires. Vous pouvez acquérir une situation remarquable dans le domaine de l'industrie ou des techniques modernes.
Jupiter en Poissons
Vous éprouvez des sentiments humanitaires profonds et possédez une bonne aptitude pour la musique, les arts et peut-être même pour l'occultisme. Vous aurez très peu d'ennemis et détiendrez l'avantage sur eux.

☆
☆ ☆
☆☆

Nœud Nord en Bélier
Dans une vie antérieure, l'on était quelque peu « assisté ». Il faut accepter l'idée que l'on puisse désormais être seul à prendre des décisions, sans toujours chercher l'approbation des autres ni dépendre de leurs critiques.
Nœud Nord en Taureau
Une vie précédente se trouvait placée sous le signe de l'aventure, sans structures ni attaches. Des idéaux très forts devront maintenant

trouver application dans le réel. Entrer dans un cadre bien structuré exigera des efforts.

Nœud Nord en Gémeaux

L'envie de chercher ailleurs ce que l'on a devant soi se fait fortement sentir. Tout ce qui touche à la communication, voire à l'enseignement, s'avère important. Les frères et sœurs apportent une nécessaire forme de complémentarité.

Nœud Nord en Cancer

Il existe un problème sous-jacent de fécondité ou la peur de fonder une famille. Dans ce cas, une compensation se fera par une vie sociale développée. La famille peut parfois inciter à suivre un chemin ne répondant pas aux aspirations.

Nœud Nord en Lion

Les ambitions sont très élevées, parfois romanesques, mais les désillusions aussi. Les espoirs ne se réaliseront qu'à force de patience et l'on ne comptera que sur soi-même. Une voie en relation avec l'enfance s'avérera facile à suivre.

Nœud Nord en Vierge

L'esprit se projette volontiers dans des aventures romanesques. L'étrange impression d'avoir vécu une vie antérieure dans un climat mystique ou religieux peut rendre quelquefois perplexe, surtout si l'on est aujourd'hui agnostique.

Nœud Nord en Balance

Une sensation de vie antérieure demeure très présente. Celle-ci a laissé des traces d'autant plus importantes qu'elle fut difficile. Pour éviter de succomber à l'appel du passé, mieux vaut s'investir dans l'accomplissement d'une œuvre que l'on assumera avec responsabilité.

Nœud Nord en Scorpion

Il faut aller à l'essentiel dans le domaine des valeurs matérielles. Une abondance excessive dans le passé et une restriction sévère dans le présent permettent de mieux définir la notion de pouvoir.

Nœud Nord en Sagittaire

Une vie précédente a été vécue avec humanisme et philosophie. L'on cherchera à retrouver ces connaissances et à les enseigner aux autres. Des rencontres « spirituelles » peuvent transformer le cours de la vie et modifier les opinions.

Nœud Nord en Capricorne

La notion de famille et de racines se révèle puissante. Elle peut déterminer la carrière et la vie sociale. Le mariage et les enfants joueront un rôle déterminant dans le chemin de vie.

Nœud Nord en Verseau

Il faut apprendre la fidélité en amitié et en amour, et cesser le papillonnage affectif. Si l'enfance a été marquée d'un sentiment de frustration, il faudra s'investir dans la réalisation d'au moins un grand projet avec des amis.

Nœud Nord en Poissons
Il existe un sérieux potentiel de sacrifice ou d'abnégation, ainsi que l'aspiration à perfectionner son sens du dévouement aux autres. Il conviendra de ne pas exagérer son altruisme, qui n'est peut-être pas totalement sincère.

☆
☆ ☆
☆☆

2. LES PLANÈTES EN MAISONS

Soleil en maison I
Votre vitalité et votre franchise vous confèrent un grand rayonnement. Vous exercez une indéniable puissance d'attraction et réussirez selon le signe ou le Maître de la maison I.
Soleil en maison II
Votre fortune montre de l'ampleur et vous permet de jouer un rôle social. Votre père ou votre mari (pour une femme) se montre d'un grand secours. Vous êtes animé d'un puissant désir de vous enrichir.
Soleil en maison III
Votre intelligence s'exprime brillamment. Vous bénéficiez d'une protection importante dans votre entourage. L'éducation est excellente et les déplacements seront sources de succès.
Soleil en maison IV
La réussite viendra en fin de vie et vous apportera des biens immobiliers importants. Votre père vous aura sans doute aidé. Vous aurez de l'autorité dans votre famille et en serez aimé.
Soleil en maison V
Vous remporterez des succès dans les spéculations et les jeux. Vos enfants vous apporteront de grandes satisfactions. Votre créativité amènera des réalisations gratifiantes (édition, médias, enseignement).
Soleil en maison VI
Vous ferez preuve d'autorité dans le travail et vous y affirmerez. Il existera, pour les femmes, une protection masculine dans la profession. À surveiller : le cœur et l'appareil circulatoire.
Soleil en maison VII
Votre action sociale se manifestera avec ampleur et vous vous montrerez généreux envers autrui. Les contrats, les associations et le mariage sont favorisés. La réussite est tardive, les ennemis puissants.
Soleil en maison VIII
Le soleil en maison VIII révèle une sexualité et un magnétisme importants, ainsi que des héritages par les hommes.

Soleil en maison IX
Votre idéal serait une mission de représentation à l'étranger. Votre conscience est nette et, si d'autres planètes le confirment, vous pourriez même être mandaté par des institutions.
Soleil en maison X
Vous obtiendrez une situation éclatante et très en vue. Vous posséderez un grand pouvoir de décision et ferez autorité dans votre travail.
Soleil en maison XI
Vous vous trouverez au centre de relations importantes qui favoriseront vos projets. Vous aurez une vie sociale active et serez entouré de personnages influents. Vous pourriez exceller dans la politique ou dans toute fonction élevée.
Soleil en maison XII
Vous êtes en conflit avec l'autorité. Mieux vaut pour vous travailler seul et éviter tout ce qui pourrait vous susciter des ennemis. Votre meilleure garantie de réussite réside dans la discrétion.

☆
☆ ☆
☆☆

Lune en maison I
Les changements sont nombreux et le caractère instable. Vous possédez une grande intuition et une tendance aux romances et aux illusions.
Lune en maison II
Les gains sont fluctuants et la fortune mouvante. Les femmes jouent un rôle important dans les acquisitions. Le commerce doit vous réussir.
Lune en maison III
Vous avez une inspiration romantique et un entourage essentiellement féminin. Votre mère a fortement influencé votre formation intellectuelle.
Lune en maison IV
Vous avez tendance à déménager souvent et votre foyer est incertain (surtout si la Lune est en Gémeaux, Vierge, Sagittaire ou Poissons). Votre mère vous a profondément marqué de son empreinte. La chance viendra plutôt dans la seconde partie de votre vie.
Lune en maison V
Vous devriez avoir une nombreuse progéniture (surtout des filles). Les liaisons se nouent facilement mais demeurent instables. Vous avez de la chance dans les jeux, en particulier lors des transits favorables de Jupiter et de Vénus.
Lune en maison VI
Vous changez souvent de travail, car vous vous laissez influencer par

vos rêves. Votre imagination vous permettra un bon contact avec le public. Attention aux troubles digestifs !

Lune en maison VII

Vous possédez un potentiel de mouvement et de changement dans le cadre des unions et des contrats. Votre mariage est instable peut-être parce que votre conjoint se montre lunatique. Vous connaîtrez le succès dans la seconde partie de votre vie.

Lune en maison VIII

Il réside ici un potentiel de rupture avec votre mère. Faites attention à l'eau et aux mouvements de foule !

Lune en maison IX

Votre idéal est fluctuant. Vous manifestez des conceptions démocratiques. Vous effectuerez de nombreux voyages à l'étranger et sur l'eau.

Lune en maison X

Votre carrière est tributaire du public et soumise à l'influence des femmes. Vous possédez le contact avec la foule mais subirez des renversements de situation par sa faute. Vous dépendez des goûts d'autrui et préférez rester discret.

Lune en maison XI

Les amitiés féminines sont nombreuses mais peu suivies et décevantes. La vie de famille s'efface devant la vie sociale et les amis. Grande affection de votre mère.

Lune en maison XII

Attention aux conflits avec les femmes. La vie familiale risque d'être éprouvée lors des transits dissonants de Saturne. Attention aux maladies d'estomac que vous pourrez éviter au moyen d'une alimentation saine.

☆
☆ ☆
☆☆

Mercure en maison I

Vous avez des dispositions pour le commerce et les voyages. Attention à l'excès de nervosité qui pourrait vous pousser à une trop grande consommation de tranquillisants. Vous vous montrez parfois impulsif, en paroles sinon dans les actes.

Mercure en maison II

Vous gagnerez de l'argent grâce à votre habileté manœuvrière et aux combinaisons financières. Si les aspects de Mercure sont harmonieux dans votre carte du ciel, vous pourriez exceller dans la haute finance.

Mercure en maison III

Les déplacements s'annoncent nombreux. Vous pouvez réussir dans toute activité littéraire ou dans la communication et les voyages. Si Vénus reçoit de bons aspects, une activité dans la mode ou les arts devrait également être possible.

Mercure en maison IV
Vous possédez une bonne hérédité intellectuelle et êtes disposé à faire de hautes études. Vous effectuerez de nombreux voyages d'agrément dans la seconde partie de votre vie.
Mercure en maison V
Amour rime ici avec raison. Vos partenaires sont intellectuels et plus jeunes que vous. Ne mélangez cependant pas trop sentiments et intérêts, car ils n'ont pas forcément la même vision des choses et pourraient s'en offusquer.
Mercure en maison VI
Votre travail sera de nature intellectuelle. Évitez l'excès de nervosité et les troubles du sommeil, surtout si vous travaillez la nuit, et abstenez-vous de recourir aux calmants.
Mercure en maison VII
Vous connaîtrez une réussite littéraire tardive et préférez un entourage de jeunes ou de personnes appartenant au signe des Gémeaux ou de la Vierge, du moins sur le plan intellectuel. Il est possible que vous fassiez appel à des littéraires pour vous conseiller.
Mercure en maison VIII
Vous risquez des ruptures avec vos frères et sœurs. Vous pourriez écrire des œuvres sur l'occultisme, le symbolisme ou toute science divinatoire. Si la Lune est trigone à Neptune, vous possédez des dons de voyance très marqués.
Mercure en maison IX
Doué pour les langues, vous devriez faire des études à l'étranger. La carrière diplomatique vous conviendrait probablement, car vous aimez le contact avec autrui tout en respectant sa personnalité.
Mercure en maison X
Vous excellez dans le rôle d'intermédiaire ou d'organisateur de contacts entre les personnes. Si vous avez des frères et sœurs, vous souhaiteriez qu'ils participent à vos affaires ou vos projets.
Mercure en maison XI
Vous formez de nombreux projets intellectuels et possédez des dispositions pour le journalisme et, d'une manière générale, l'écriture. S'il en est encore temps, tournez-vous davantage vers des études littéraires, vous devriez en retirer des résultats gratifiants.
Mercure en maison XII
Veillez à ce qu'un manque de communication ou une certaine jalousie envers les jeunes ne vous attirent leur hostilité. Votre adolescence pourrait représenter un moment difficile. Vous serez attiré par les choses cachées.

☆
☆ ☆
☆☆

Vénus en maison I
Votre nature est tendre et aimante mais vous êtes esclave de vos sens. Vous aimez le luxe et les valeurs matérielles. Essayez cependant de vous intéresser à d'autres valeurs. Elles se révéleront utiles lors de votre âge mûr.

Vénus en maison II
La fortune est liée aux affaires sentimentales ou à l'art. Vous pourrez à tout âge vous recycler dans le négoce d'objets. Il serait néanmoins bon que vous vous cultiviez dans ce domaine. Mieux vaut être prêt !

Vénus en maison III
Votre expression est aisée, votre nature agréable. Vous trouverez l'amour dans les voyages ou en relation avec l'étranger. Une expatriation pour raison sentimentale ou de famille est possible.

Vénus en maison IV
Vous trouverez l'amour dans la seconde partie de votre vie. Le foyer sera harmonieux et vous recevrez une grande affection de vos parents. Les notions de « home » et de famille sont particulièrement importantes pour vous.

Vénus en maison V
Vos partenaires sont vénusiens (Soleil, Lune ou Ascendant en Taureau ou Balance). Vous connaîtrez des satisfactions par les enfants et apprécierez un entourage composé de jeunes.

Vénus en maison VI
Vous ferez des rencontres amoureuses dans votre entourage professionnel. Votre travail est souvent agréable. Il est fréquent qu'il soit lié à une affaire sentimentale.

Vénus en maison VII
Le mariage s'avérera particulièrement réussi si Saturne reçoit de bons aspects. Le potentiel de durabilité est excellent. Il existe parfois une différence d'âge importante entre les partenaires.

Vénus en maison VIII
Votre vie sentimentale risque de se trouver transformée pour des questions d'argent. Soyez très prudent dans ce domaine, car habituellement il n'est pas conseillé de mélanger les deux !

Vénus en maison IX
Vous trouverez l'amour en relation avec l'étranger ou lors d'un voyage. Vous possédez un grand idéal artistique, parfois difficile à exprimer. Il serait souhaitable, s'il en est encore temps, d'apprendre à jouer d'un instrument.

Vénus en maison X
L'un des meilleurs domaines de réussite se situera pour vous dans le monde des arts, de la mode ou du spectacle. Il serait dommage de n'avoir reçu aucune formation vous permettant de vous tourner vers ce secteur (musique, théâtre, etc.).

Vénus en maison XI
Vous bénéficiez de grandes amitiés et de solides relations. Vous pouvez pratiquement réaliser tous vos souhaits, ou à défaut présenter vos projets d'une manière séduisante. Vous possédez le don de faire participer votre entourage à vos rêves.
Vénus en maison XII
Vous entretenez des relations cachées, peut-être des amours ou des liaisons secrètes. Il est possible que vous souffriez d'insuffisance rénale. À surveiller très sérieusement, surtout après la quarantaine !

☆
☆ ☆
☆☆

Mars en maison I
Vous vous montrez enthousiaste et combatif, vous vivez dans l'action et cherchez à conquérir. Attention aux conflits suscités par manque de diplomatie ou excès d'autoritarisme.
Mars en maison II
Des dépenses impromptues et des excès en tout genre pourraient constituer un danger. Bien que vous disposiez d'une excellente énergie pour gagner de l'argent, vous aurez tendance à tout dilapider... dans le style panier percé !
Mars en maison III
Vous manifestez un esprit militant et critique. Si la politique vous intéresse, il faudra vous entourer de râleurs tels que vous ! Vos déplacements peuvent être source de danger.
Mars en maison IV
Il existe un risque de dissensions au sein de la famille. La réalisation sera tardive mais énergique. Veillez également à ne pas opposer une trop grande rigidité à votre entourage. Un peu de diplomatie et de tolérance ne peut vous nuire.
Mars en maison V
Vous vivez des amours précipitées et souvent éphémères ! Le risque d'enfants hors mariage est important. Votre goût prononcé pour le sport fait de vous un pratiquant et un spectateur enthousiaste.
Mars en maison VI
Le travail demande de la force. Il serait bon que vous ne perdiez pas votre temps pour des futilités. Vous disposez d'une santé robuste mais qui n'exclut pas le risque de fièvres soudaines. Attention aux grippes chroniques.
Mars en maison VII
Le mariage découle souvent d'une décision impulsive. Prenez garde qu'un désir exagéré de compétition, la volonté de toujours paraître le meilleur n'amènent rivalités et violence dans les unions.

Mars en maison VIII
Vous manifestez souvent un comportement impulsif, surtout dans le domaine sexuel. Soyez prudent afin d'éviter les accidents, y compris ceux pouvant résulter d'interventions chirurgicales. Une prise de conscience de vos responsabilités vous évitera bien des déboires.
Mars en maison IX
Votre force vous vient de l'étranger. Vos convictions aussi vous confèrent autorité, voire puissance. Montrez-vous toutefois vigilant pour ne pas laisser s'y glisser des idées préconçues et le fanatisme.
Mars en maison X
L'énergie que vous dégagez constitue un facteur de réussite déterminant. Votre nature fait de vous un dirigeant, peut-être un politicien. Vous susciterez de nombreuses hostilités, qui n'auront aucun effet sur votre comportement et ne vous atteindront pas.
Mars en maison XI
Les projets sont énergiques. Vous menez grande activité auprès de relations ou d'amis, mais encourez souvent des brouilles.
Mars en maison XII
Gardez secrètes vos actions. Dans le cas contraire, vous risquez de vous heurter à une hostilité violente, tant dans la vie publique que parmi vos proches. Sans le vouloir, vous vous attirez facilement les jalousies.

☆
☆ ☆
☆☆

Jupiter en maison I
La réussite viendra dans votre âge mûr et vous occuperez un poste élevé. Vous êtes respectueux des traditions. L'embonpoint et quelques problèmes digestifs pourraient vous guetter !
Jupiter en maison II
Les gains peuvent être réalisés par le biais d'une activité juridique ou d'enseignement, ou encore provenir de relations avec l'étranger (commerce, import-export...).
Jupiter en maison III
Les écrits ou les voyages vous apporteront un résultat gratifiant. Un oncle ou un frère pourra vous aider dans la carrière.
Jupiter en maison IV
Vous obtiendrez une réussite tardive dans l'immobilier et la prospérité habitera votre foyer.
Jupiter en maison V
Les honneurs et le luxe vous échoiront dans votre âge mûr. Grâce aux nombreuses relations que vous entretenez avec des personnes influentes, vous réaliserez des opérations importantes sur le plan financier et éventuellement politique.

Jupiter en maison VI
La réussite dans le travail s'accomplira à l'étranger ou en relation avec l'étranger (import-export, représentation, voyages...). Apprendre des langues constituerait donc un sérieux atout.
Jupiter en maison VII
Un mariage s'annonce dans la seconde partie de votre vie et vous menez une vie conjugale honorable. Vous pourrez régler vos litiges à l'amiable et, en cas de procès, vous obtiendrez gain de cause.
Jupiter en maison VIII
Des héritages importants vous attendent probablement. Ceux-ci, parfois, se révèlent d'ordre spirituel ou honorifique. Des honneurs posthumes pourraient en effet vous être rendus ou vos œuvres être publiées longtemps après votre disparition.
Jupiter en maison IX
La réussite vous attend à l'étranger. Vous obtiendrez des diplômes ou des décorations ou, d'une manière générale, une reconnaissance officielle de votre travail, de vos actions ou de vos œuvres.
Jupiter en maison X
Votre âge mûr verra se réaliser votre réussite. Les procès et les conflits de toute sorte peuvent fortement marquer votre carrière.
Jupiter en maison XI
Vous connaîtrez de grandes satisfactions dans le cadre de votre vie sociale et amicale.
Jupiter en maison XII
Vous possédez des capacités à acquérir des valeurs spirituelles et à vous consacrer aux autres. Des illusions et des épreuves aggravées vous attendent peut-être aussi.

☆
☆ ☆
☆☆

Saturne en maison I
Votre nature est pensive et réfléchie. Vous avez connu une enfance difficile en raison d'une éducation austère ou triste. La réussite interviendra tardivement, à force de volonté et de persévérance.
Saturne en maison II
La construction de votre avenir sur des bases solides vous préoccupe. C'est pourquoi vous vous efforcerez de faire reposer chaque décision sur des bases inattaquables. La fortune immobilière se constituera lentement mais sûrement.
Saturne en maison III
Vous montrez de la prudence et de la réserve. Votre éducation est faite par des personnes âgées (grands-parents), dont le conseil vous sera parfois plus utile que celui de vos parents.

Saturne en maison IV
La fortune immobilière se fera avec ampleur mais tardivement. Il est possible que vous viviez avec vos grands-parents ou que ceux-ci jouent vis-à-vis de vous un rôle protecteur.
Saturne en maison V
Vous entretiendrez des liaisons avec des personnes plus âgées. Vos plaisirs sont sobres et vous pouvez vous contenter de peu. Vous aimez les antiquités et les collections d'objets anciens ou historiques.
Saturne en maison VI
Vous travaillerez dans le domaine scientifique ou dans celui de la surveillance, et apporterez soin et précision en toute chose. Vous êtes sensible aux maladies chroniques.
Saturne en maison VII
Votre conjoint se montre réservé et méfiant... à moins qu'il ne soit difficile pour vous d'admettre la notion de couple. Il se peut que vous contractiez une union ou une association avec un veuf ou une veuve. Vous exercerez une action politique dans la seconde partie de votre vie.
Saturne en maison VIII
Il vous viendra des héritages fonciers. Si les éléments de la maison VIII sont dissonants, vous pourriez connaître des conflits dans les successions.
Saturne en maison IX
Vos idées révèlent une grande profondeur et vous recherchez l'élévation spirituelle. Il est très possible que vous adhériez à une organisation philosophique ou religieuse.
Saturne en maison X
Votre carrière se fera dans la rigueur et en force. La réussite, probablement politique, viendra tard. Construisez avec patience, sachant que vos efforts porteront leurs fruits quand le temps en sera venu.
Saturne en maison XI
Vous pourrez faire carrière dans la politique. Vous avez peu d'amis, mais ils sont sûrs et fidèles.
Saturne en maison XII
Vous comptez des ennemis et risquez de vivre en solitaire. Si la maison XII se trouve mal aspectée, la prudence est à conseiller dans tous les domaines qui pourraient vous conduire à une privation de liberté.

☆
☆ ☆
☆☆

Uranus en maison I
L'esprit est inventif et créateur. Vous êtes un pionnier de la vie moderne. Vous devriez vous intéresser à l'informatique et l'utiliser pour mettre au point toutes vos créations.

Uranus en maison II
Vous gagnerez de l'argent par vos inventions ou vos amitiés, mais votre fortune et vos relations sont instables. Conservez précieusement vos acquis, vous pourriez en avoir besoin en cas de crise.
Uranus en maison III
Vous vous montrez non conformiste et attiré par le progrès. Votre entourage est souvent original, parfois extravagant. Vous éprouvez un très grand besoin d'indépendance et ne supportez pas les contraintes de la société.
Uranus en maison IV
Vous quitterez le foyer assez jeune. Vos parents risquent de se séparer, et la seconde partie de votre vie (vers la quarantaine) pourrait être mouvementée et pleine d'imprévus. Si vous aimez la tranquillité, vous serez déçu !
Uranus en maison V
Les liaisons sont instables. Les enfants peuvent apporter de l'imprévu. Les jeux et les spéculations sont risqués, et vous connaissez en ce domaine des fortunes diverses.
Uranus en maison VI
Dans le cadre de votre activité professionnelle, vous mettez en œuvre les techniques modernes. Si les autres éléments du thème le confirment, vous pourriez mener une carrière scientifique, voire de recherche. Apprenez à utiliser l'informatique : elle vous sera d'un grand secours.
Uranus en maison VII
Contrats, associations et mariage se révéleront instables. Il vous faudra faire beaucoup de concessions et réduire vos besoins d'indépendance pour construire des relations solides. À vous de voir !
Uranus en maison VIII
Des transformations importantes peuvent se produire dans votre vie, notamment sur des questions concernant l'au-delà. La fin de votre existence se déroulera dans un milieu amical.
Uranus en maison IX
Vous possédez des conceptions innovatrices. De nombreux voyages en avion vous attendent. Vos dons de créativité sont souvent originaux, et vous aurez quelques difficultés à les faire admettre. Prenez un bon impresario !
Uranus en maison X
Vous remporterez un succès imprévu. Mais il vous faudra veiller aux bouleversements éventuels de carrière ! Ne laissez pas ce succès vous monter à la tête et consolidez vos acquis, tant sur le plan matériel que relationnel.
Uranus en maison XI
Vos amis sont excentriques et pourront jouer un rôle dans votre orientation. Cette configuration est excellente si vous possédez le

don d'amuser les autres. Le domaine de la communication vous est favorable.

Uranus en maison XII

Attention aux épreuves soudaines et aux accidents ! Vous vous révélez particulièrement sensible aux transits de Mars et de Saturne dans cette maison. Une consultation de votre thème est donc souhaitable avant de prendre des initiatives sortant de l'ordinaire.

☆
☆ ☆
☆☆

Neptune en maison I

Votre idéalisme et votre intuition sont mal compris de l'entourage. Vous faites preuve de raffinement et d'une grande psychologie. Ne le manifestez pas trop cependant, car cela pourrait susciter des jalousies, voire de l'hostilité.

Neptune en maison II

Attention aux désillusions dans les gains. La fortune est parfois d'origine trouble ou secrète. Vous éprouvez le besoin de cacher vos biens, sous le matelas... ou en Suisse !

Neptune en maison III

L'esprit est rêveur. En vous laissant trop de liberté, il se peut que l'on ait négligé votre éducation. Cet état de choses risque de limiter votre épanouissement au sein de la société.

Neptune en maison IV

À la suite de diverses séparations, votre foyer se trouve dispersé. Vous vivrez en un lieu situé au bord de l'eau, par envie ou obligation.

Neptune en maison V

Vos partenaires amoureux se montrent idéalistes mais pas toujours très francs. Il serait prudent d'étudier le thème relationnel de couple avant de s'engager dans une nouvelle aventure.

Neptune en maison VI

Vous pourrez travailler dans le domaine de la médecine, dans celui des liquides ou dans toute activité demandant une forme d'abnégation et des sacrifices.

Neptune en maison VII

Attention à la fraude et aux contrats illégaux. Vous pourriez devenir célèbre à la suite d'un scandale financier, éventuellement politique.

Neptune en maison VIII

Vous risquez d'être victime d'intoxications ou d'erreurs de diagnostic. Mieux vaut consulter plusieurs médecins pour tout problème délicat.

Neptune en maison IX

Vos conceptions philosophiques sont floues, et vous vous intéressez aux choses occultes. Vous ferez des voyages sur l'eau.

Neptune en maison X
Votre situation est mal définie. Résistez à la tentation que peuvent représenter des activités illégales et ne vous laissez pas abuser par un entourage parfois néfaste.
Neptune en maison XI
Vous pourrez connaître des désillusions et des trahisons de la part d'amis qui agissent souvent par intérêt et profitent de votre bonté !
Neptune en maison XII
Vous bénéficiez d'une bonne protection occulte, mais devez éviter toute fraude car ce qui est illégal vous nuira.

☆
☆ ☆
☆☆

Pluton en maison I
Vous êtes instinctif et passionné, mais esclave de votre sensualité. Vous possédez un sens profond de la justice.
Pluton en maison II
Vous avez de la chance dans les héritages. Vous réalisez parfois des gains mystérieux et imprévus. À moins qu'ils ne proviennent d'un oncle d'Amérique !
Pluton en maison III
Votre intelligence est autodestructrice. Attiré par les choses secrètes, vous manifestez des dispositions pour découvrir les vérités cachées. Celles-ci peuvent aussi être de nature philosophique.
Pluton en maison IV
Votre vie sexuelle demeurera active jusqu'à un âge avancé. Il existe une fatalité dans votre famille ou votre proche entourage.
Pluton en maison V
Vous pourriez entretenir des liaisons ou des associations secrètes, et procréer des enfants hors mariage !
Pluton en maison VI
Le comportement des individus est pour vous matière passionnante et vous possédez des dispositions pour mener des recherches dans ce domaine (police, espionnage, psychanalyse...). Attention aux maladies génitales.
Pluton en maison VII
Votre sexualité se réalise dans le mariage. Vous avez des ennemis secrets.
Pluton en maison VIII
Vous dégagez une forte sensualité et un grand magnétisme ! Vous saurez en user et en abuser auprès des personnes du sexe opposé !
Pluton en maison IX
Vous aimez les missions secrètes. Votre vie philosophique est mouvementée et connaîtra de notables transformations au cours de votre

vie. Il est possible que vous vous consacriez à une œuvre humanitaire.

Pluton en maison X

Votre carrière peut subir le contrecoup de changements politiques. Si elle s'avère sensible à de tels événements, retournez votre veste à temps !

Pluton en maison XI

Vous gardez souvent secrets vos amitiés, espoirs et projets. Est-ce la pudeur ou un réel besoin de sécurité qui vous motive ?

Pluton en maison XII

Vous possédez des ennemis secrets. Des problèmes d'ordre génital risquent de survenir. Afin d'éviter de mauvaises surprises en ce domaine, il sera judicieux de vous faire surveiller médicalement à partir de la quarantaine.

☆
☆ ☆
☆☆

Nœud Nord en maison I

Il faut apprendre à passer de l'implication collective à l'implication individuelle, à faire des choix et agir seul. La dépendance de l'entourage peut mener non seulement à une forme d'esclavage, mais aussi à une situation de solitude.

Nœud Nord en maison II

Des angoisses de l'enfance reviennent de temps à autre, sans doute à la suite d'une attirance vers l'occultisme. Pour trouver le pouvoir matériel et physique, il faut cesser d'abuser les autres et devenir sincère, au moins avec soi-même.

Nœud Nord en maison III

Vous gardez des traces d'une imprégnation philosophique passée et ressentez le besoin de l'exprimer. Évitez toute rigidité mentale. L'enseignement constitue une bonne orientation.

Nœud Nord en maison IV

L'impression d'avoir vécu un passé austère freine le développement des relations affectives. Cette configuration annonce que l'on possède une âme très fortement marquée par le passé. Il faut donc s'efforcer de la « rajeunir ».

Nœud Nord en maison V

Il existe une aspiration subconsciente à participer à des groupes pour satisfaire des idéaux collectifs. Le besoin d'amitié à tout prix se fait vivement sentir. Il faut s'individualiser et faire preuve d'ambition personnelle.

Nœud Nord en maison VI

La solitude peut constituer une source de peur panique. Elle provoque un excès de sensibilité et une attirance vers le mysticisme ou l'occultisme. Il convient de regarder la réalité en face et de ne pas se prendre pour une victime.

Nœud Nord en maison VII

Se consacrer aux autres demandera un effort. Avec le temps, les associations deviendront constructives. Il faudra éviter de se marier trop jeune et freiner ses pulsions agressives. La tolérance fait partie de la leçon de vie.

Nœud Nord en maison VIII

La tendance aux idées préconçues se révèle forte. Il convient, pour accéder à une dimension spirituelle, de se détacher des valeurs matérielles. S'arracher à ces dernières constitue une entreprise difficile, sauf si l'on comprend leur inutilité.

Nœud Nord en maison IX

Il est possible qu'un passé caractérisé par l'insouciance et les espiègleries doive recevoir un jour sa rétribution. Le besoin de charmer reste latent, mais la sincérité peut manquer aux sentiments. S'engager pour autrui constituera un bon apprentissage.

Nœud Nord en maison X

Il faut sortir de l'enfance et du giron maternel. Une certaine anxiété peut exister à l'état latent face aux responsabilités de la vie. Grandir oblige à déployer bien des efforts, à commencer par celui qui consiste à ne pas rester seul, enfermé dans ses rêves secrets.

Nœud Nord en maison XI

Le besoin d'être entouré et reconnu par les autres est impérieux, et ne se sépare pas du désir de les dominer. Il faudra mettre ses compétences au service de la collectivité afin d'éviter les tentations égoïstes.

Nœud Nord en maison XII

Rien ne sert de se torturer l'esprit inutilement, d'autant que cette tendance frise la déraison. Il faut accepter les choses de la vie telles qu'elles sont et avec tolérance. Un esprit étriqué et pinailleur est contraire au chemin de vie.

☆
☆ ☆
☆☆

3. LES ASPECTS ENTRE LES PLANÈTES

Les conjonctions

Les interprétations dites « harmonieuses » sont également valables, dans une moindre mesure, pour les sextiles et les trigones.

Conjonction Ascendant - Soleil
Vous savez gagner la sympathie des autres mais voulez aussi les dominer. Vous n'appréciez pas de vous soumettre à une quelconque autorité mais préférez diriger votre entourage. Votre créativité vous permettra d'atténuer les circonstances adverses.
Conjonction Ascendant - Lune
Vous craignez la dépendance émotionnelle. Vous vous sentirez mieux lorsque vous aurez la certitude que l'on vous aime. En attendant, votre comportement risque d'être contradictoire, effectuant le premier pas, puis vous retirant.
Conjonction Ascendant - Mercure
Vous commencez souvent une conversation par : « Moi, je... » Contrairement à ce que pensent vos interlocuteurs, il ne s'agit pas d'égoïsme, mais cela irrite. Ce léger défaut peut se corriger : il suffit pour cela de maîtriser votre impulsivité.
Conjonction Ascendant - Vénus
Tout le monde vous aime, car vous apportez la chaleur et la sympathie. Vous connaîtrez une vie sociale réussie mais évitez les caprices, car votre attention se détournerait ainsi du bon chemin. Attention à une disposition d'esprit un peu trop calculatrice.
Conjonction Ascendant - Mars
Action, mouvement, énergie... Il vous faudra aussi apprendre la rigueur pour canaliser tout ce potentiel ! Tempérez vos enthousiasmes et tournez la langue sept fois dans votre bouche avant de parler.
Conjonction Ascendant - Jupiter
Vous incarnez le comble de l'optimisme ! C'est en général un bon trait de caractère qui prédispose très nettement à la réussite, à condition toutefois que votre prodigalité ne vous disperse pas trop.
Conjonction Ascendant - Saturne
Vous possédez une solide auto-discipline et vous mènerez à bien toute action demandant une préparation bien orchestrée. Le temps jouera pour vous et vous exercerez sur les ardeurs des autres un effet modérateur grâce à votre expérience et votre savoir-faire.
Conjonction Ascendant - Uranus
Votre tempérament très personnel ne manquera pas d'attirer les autres, mais aussi de vous en séparer. Selon vos activités, vous pour-

riez vivre comme un « loup solitaire ». Vous acceptez un entourage venant d'horizons très divers, au-delà des critères socio-culturels.

Conjonction Ascendant - Neptune

Vous pourriez exceller dans la « psy » ou tout ce qui touche les profondeurs de l'être. Vous éprouvez une grande sympathie pour les déshérités et tenterez d'éviter des injustices. Vous entourer de personnes plus « concrètes » s'avère indispensable.

Conjonction Ascendant - Pluton

Vous aimez le pouvoir et, si les autres caractéristiques du thème le confirment, vous pourriez réussir dans la politique ou mener des hommes. Vous aurez besoin de vous contrôler car vous risquez de réagir violemment à la critique !

Conjonction Ascendant - Lune noire

Vous exercez sur les autres une véritable fascination. Votre regard est souvent profond et il parle pour lui-même ! Vous êtes capable de vous sacrifier pour une cause ou d'avoir une réelle vocation.

Conjonction Ascendant - Nœud Nord

Vous possédez un fort potentiel karmique. La maison dans laquelle se trouve le Nœud Nord indiquera quel est votre chemin de vie, et les aspects qu'il reçoit vous préciseront si ce chemin s'avère facile ou non.

☆
☆ ☆
☆☆

Conjonction Soleil - Lune

Vous possédez deux particularités : vous ne criez pas victoire trop tôt et vous ne laissez personne s'approcher trop près de vous (ni dans le cadre de vos affaires, ni dans celui de vos émotions), car vous avez peur que l'on vous découvre.

Conjonction Soleil - Mercure

Il est difficile d'avoir le dernier mot avec vous, car vous voulez captiver l'attention et vous savez convaincre. Vous êtes attiré par le public et en serez apprécié. Ne tombez pas cependant dans le piège de l'arrogance.

Conjonction Soleil - Vénus

Vous êtes d'une nature aimante et chaleureuse et aimez communiquer. Mais vous voudriez que les autres vous apprécient même lorsque vous ne le méritez pas ! Vous vous montrez plus naturel lorsque vous connaissez bien vos interlocuteurs.

Conjonction Soleil - Mars

Vous possédez d'excellentes qualités de chef et aimez les activités physiques. Vous ne supportez pas les critiques et trouvez difficilement des compromis avec votre entourage. Réfléchissez un peu plus avant d'agir !

Conjonction Soleil - Jupiter
Vous êtes enthousiaste et ne connaissez guère la modération, ce qui vous amène à surestimer vos capacités. Un peu de prévoyance vous permettra de réussir dans bien des domaines. Dans certains cas, l'excès de poids vous guette !
Conjonction Soleil - Saturne
Votre maturité d'esprit s'est développée rapidement grâce à une éducation austère. Vous ne parlez pas pour ne rien dire. Vous possédez le sens de la mesure mais devez prendre garde à ne pas manifester trop de rigueur ou de lenteur.
Conjonction Soleil - Uranus
Il vous faut de la liberté et surtout le moins de restrictions possible. Vous avez été un enfant difficile à contrôler et avez sans doute « dérangé » par votre impatience à grandir. Les professions libérales semblent faites pour vous.
Conjonction Soleil - Neptune
Vous éprouvez des doutes quant à vos aptitudes. Pourtant vous possédez des dons artistiques ainsi qu'un profond sens du dévouement. Vous réussirez dans tous les domaines exigeant une forme d'abnégation.
Conjonction Soleil - Pluton
Vous êtes un extrémiste dans le sens le plus large du terme. Vous aimez et détestez avec la même passion. Vous dégagez un charme magnétique et, si vous savez aider les autres, vous connaîtrez un immense succès. Attention à l'intolérance !
Conjonction Soleil - Lune noire
Vous souffrez d'un manque de contact avec votre père car vous refusez son image. Ceci n'est pas dû à sa personne en tant que telle, mais à une rupture intérieure subconsciente qui remonte à votre naissance.
Conjonction Soleil - Nœud Nord
Vous rencontrerez des personnes influentes dont la maturité vous fera progresser considérablement dans tous les domaines, en particulier celui de la réflexion et de la dimension spirituelle.

☆
☆ ☆
☆☆

Conjonction Lune - Mercure
Vous aimez exprimer vos connaissances, ce que vous faites de manière sympathique. Vous aimez rire et faire rire. Il se produit souvent en vous un conflit entre vos interprétations émotionnelle et intellectuelle des choses, mais peu importe !
Conjonction Lune - Vénus
Vous possédez une sensibilité raffinée qu'il ne faut pas heurter, et vous agissez avec tact et diplomatie. Votre entourage vous apprécie et

estime votre générosité. Vous réussirez dans toute activité demandant de la confiance.

Conjonction Lune - Mars

Vous portez en vous une anxiété et une impatience constantes en raison de votre vulnérabilité aux opinions d'autrui. Vous détestez le « qu'en-dira-t-on ». Vous croyez devoir vous justifier alors que souvent c'est sans importance !

Conjonction Lune - Jupiter

Vos relations avec votre entourage sont essentiellement émotionnelles. Vous avez une grande générosité et serez parfois amené à vous consacrer à ceux qui vous semblent incapables de trouver leur chemin.

Conjonction Lune - Saturne

Votre nature est réservée et prudente. Il existe en vous un conflit intérieur entre l'action et la réflexion. Vous devez vous efforcer de résoudre un problème remontant à votre enfance et resté inconscient.

Conjonction Lune - Uranus

Difficile de ne pas vous remarquer ! Le moins que l'on puisse dire est que vous avez du caractère ! Vous appréciez la tolérance et la liberté, et n'avez pas peur d'exprimer vos émotions clairement. Vous êtes sujet aux « coups de foudre ».

Conjonction Lune - Neptune

L'esprit est rêveur car vous voyagez souvent dans l'au-delà. Personne n'imagine à quel point ! Votre compréhension des autres vous vaudra de la sympathie en retour. Vous excellerez dans le travail de groupe.

Conjonction Lune - Pluton

Vos besoins physiques et matériels s'avèrent importants et difficiles à satisfaire. Une très forte puissance passionnelle vous habite et votre possessivité est extrême. Si vous savez donner, vous recevrez !

Conjonction Lune - Lune noire

Le « problème » de la mère, lorsque cela en est un, se situe au niveau du refus de son image et cause chez le garçon une forme de frustration et chez la fille une impossibilité de communication.

Conjonction Lune - Nœud Nord

Vous recherchez l'union à tout prix, et n'aurez de cesse d'avoir découvert l'âme sœur capable de partager vos joies et vos peines. Cet aspect est sans doute essentiel dans la perception émotionnelle.

☆
☆ ☆
☆☆

Conjonction Mercure - Vénus

Vous vous montrez très sociable et appréciez beaucoup les compromis. Votre imagination est délicieuse et vous possédez un bon sens des affaires, en particulier dans le domaine de l'art et de la communication. Vos associés vous suivront pratiquement partout.

Conjonction Mercure - Mars

Votre créativité est grande et vous la manifestez avec force. Parfois on vous surnomme « Je sais tout ! ». Essayez de modérer votre vivacité de parole et, comme dit le proverbe, « tournez sept fois votre langue dans votre bouche avant de parler ».

Conjonction Mercure - Jupiter

Vous êtes polyvalent et pouvez réussir dans tous les domaines, mais ne faites pas tout à la fois !

Conjonction Mercure - Saturne

Vous recherchez la vérité philosophique que vous trouverez après de longues études. Possédant une certaine tendance aux liaisons platoniques, vous accepterez toutefois des unions à condition que votre partenaire partage vos opinions.

Conjonction Mercure - Uranus

Très curieux de nature, votre esprit est fasciné par le nouveau, les innovations techniques et le mouvement. L'ignorance vous paraît insupportable et vous prendrez vos distances avec ceux dont l'esprit se révèle trop conformiste.

Conjonction Mercure - Neptune

Vous projetez souvent votre mental dans l'irréel et le rêve. Cette disposition peut s'avérer très constructive si vous l'exprimez dans le domaine de l'art. Vous êtes attiré par le mystère et en dégagez vous-même une bonne dose ! Évitez les personnes trop susceptibles.

Conjonction Mercure - Pluton

Votre esprit explore à fond ses sujets d'étude. Véritable inquisiteur, vous ne vous autoriserez aucun répit tant que vous n'aurez pas découvert la vérité. Plusieurs voies s'ouvrent devant vous : policier ou agent secret... mais aussi éminence grise ou analyste financier. Gardez-vous de tout fanatisme.

Conjonction Mercure - Lune noire

Vous aurait-on empêché de vous exprimer dans l'enfance ? En tout cas, lorsque vous parlez, vous dites souvent le mot juste, rien de plus !... À moins que vous ne soyez de ceux qui disent toujours « non ». Difficile à conquérir !

Conjonction Mercure - Nœud Nord

Vous compterez un grand nombre de collaborateurs ou d'associés pour partager vos idées. Il s'agit d'ailleurs pour vous d'une profonde nécessité intellectuelle, car vous avez souffert d'un manque de communication dans une vie antérieure.

☆

☆ ☆

☆☆

Conjonction Vénus - Mars
Vous ressentez souvent des pulsions amoureuses et êtes attiré par les personnes actives. Vous n'aimez ni la lenteur, ni tout ce qui peut freiner votre liberté. Vous demandez beaucoup aux personnes que vous aimez mais savez aussi donner.
Conjonction Vénus - Jupiter
Vous êtes spontané, généreux et possédez un bon sens de l'humour. Votre optimisme vous cause parfois des déboires car vous ne discernez pas vos ennemis, qui profiteront de vous.
Conjonction Vénus - Saturne
Vous éprouvez l'impression de toujours devoir faire des concessions en amour et que l'on vous utilise. Vous donnez souvent plus que vous ne recevez. Montrez-vous plus communicatif afin d'éviter les malentendus.
Conjonction Vénus - Uranus
On se souviendra de votre passage, même de courte durée. Vous manifestez une personnalité étincelante et possédez le don d'attirer les autres. Veillez toutefois à ce que ce ne soit pas n'importe qui ! Évitez l'impulsivité.
Conjonction Vénus - Neptune
Vous possédez un fort romantisme idéaliste et un sens esthétique raffiné. Votre amour du calme vous fera éviter toute personne agressive. Montrez-vous un peu plus réaliste, sinon vos affaires en souffriront. Vous êtes doué pour les arts.
Conjonction Vénus - Pluton
Vous éprouvez un ardent besoin d'amour. Vous demandez beaucoup à l'être aimé mais pouvez soulever des montagnes pour lui. Il vous faut une union totale, tant sur le plan intellectuel qu'émotionnel et physique. Vous avez du magnétisme.
Conjonction Vénus - Lune noire
Votre sensualité est raffinée mais elle tend parfois trop à rechercher l'impossible !
Conjonction Vénus - Nœud Nord
Dans une vie antérieure vous avez vainement cherché l'amour et ce dernier vous fait un peu peur. Cette vie vous garantit que vous trouverez votre compagnon et pourrez aller ensemble dans la prochaine.

☆
☆ ☆
☆☆

Conjonction Jupiter - Saturne
Vous détenez un exceptionnel potentiel de réussite, mais il demandera de la persévérance. Vous mènerez à bien toute activité exigeant un travail de longue haleine et une sérieuse autodiscipline. Évitez le surmenage !

Conjonction Jupiter - Uranus
Vous nourrissez de grandes ambitions politiques mais vous réussirez plus probablement dans le domaine de l'éducation. Trouver la vérité est pour vous une préoccupation permanente, ce qui vous conduira à une grande connaissance philosophique.
Conjonction Jupiter - Neptune
Vous recherchez une âme sœur pour philosopher ensemble. Vous pourriez avoir une activité dans une organisation humanitaire d'envergure (Croix-Rouge, Amnesty International...). Attention que l'on n'abuse pas de votre bonté.
Conjonction Jupiter - Pluton
Vous manifestez une formidable ambition et une grande joie de vivre. Votre réussite peut intervenir dans de nombreux domaines car vous ignorez le mot « défaite ». Vous serez entouré de personnages influents ayant eux-mêmes réussi.
Conjonction Jupiter - Lune noire
Vous acquerrez rapidement une grande indépendance, mais il faudra veiller à ne pas rompre avec l'ordre établi. Il est possible que vos parents vous aient propulsé dans l'existence trop tôt, sans prendre conscience que vous aviez encore besoin d'eux.
Conjonction Jupiter - Nœud Nord
Vous trouverez toujours de nombreuses personnes pour vous aider dans votre expansion et, à votre tour, vous leur rendrez le même service. Vous pourrez contracter des unions particulièrement heureuses (mariage ou toutes formes d'associations).

☆
☆ ☆
☆☆

Conjonction Saturne - Uranus
Les responsabilités ne vous effraient pas et vous pourrez occuper une position d'autorité. Vous savez mettre en valeur votre créativité, qui sera surtout scientifique. Veillez à vous relaxer de temps en temps car vos réserves sont limitées.
Conjonction Saturne - Neptune
Vos inspirations présentent un côté pratique que vous savez exprimer. Vous dégagez une forte intuition et possédez un réel « nez » pour détecter ce qui ne va pas.
Conjonction Saturne - Pluton
Vous détiendrez une position d'autorité et votre sens de l'organisation vous fera respecter de tous. Vous pourriez être une excellente éminence grise. Vous accumulerez des valeurs matérielles pour vous assurer une retraite aisée.
Conjonction Saturne - Lune noire
Il faudra vous détacher des valeurs terrestres. Dans le cas contraire,

vous risquez d'éprouver des sentiments de frustration et d'avoir envie de tout détruire. Les bons et mauvais moments de l'existence peuvent s'observer par les aspects de la Lune noire en transit.

Conjonction Saturne - Nœud Nord

Le temps joue souvent pour vous. Vous possédez la patience des sages, ce qui parfois vous fait manquer des occasions d'agir. En contrepartie, vous atteindrez la sagesse et saurez quelle force apporte la dimension transcendantale.

☆
☆ ☆
☆☆

Conjonction Uranus - Neptune

Vous êtes quelquefois tenté d'entreprendre des actions se situant à la limite de la légalité. Assurez-vous que cela ne vous portera pas préjudice.

Conjonction Uranus - Pluton

Vous manifestez parfois le goût du secret. Veillez à ne pas vous embarquer dans des histoires rocambolesques.

Conjonction Uranus - Lune noire

Il existe une forte tendance aux ruptures, aux déchirements et aux sacrifices.

Conjonction Uranus - Nœud Nord

Sur votre chemin de vie figure de l'inhabituel. Évitez les comportements erratiques et les surprises seront alors agréables. Vous aimez rencontrer de nouvelles têtes, mais il serait bon d'en conserver quelques-unes, solides !

☆
☆ ☆
☆☆

Conjonction Neptune - Pluton

Des événements collectifs (bouleversements politiques ou sociaux) peuvent fortement influencer votre destinée, et il ne vous sera pas facile de vous réadapter. Mieux vaut prendre les devants, et parer à toute éventualité.

Conjonction Neptune - Lune noire

Il vous arrive de recevoir des messages de l'au-delà ! Si d'autres éléments du thème le confirment, vous pourrez devenir un médium hors ligne.

Conjonction Neptune - Nœud Nord

Vous venez de la réalité et vous vous dirigez vers le rêve. Ce chemin peut se révéler très constructif si vous l'accomplissez dans le domaine artistique. Dans le cas contraire, vous risquez la marginalité. Vous aimez cette vie, mais la présence d'amis solides autour de vous se révèle indispensable.

☆
☆ ☆
☆☆

Conjonction Pluton - Lune noire
Il existe en vous un très fort potentiel de sacrifice et de rupture. Vous pouvez soudain tout abandonner et partir vers d'autres cieux, ce qui n'est pas toujours sans conséquences.

Conjonction Pluton - Nœud Nord
Vous êtes certainement préoccupé par vos vies antérieures. Des recherches approfondies sur vous-même vous permettront de mieux vous connaître et de maîtriser davantage votre destinée.

☆
☆ ☆
☆☆

Conjonction Lune noire - Nœud Nord
Une relation puissante unit votre destinée à la notion de sacrifice. Il est possible qu'une rupture de l'image parentale influence vos attitudes de manière déterminante. Vous opérerez parfois un « transfert » de cette image.

☆
☆ ☆
☆☆

Les oppositions

Les carrés seront étudiés sous la même rubrique que les oppositions. Celles-ci, en effet, constituent des sources de tension face à des potentiels contre lesquels il faut lutter. N'oublions pas qu'elles signifient aussi la complémentarité.

Opposition Ascendant - Soleil
Les autres vous impressionnent souvent et vous espérez qu'ils éprouvent la même chose à votre égard. Vous devriez réussir de belles associations ou un grand mariage. La survenance éventuelle de litiges vous obligera à vous battre, mais vous obtiendrez gain de cause.

Opposition Ascendant - Lune
Vous accordez une extrême importance aux autres, ce qui vous rend vulnérable à leurs avis. Mais votre tendance excessive à vous plaindre aide beaucoup vos adversaires à découvrir vos faiblesses. Vous compterez des amis sûrs à condition que ces enfantillages cessent.

Opposition Ascendant - Mercure
Vous aimez partager vos opinions avec autrui et prêtez une oreille attentive à tout ce qui se dit dans votre entourage, de crainte d'être critiqué. La plupart du temps, vous dites le mot juste au bon moment et tenez l'auditoire en haleine.

Opposition Ascendant - Vénus
Vous recherchez la présence de personnes raffinées et de bonne famille. Vous possédez toutes les chances de faire un mariage d'amour et de réussir dans le domaine de l'art ou dans la politique. Soyez attentif à laisser une bonne image de vous.

Opposition Ascendant - Mars
Vous aimez mettre les autres en compétition et exprimez votre énergie avec force. Cependant, vos supérieurs hésiteront à vous confier d'autres responsabilités, craignant que vous ne vous effaciez devant les difficultés.

Opposition Ascendant - Jupiter
Vous disposez d'un bon potentiel d'association, mais il faudra devenir plus généreux afin de pouvoir bénéficier d'une contrepartie. Un certain « manque » dans votre enfance vous a conduit à regarder vos intérêts personnels et non celui des autres.

Opposition Ascendant - Saturne
Vous adoptez souvent une attitude restrictive dans vos associations et, sauf avis contraire, vous vous intéressez peu aux autres. Vous craignez que l'on ne reconnaisse pas vos qualités et n'acceptez autrui que s'il vient vers vous.

Opposition Ascendant - Uranus
Vous vous associez difficilement, car vous redoutez d'entraver ainsi votre liberté. Vous préférez les unions non conformistes et sans engagement. Votre nature rebelle vous a sans doute fait quitter le domicile familial assez tôt.

Opposition Ascendant - Neptune
Vous vous laissez influencer par votre entourage et il vous est particulièrement difficile de distinguer vos réels amis. Vous idéalisez parfois trop les autres, qu'il ne faut aider qu'en cas de réel besoin, car dans le cas contraire l'on abusera de vous.

Opposition Ascendant - Pluton
Votre forte personnalité attire les autres, dont il faudra parfois fuir certains qui ne cherchent qu'à vous exploiter. Vous remportez plus de succès dans la vie publique qu'au foyer.

Opposition Ascendant - Lune noire
Vos associations ou unions ne sont pas toujours durables, et parfois la fatalité s'en mêle.
Opposition Ascendant - Nœud Nord
Vous recherchez en permanence unions et associations car vous supportez mal la solitude. Vous trouverez des partenaires si l'ensemble du thème le confirme.

☆
☆ ☆
☆☆

Opposition Soleil - Lune
Vous connaissez souvent des conflits émotionnels intérieurs qui peuvent gêner vos relations avec votre entourage. Vous éprouvez une grande difficulté à rompre avec le passé. Un peu de réalisme vous fera comprendre qu'il faut avancer dans la vie.
Opposition Soleil - Mercure
Vous ne savez pas toujours exprimer clairement ce que vous désirez, ce qui peut créer des frictions avec votre entourage. Évitez les mauvaises fréquentations et les actions illégales.
Opposition Soleil - Vénus
Vous vous montrez souvent capricieux et, comme vous êtes trop exigeant, vos désirs ne sont pas toujours exaucés. Revenez à plus de modestie et vous obtiendrez beaucoup plus de satisfactions.
Opposition Soleil - Mars
Vous recherchez trop la compétition et devez vous abstenir de relever tous les défis, car certains ne peuvent être gagnés que grâce à une maturité suffisante. Ne vous occupez pas trop des affaires des autres, vous avez suffisamment à faire vous-même.
Opposition Soleil - Jupiter
Il existe un certain équilibre entre vos ambitions et leur réalisation. Faites particulièrement attention à ne pas commettre d'excès, surtout dans le domaine alimentaire, et veillez à ne pas surestimer les capacités de vos associés.
Opposition Soleil - Saturne
Quelque événement de votre enfance, conscient ou non, provoque parfois en vous des moments de désarroi. Vos efforts pour en discerner la cause se heurtent à la difficulté de l'entreprise. La maturité de votre conjoint vous permettra d'y voir plus clair.
Opposition Soleil - Uranus
Vous éprouvez des difficultés à vous relaxer, sans doute à cause de vos rapports tendus avec les autres. Il vous faut surmonter votre nervosité et essayer de devenir plus serein. Vous souffrez inutilement d'un manque de confiance en vous.

Opposition Soleil - Neptune
Vous vous bercez d'illusions et votre nature méfiante risque de vous jouer de mauvais tours. Lorsque vous cesserez de vous mentir à vous-même, peut-être retrouverez-vous la faculté de vous montrer naturel.
Opposition Soleil - Pluton
Vous vous mettez sur la défensive dès que l'on vous défie. Vous avez tendance à détruire vos acquis. C'est dommage, car tout porte à croire que vous vaincrez si vous savez canaliser vos forces.
Opposition Soleil - Lune noire
Vous rencontrez certaines difficultés, parfois même une impossibilité, à identifier l'image de votre père. Il existe en vous une forme de refus qui est totalement indépendante de sa personne.
Opposition Soleil - Nœud Nord
Vous luttez parfois contre votre destinée et recherchez vos vies antérieures comme si cela pouvait vous rassurer.

☆
☆ ☆
☆☆

Opposition Lune - Mercure
Vos émotions et votre raison se livrent une lutte permanente. Acceptez d'écouter les conseils qui vous sont prodigués et n'essayez pas d'offenser votre entourage par votre soi-disant logique, même si votre cœur a ses raisons...
Opposition Lune - Vénus
N'attendez pas trop des autres, car ils ont du mal à évaluer la sincérité de vos sentiments, même si elle existe. Seule votre générosité vous permettra d'être apprécié. Vous possédez toutes les chances de réussir avec le public.
Opposition Lune - Mars
Il est impératif d'accepter des compromis pour conserver de bonnes relations avec votre entourage. Vous manifestez vos émotions d'une façon parfois agressive. Vous n'apprécieriez pas que l'on fasse la même chose avec vous, n'est-ce pas ?
Opposition Lune - Jupiter
Vous rencontrez parfois des difficultés à allier les notions de conscience et d'expansion. Une sorte de frein émotionnel vous limite, ce qui est dommage car vous possédez un authentique sens du dévouement à des causes justes. Écoutez les autres !
Opposition Lune - Saturne
Vous souffrez parfois de dépression et exagérez l'importance de certains événements. La présence de personnes plus âgées vous rassérène, car leur maturité fait progresser la vôtre et elles vous aident à mieux contrôler vos émotions.

Opposition Lune - Uranus
Une difficulté à équilibrer votre vie intérieure et votre activité extérieure vous cause un certain « stress ». Il vous faudra acquérir de la patience et du calme, car vous avez tendance à vous « enflammer » pour de nouvelles rencontres.
Opposition Lune - Neptune
Vous mélangez volontiers réalité et fiction. La seule échappatoire à la confusion qui s'ensuit est la création artistique. Il serait salutaire que vous vous consacriez à de telles activités.
Opposition Lune - Pluton
Vos émotions s'expriment parfois trop vivement et vous les dramatisez souvent. Vous éprouvez des difficultés à maintenir le contact avec le public, bien que vous y soyez souvent confronté. Vos pulsions physiques sont importantes, voire agressives.
Opposition Lune - Lune noire
Vos objectifs à long terme se trouvent contredits par vos émotions. Il vous arrive de ne plus savoir s'il faut avancer ou reculer. Il existe un sérieux problème d'identification de l'image maternelle et parfois une rupture.
Opposition Lune - Nœud Nord
Des contradictions entre vos émotions et vos objectifs entravent vos entreprises et vous vous sentez quelquefois impuissant à opérer des choix.

☆
☆ ☆
☆☆

Opposition Mercure - Vénus
Vous avez tendance à exagérer vos émotions, ce qui diminue votre sens pratique. Votre perception artistique n'est pas toujours comprise de votre entourage, mais les goûts et les couleurs ne se discutent pas...
Opposition Mercure - Mars
Vos ressources intellectuelles sont, semble-t-il, illimitées, mais vous faites généralement trop étalage de vos connaissances. Regardez les autres et écoutez-les avant d'agir, tout en manifestant un souci plus grand de vous montrer diplomate !
Opposition Mercure - Jupiter
Le sens pratique n'est pas votre fort et malgré une imagination fertile vous rencontrerez quelques difficultés dans votre travail. Votre curiosité est éveillée mais vous vous absorbez dans le détail et oubliez l'essentiel.
Opposition Mercure - Saturne
Sauf autres aspects favorables du thème, vous connaissez certaines difficultés d'élocution ou d'expression de vos pensées et de vos senti-

ments. Des cours d'art dramatique, par exemple, vous aideront à remédier à cela.

Opposition Mercure - Uranus

Vous voulez toujours avoir raison. Est-ce par un manque d'affection éprouvé dans votre enfance ou simplement par peur que l'on ne vous prête pas l'attention méritée ? Il ne faudra pas persévérer dans cette attitude, car elle risque de vous causer des difficultés avec les autres.

Opposition Mercure - Neptune

Vous montrez un esprit confus dont la vérité a parfois du mal à sortir. Communiquer et vous faire comprendre exige de vous des efforts particuliers. Ce n'est pas si difficile : il suffit de se mettre à la place des autres !

Opposition Mercure - Pluton

Vous êtes sensible aux questions sociales et voudrez apporter votre contribution. Par ailleurs, vous avez tendance à refuser toute critique et même à vous comporter avec arrogance de crainte de manquer de crédibilité.

Opposition Mercure - Lune noire

Il semblerait que l'on ait voulu systématiquement vous couper la parole dans l'enfance. C'est sans doute pour cela que vous excellez dans le mime !

Opposition Mercure - Nœud Nord

Vous voyagez beaucoup dans le monde mental et entreprendrez peut-être de rechercher vos origines en compulsant des archives. Il n'est pas sûr cependant que vous y trouviez ce que vous recherchez.

☆
☆ ☆
☆☆

Opposition Vénus - Mars

Vous faites peu de concessions et les sentiments d'autrui ne vous préoccupent guère. Vous dégagez une forte sensualité, qui plaira beaucoup à votre « partenaire astral » mais pas forcément à tout le monde. Vous pouvez réussir dans les arts.

Opposition Vénus - Jupiter

Vous ne vous faites pas confiance pour négocier avec autrui et attendez souvent que l'on reconnaisse vos capacités. Vous recherchez les biens matériels mais leur acquisition vous demande parfois de sérieux efforts.

Opposition Vénus - Saturne

Il existe un blocage dans l'expression des émotions et la réalisation des unions. Vous pourriez cependant conclure un mariage tardif. Veillez à ne pas céder par désillusion à toutes les sollicitations.

Opposition Vénus - Uranus

Prenez garde aux liaisons dangereuses, vous qui avez tendance à rechercher toutes sortes de contacts humains. Votre charme vous permettra cependant de réussir dans votre travail.

Opposition Vénus - Neptune

Votre imagination vous joue parfois des tours et vous conduit à des expériences qui n'en valent pas la peine. Vous espérez découvrir la liaison idéale ? Faites attention à ne pas vous embarquer avec des menteurs.

Opposition Vénus - Pluton

Vous forcez un peu la main des gens, dans le style « rouleau compresseur ». L'argent risque d'être la source de vos conflits avec autrui. Il vous arrive de sacrifier votre entourage pour bénéficier d'une plus grande liberté.

Opposition Vénus - Lune noire

Vous portez en vous un certain refus de la femme, avec toutes les conséquences que cela peut entraîner !

Opposition Vénus - Nœud Nord

Vous avez vécu un grand amour dans une vie antérieure. Vous le verrez probablement revenir dans celle-ci ou dans votre prochaine existence.

☆
☆ ☆
☆☆

Opposition Mars - Jupiter

Vous aimez le risque et la compétition. Vos besoins physiques sont exigeants et il vous serait commode de toujours avoir un partenaire sous la main !

Opposition Mars - Saturne

Il existe un conflit entre vos désirs et votre sens des responsabilités. Vous connaissez des hauts et des bas, et seul votre entourage peut vous redonner de l'optimisme. Parvenir à une bonne autodiscipline vous demandera des efforts.

Opposition Mars - Uranus

Vous êtes tout, sauf facile à vivre, car vous avez le don de déranger les autres par une originalité volontiers débordante. Vous ne permettez à personne de vous critiquer et pouvez parfois employer la violence contre l'adversaire.

Opposition Mars - Neptune

Vous aimez plaire mais l'entourage pense que vous y trouvez quelque intérêt. Faites l'effort d'accepter les réalités et écoutez l'opinion d'autrui.

Opposition Mars - Pluton

Vous contrôlez difficilement vos énergies et provoquez les autres gratuitement. Vous rêvez d'un partenaire avec lequel vous pourriez mesurer votre force, mais sachez que vous n'aurez pas toujours le dessus. Efforcez-vous de maintenir votre ambition dans des limites raisonnables !

Opposition Mars - Lune noire
Montrez-vous vigilant quant aux actions que vous entreprenez envers autrui. Les risques de coupure (au sens physique) ou de rupture sont fréquents.
Opposition Mars - Nœud Nord
Votre vie sera perturbée à un moment donné par la difficulté de choisir le bon chemin. En cas de doute, la sagesse consistera à faire ce pour quoi vous possédez le plus de dispositions.

☆
☆ ☆
☆☆

Opposition Jupiter - Saturne
Vous cherchez à mieux vous comprendre mais remettez trop systématiquement en question vos qualités. Il est possible que l'on vous ait « complexé » dans l'enfance. Vous êtes tiraillé entre le désir de mener une vie facile et le sens des responsabilités.
Opposition Jupiter - Uranus
Vous possédez des connaissances étendues, qu'il faut éviter de gaspiller, et une grande avidité de liberté. Vous vous êtes forgé la conviction que seuls l'enseignement et le savoir permettent d'être vraiment libre.
Opposition Jupiter - Neptune
Vous faites souvent des promesses en l'air. Si cela se produit trop souvent, votre propre sécurité risque d'être gravement compromise ! Cette configuration qui appelle à une grande vigilance vous exhorte à tenir coûte que coûte votre parole.
Opposition Jupiter - Pluton
L'ordre établi ne vous convainc nullement et vous considérez tout ce qui est honorifique comme une vaste comédie. Vous ne vous montrez ni intéressé ni impressionné par les décorations, médailles et discours protocolaires !
Opposition Jupiter - Lune noire
Littéralement, cet aspect signifie « expansion-sacrifice ». À vous de trouver le juste milieu pour placer vos prétentions.
Opposition Jupiter - Nœud Nord
Vos recherches sur les mystères de la vie peuvent déplaire, car l'échelle de valeurs que vous appliquez à la société diffère souvent de l'idée classique que l'on s'en fait. Votre désir de puissance doit être mieux contrôlé. Veillez à ne pas enfreindre les lois.

☆
☆ ☆
☆☆

Opposition Saturne - Uranus
Le sentiment de manquer de liberté se manifeste fréquemment. Il faut parvenir à le sublimer.
Opposition Saturne - Neptune
Vous éprouvez des difficultés à vous intégrer à des groupes et réussirez plutôt en vous investissant dans des études solitaires.
Opposition Saturne - Pluton
Veillez à ce que des tendances destructrices n'apparaissent pas, en particulier en situation de solitude extrême.
Opposition Saturne - Lune noire
Le syndrome de sinistrose se fait souvent sentir. Il ne doit pas être attribué à la fatalité, mais à vous-même.
Opposition Saturne - Nœud Nord
Vous aurez une certaine difficulté à choisir entre le passé qui vous est connu et le futur qui ne l'est pas encore.

☆
☆ ☆
☆☆

Les aspects entre les planètes lentes ne possèdent une signification que si les orbes sont très faibles (moins d'un demi-degré).

Opposition Uranus - Neptune
L'irrationnel vous déborde de toutes parts. Cette situation n'est constructive que si vous arrivez à l'exprimer d'une manière artistique ou littéraire. Évitez la consommation excessive d'alcool, de tabac ou encore de médicaments et de drogues.
Opposition Uranus - Pluton
Vos pulsions destructrices sont puissantes, voire dangereuses si d'autres aspects du thème ne les maintiennent pas dans des proportions supportables.
Opposition Uranus - Lune noire
Vous vivez un conflit entre vos actes impulsifs et la reconnaissance de votre responsabilité. Votre nature fuyante pourrait vous causer un jour ou l'autre de sérieuses difficultés et votre magnétisme sera impuissant à vous sauver.
Opposition Uranus - Nœud Nord
Vous éprouvez souvent une impression d'impuissance face aux événements de votre vie, et le sentiment de ne pouvoir maîtriser votre destinée. Vous vous demandez quelle rupture a bien pu se produire dans une vie antérieure et craignez qu'elle ne revienne dans celle-ci.

☆
☆ ☆
☆☆

Opposition Neptune - Pluton
Réaliser des objectifs se situant à la limite de la légalité vous apparaît parfois tentant. Assurez-vous que cela ne vous portera pas préjudice. Vous manifestez parfois un certain goût pour le secret. Attention à ne pas vous embarquer dans des histoires rocambolesques.
Opposition Neptune - Lune noire
Rupture des illusions ou illusion des ruptures ?... Cette configuration se rencontre souvent chez ceux qui confondent rêve et réalité.
Opposition Neptune - Nœud Nord
La rupture avec le passé, si elle risque de poser quelques problèmes, représentera néanmoins pour vous la seule véritable façon de grandir et d'atteindre la spiritualité. Ne poussez pas votre marginalité à l'extrême, cela pourrait réellement vous nuire.

☆
☆ ☆
☆☆

Opposition Pluton - Lune noire
Pourquoi cette peur de perdre votre virilité si vous êtes un homme ? Si vous êtes une femme, vous posséderez plutôt des goûts masculins, une sorte de virilité héritée d'une avidité de puissance.
Opposition Pluton - Nœud Nord
Vous répugnez à vous soumettre à une quelconque autorité et préférez de loin diriger votre entourage. Vous manifestez des pulsions de pouvoir de manière parfois agressive. Mieux vaut sans doute leur assigner quelques limites.

☆
☆ ☆
☆☆

Opposition Lune noire - Nœud Nord
Une certaine confusion règne entre les notions de passé et d'avenir. Parfois vous vous demandez ce que vous faites sur terre et avez l'impression que pèse sur vous une lourde dette karmique.

Conclusion
Lorsque l'on prend les paragraphes précédents un par un, l'on peut être déçu par le manque de précision et les contradictions. En revanche, lorsque l'on utilise ces textes pour un thème, on s'aperçoit alors que l'ensemble devient cohérent.

4. APTITUDES ET VIE PROFESSIONNELLE

Rappelons que le partenaire astral peut être aussi le collaborateur, l'employé ou le patron dont il est utile de connaître les aptitudes réelles. Ne passe-t-on pas souvent plus de temps avec lui qu'avec son conjoint ?

Il n'est pas dans notre propos d'étudier ce sujet d'une manière exhaustive, car il s'avère vaste, mais de proposer quelques interprétations que nous limiterons aux positions de Mercure, de Jupiter et des maisons VI (le travail) et X (la carrière). Les textes suivants concernent les conjonctions et, dans une moindre mesure, sauf indication contraire, les sextiles et trigones.

Mercure - Soleil
L'intelligence du sujet est focalisée par le désir de réussite sur une carrière de communication. Il faut lui laisser la liberté de s'exprimer par la parole ou les écrits.

Mercure - Lune
Le sujet conjugue l'intelligence et les sentiments. Les talents artistiques sont indiscutables et, selon le milieu social, il manifeste un certain raffinement. L'Histoire, le passé et éventuellement la politique l'intéressent. Il saura prendre les gens par les sentiments, pourra éveiller son entourage aux choses artistiques, ou tout simplement le faire rire. Il possède des dispositions pour l'animation et les jeux.

Mercure - Vénus
Le sujet exprime bien ses sentiments et ses émotions. Capter l'attention de son auditoire sera pour lui un passe-temps agréable.

Mercure - Mars
L'intelligence est vive et spontanée. Cette personne a besoin de mouvement et de communication. Elle ne doit pas végéter dans un bureau, seule et sans entourage, car ses capacités s'expriment dans les contacts ou les déplacements. Ces derniers la stimulent.

En cas d'aspect dissonant, un décalage existe entre l'action et la réflexion. Le sujet peut éprouver des difficultés à se contrôler et souffrir d'un excès de nervosité. La diplomatie n'est pas son fort.

Mercure - Jupiter
Le sujet a un fort désir d'expansion de la conscience. Chez lui, l'intelligence est au service de l'ambition et il manifeste des dons de stratégie. Il appréhende les choses dans leur globalité et dispose d'un bon esprit de synthèse.

En cas d'aspect dissonant, il se pourrait que le sujet, pour réaliser ses ambitions, ait une conscience exagérée de ses capacités réelles.

Mercure - Saturne
Le sujet possède un fort pouvoir de concentration et de réflexion. Il peut manquer de vivacité d'esprit, mais sait convaincre. Sa grande profondeur d'idées et son sens de la mesure peuvent, selon les indications du reste du thème, le faire accéder à une forme de sagesse intérieure.
En cas d'aspect dissonant : l'expression s'avère assez malaisée et, sauf autres éléments contraires, cette personne n'est pas un bon orateur. Il existe une sorte de refus ou une difficulté dans l'évolution intellectuelle.
Mercure - Uranus
L'esprit est très indépendant. L'intelligence se révèle novatrice et parfois même fulgurante. Le sujet dispose d'un excellent potentiel de créativité et, s'il se voit confiné dans un univers trop structuré, il peut réagir brusquement. Tout ce qui concerne les sciences ou les techniques modernes lui est favorable.
En cas d'aspect dissonant : le comportement du sujet est parfois désordonné. Assez instable et nerveux, il cherche le conflit sur le plan intellectuel. Le dialogue s'avère difficile car il veut toujours avoir raison.
Mercure - Neptune
L'intelligence frôle la médiumnité. Le sujet « sent » les choses, par voyance ou instinct. Difficile d'exprimer toujours clairement ses idées !
En cas d'aspect dissonant : les idées et leur expression se révèlent souvent floues. Soit le sujet ignore ce qu'il veut, soit il s'embrouille dans des explications nébuleuses. Il faut l'aider à comprendre qu'il est inutile de se mentir ou d'abuser les autres.
Mercure - Pluton
Le sujet possède le goût du secret. Il se montre particulièrement apte aux missions de surveillance et de renseignement. Enquêteur, détective, policier ou agent secret sont des professions qui peuvent lui convenir. Il cherche à dominer les autres, mais sait maîtriser ses ambitions.
En cas d'aspect dissonant : le sujet ressent une forte attirance pour les choses secrètes et cachées. Celle-ci n'est pas toujours satisfaite et en tous les cas jamais sans combattre.

☆
☆ ☆
☆☆

Jupiter - Soleil
Cette personne est marquée par l'ambition, le désir d'expansion sous toutes ses formes.

Jupiter - Lune
Une grande générosité fait apprécier cette personne de son entourage. Le sujet se montre très doué pour tous les contacts avec le public.

Jupiter - Mercure
Cette configuration favorise nettement une réussite sur le plan intellectuel. Elle devrait intervenir sans difficulté si le sujet a fait les études nécessaires.
En cas d'aspect dissonant : attention à l'excès d'optimisme.

Jupiter - Vénus
L'activité la plus harmonieuse se déploiera dans le domaine social ou l'aide aux autres. La bienveillance, la générosité et l'honnêteté sont de mise.
En cas d'aspect dissonant : un excès d'insouciance est à craindre.

Jupiter - Mars
Sens de l'action et de l'expansion, force dans le commandement, stratégie et goût du pouvoir, telles sont les qualités conférées par cette configuration. L'ambition est positive et se réalise toujours.
En cas d'aspect dissonant : il indique une propension aux dépenses exagérées et un manque de modération dans l'action.

Jupiter - Saturne
L'élévation spirituelle ou professionnelle se fait lentement mais sûrement. Le sujet veille à assurer des fondations solides à ce qu'il entreprend, c'est pourquoi le succès et la stabilité ne lui font pas défaut.
En cas d'aspect dissonant : la personne risque de manquer de motivation.

Jupiter - Uranus
Le sujet se distingue par son potentiel d'expansion et ses relations. Grâce à sa grande polyvalence, il peut réussir dans l'enseignement, la science ou la politique.
En cas d'aspect dissonant : dans ses attitudes et ses actes, la personne manifeste un manque de modération. Elle peut se montrer arrogante et ne pas hésiter à manipuler les autres. En elle se livre un conflit entre son désir d'expansion et celui de liberté.

Jupiter - Neptune
Très concerné par la médecine ou les causes humanitaires, le sujet fait preuve de qualités humaines remarquables, malgré un certain manque de réalisme.
En cas d'aspect dissonant : une certaine instabilité nuit à l'achèvement du travail qu'il a commencé.

Jupiter - Pluton
Cette personne dispose d'un fort potentiel de croissance et de réalisation dans les domaines philosophique et spirituel. De nombreux champs d'activité peuvent voir sa réussite : médecine, psychologie, droit international, finances.

En cas d'aspect dissonant : le sujet vise trop la place des autres. Mieux vaut le tester avant de lui confier un poste à responsabilités.

☆
☆ ☆
☆☆

Un diagnostic rapide des aptitudes au travail peut s'établir par les observations suivantes :

1 - Cuspides de la maison VI en signes

Exemple : si la pointe de la maison VI se trouve en Bélier, le travail se fera par pulsions, plus ou moins contrôlées. Le sujet dispose d'un pouvoir de décision et d'action. En revanche, si elle se trouve en Vierge, le travail sera méticuleux.

2 - Cuspides de la maison X en signes

Exemple : si la pointe de la maison X se trouve en Taureau, la carrière dépendant du libre arbitre du sujet est marquée par l'action et le commandement. Si elle est placée en Lion, elle se réalise dans les loisirs et les distractions (télévision, cinéma, voyages, jeux, etc.).

3 - Planètes et maîtrises

Les positions de Mercure et de Jupiter en signes et en maisons constituent également des éléments importants. Exemple : Mercure en Gémeaux prédispose à la communication et à l'écriture.

Rien ne remplace néanmoins l'observation des Maîtres des maisons VI et X. Il faut pour cela se reporter au tableau du début du chapitre 1. Exemple : le Maître de la maison VI se trouve en maison XI. Le travail dépend souvent des amis. Si c'est Mercure, ces derniers sont jeunes ; si c'est Saturne, ils le sont moins !

Sans aller plus loin dans l'énumération, je conseille au lecteur débutant d'acquérir le *Dictionnaire pratique d'astrologie*[1] qui lui permettra de se familiariser avec tous ces mécanismes.

★
★ ★
★★

---

1. Catherine Aubier, M.A. Éditions, 1986.

CHAPITRE 6

LES RELATIONS FAMILIALES OU L'AMOUR NÉCESSAIRE

Le premier contact de l'être humain qui vient au monde se résume à celui de ses parents. Ces derniers représentent tout son univers, ils doivent répondre aux appels incessants d'un organisme que stimule la conscience du fantastique travail de construction qui lui incombe et à l'immense besoin d'amour de l'entité qui a entrepris, une fois encore, la grande aventure d'un nouveau cycle pour s'épurer encore. Semblable en cela à celui qui passe avec une trop courte transition d'une lumière éblouissante à un univers de pénombre, le monde extérieur lui paraît froid et menaçant, c'est pourquoi les bras et le cœur battant de ses parents représentent pour lui la seule chance de survie. Puis, tandis que le temps accomplit sur le cadran de cette vie nouvelle sa première révolution, son champ de conscience s'élargit à la famille et à l'entourage proche.

La compréhension de ce qui suit permettra à de nombreux lecteurs d'ouvrir les yeux sur ce qu'ils possèdent probablement de plus important dans leur vie affective : les liens qui les attachent à leurs parents. Cette rencontre-là, la première de l'existence, hélas, ne se révèle pas toujours la meilleure alors que sa qualité détermine, de manière souvent irréversible, le comportement affectif de chacun durant toute sa vie.

Ceux qu'interpelle particulièrement cette question se tourneront avec profit vers l'œuvre des grands fondateurs de la psychanalyse tels que Freud, Adler et Jung. Contentons-nous, au lieu d'évoquer trop succinctement ces passionnantes et complexes études, de rappeler que, dans le cadre feutré de leurs cabinets, pédiatres, psychologues, psychiatres, psychanalystes et autres médecins de l'âme s'efforcent, en vain parfois, de redonner un peu de cohérence à la vie affective de millions d'enfants déchirés qui deviennent, ou qui croient être devenus adultes, et qui eux-mêmes seront un jour parents d'autres enfants en manque.

Replâtrer ou reconstruire des enfances saccagées se révèle dans la plupart des cas une entreprise vouée à l'échec. Prétendant qu'en matière d'amour tout commence à la naissance, je voudrais proposer ici de regarder ces drames dans une optique et selon une technique différentes.

Je constate quotidiennement, en effet, que les coefficients d'harmonie de rencontre et de durabilité obtenus entre parents et enfants ne sont pas toujours, loin s'en faut, excellents. De surcroît, les tensions que j'observe dans les thèmes s'avèrent d'autant plus vives que ces coefficients sont faibles. Autrement dit, les liens génétiques se révèlent parfaitement insuffisants pour sceller des relations harmonieuses et durables !

C'est ainsi que nombre d'entre nous peuvent se poser sérieusement la question de savoir s'ils éprouveraient un si solide attachement pour leurs parents ou leurs enfants si les liens familiaux ne les en persuadaient pas. Qui d'entre nous ne s'est pas dit, lors d'un différend l'opposant par exemple à un frère ou une sœur, ou une tante, que si aucune relation de parenté ne les liait ils ne se fréquenteraient pas ? La famille, dans certains cas, peut être ressentie comme un cadre rigide et fermé, à l'intérieur duquel ses membres sont condamnés à se supporter.

L'étude des relations astrales existant entre parents et enfants lève toute ambiguïté sur les domaines où l'entente ou le désaccord surviennent inévitablement, ainsi que sur leurs raisons véritables. Les liens qui unissent ou dans lesquels se débattent parents et enfants ne présentent aucune différence avec ceux qu'entretient un couple au sens habituel du terme, hormis le fait que les premiers ne permettent pas de se séparer, sur un coup de tête ou la constatation d'une incompatibilité insurmontable, pour refaire sa vie avec un autre compagnon.

Plusieurs approches permettent d'analyser ces situations qui n'ont en réalité rien à voir avec la pédiatrie. Pour donner une idée de la première, je citerai quelques extraits d'une consultation que me demanda un jour une dame désespérée des relations qu'elle entretenait avec son fils.

— Je comprends que vous souffriez de cette situation, madame, et je suis persuadé que vous en pâtissez tous les deux. Les relations astrales entre parents et enfants se montrent souvent plus délicates que celles qui régissent les couples, car les enfants ne choisissent pas leurs parents et ces derniers ne savent pas à l'avance comment seront leurs enfants. Il apparaît donc paradoxal de devoir éprouver forcément de l'amour pour quelqu'un que, sans l'existence de liens familiaux, l'on n'aurait jamais recherché ou que l'on aurait fui dès la première rencontre.

— Je comprends bien cela, répondit ma cliente. Alors, que puis-je faire avec mon fils ? Depuis qu'il connaît des difficultés avec sa femme, il se comporte de manière odieuse avec moi. Il m'insulte, il est devenu grossier, paresseux...

Je l'interrompis :

— Madame, ne poursuivez pas, car le problème est ailleurs !

— Ailleurs ? Mais... où ?

— Il vient de vous, madame, de vous-même...

Elle leva vers moi un regard stupéfait et peiné, où je discernai des prémices de révolte.

— Madame, ma meilleure qualité n'est pas la diplomatie, mais je pense que vous n'êtes pas venue ici pour entendre ce qui vous plairait ?

Après un instant d'hésitation, faisant visiblement un effort, elle soupira et me fit signe de continuer.

— Je vais essayer de vous expliquer une manière de percevoir les choses dont personne ne semble vouloir se soucier. Car c'est bien de perception qu'il s'agit. Si vous la comprenez, indépendamment des difficultés que vous pouvez éprouver avec votre fils ou d'autres personnes, vous aurez accompli un pas décisif vers l'amélioration de vos rapports avec vos semblables.

« Lorsque vous entretenez des relations avec une autre personne, vous ressentez un certain nombre d'émotions, d'harmonies ou de tensions. Par une sorte de réflexe, et particulièrement si vous vous sentez agressée, vous allez réagir de la façon qui est la vôtre, mais peut-être pas celle que l'on attend de votre part. De son côté, votre interlocuteur reçoit peut-être de vous une impression très différente de ce que vous croyez. Il attend de l'amour, mais il perçoit autre chose.

Je lui fis alors le commentaire de la synastrie que j'avais opérée entre son thème astral et celui de son fils :

— Il existe effectivement dans vos thèmes de naissance respectifs une double image de rupture. Chez votre fils, la Lune noire, c'est-à-dire le sacrifice, se trouve en opposition avec la Lune, qui symbolise la mère. Et chez vous, Saturne, planète des restrictions, se trouve en maison V, celle des enfants, et en opposition avec la Lune noire de votre thème. Suis-je clair ?

— Oui, très clair, je connais un peu le symbolisme des planètes.

— Alors je continue. Vous ne pouvez rien contre ces configurations planétaires, mais vous pouvez « faire avec », autrement dit vous en accommoder et essayer de les utiliser à votre avantage. Il ne s'agit pas du tout d'une quelconque fatalité. Elles signifient simplement que vous vivez en permanence dans une situation de tension qui débouche forcément sur des conflits, si vous n'y veillez pas. Il y a probablement, ici, un effort à consentir.

— Mais mon fils ne fait aucun effort !

— L'accuser ne sert à rien. Vous devez comprendre qu'il perçoit les choses autrement que vous ne l'imaginez. Se mettre à la place des autres est difficile. Ce n'est ni votre faute, ni la sienne. Les vrais responsables sont plutôt l'absence d'explications, le défaut de communication, et tout cela remonte très loin dans le temps. Contrairement à ce que vous croyez peut-être, il ne s'agit pas d'une situation conjoncturelle découlant des difficultés que vit actuellement votre fils dans sa situation matrimoniale. Est-ce que vous me suivez ?

— Un peu..., soupira ma cliente d'une toute petite voix qui amena un sourire sur mon visage, ce qui eut pour effet de détendre un peu l'atmosphère.

— Vous pensez sans doute que votre fils devrait faire un effort, par décence ou par respect pour sa mère qui n'est plus toute jeune ?

— Heu... Oui !

— Pouvez-vous concevoir maintenant que votre fils soit persuadé du contraire ? Il estime sans doute que ce sont les parents qui doivent faire « descendre » leur affection vers leurs enfants et qu'il ne revient pas à ceux-ci de la faire « monter » vers leurs parents ! Sa logique est très simple. C'est vous qui lui avez appris à aimer, n'est-ce pas ?

Ma cliente garda un moment le silence, et son regard me parut briller un instant de larmes retenues.

— Que puis-je faire ? demanda-t-elle d'une voix étranglée.

— Il n'existe pas de solution toute faite. Je ne connais pas suffisamment vos relations avec votre fils depuis sa plus tendre enfance et vous les ignorez sans doute presque autant que moi ! Ni vous ni moi ne sommes psychiatres.

— Mais ai-je besoin d'aller voir ces gens-là !

— Cela dépend de vous. Si vous décidez de tout faire pour modifier la situation rapidement, ce peut être une voie. Le psychiatre vous dira d'abord si certaines de vos tensions peuvent se réduire avec des médicaments appropriés, puis il vous enverra tous les deux en analyse.

— Ah non, alors ! D'ailleurs mon fils ne l'acceptera jamais.

— Permettez-moi de vous préciser que le mot « rapidement » n'exprime pas une durée en jours, en mois, ni même en années.

— Mais c'est terrible ! Vous voulez dire que sortir de cette situation peut prendre des années ?

— L'important n'est pas vraiment la durée, mais la décision de commencer. Aujourd'hui vous avez déjà fait un pas important, peut-être décisif. Vous vous rendrez compte par la suite que vos initiatives vous demanderont de moins en moins d'efforts.

— Pouvez-vous faire une consultation avec mon fils, intervenir pour nouer un dialogue ?

— Bien entendu, mais je ne suis pas médecin, et il faudrait qu'il prenne lui-même l'initiative de cette démarche.

— Et si j'essayais de parler différemment à mon fils ?

— Je crois que ce serait le commencement de la sagesse. Rappelez-vous toutefois que quarante ans de blocages ne peuvent se résoudre d'un seul coup.

— Pouvez-vous lire ma carte du ciel et me dire ce qu'il va m'arriver maintenant ?

— Je ne suis pas Madame Soleil ! Tout ce que je peux vous dire, c'est que vous éprouverez bientôt un très grand désir d'harmonie avec votre fils. Dans un an, Jupiter, le Grand Bénéfique, entrera dans votre maison V. Je pense qu'alors les difficultés de vos relations avec votre fils seront près d'être résolues. J'ai d'ailleurs l'impression, Jupiter se trouvant actuellement en maison IV, celle de la famille, du foyer, que vous vous êtes rapprochée de certains de vos parents ou que vous avez réalisé quelque chose dans votre maison.

— C'est exact ! J'ai décidé de sortir ma mère âgée de sa maison de retraite et de l'installer chez moi.

— N'est-ce pas là un signe de générosité, motivé par un immense besoin d'affection ?

— C'est cela.

— Eh bien, madame, vous êtes sur la bonne voie. Il suffit de faire la même chose avec votre fils et tout ira bien.

La dame versa une larme et me quitta contente.

S'il se trouve que l'un de mes lecteurs soit astrologue, qu'il veuille bien m'excuser des raccourcis techniques pris dans cette explication sommaire des cartes du ciel.

L'exemple qui précède reflète une situation qui ne devrait plus se produire si les parents comprennent qu'ils doivent s'intéresser au potentiel relationnel existant entre eux et leurs enfants. Il est vrai que ce type d'analyse réclame une objectivité bien difficile à conserver en la matière et que les enseignements qui pourraient en être tirés risquent de s'avérer souvent faussés. En particulier, l'on devra s'efforcer d'admettre que le lien affectif obligatoire qui lie le parent à son enfant ne doit pas constituer un refuge à sa propre détresse.

Il existe une deuxième approche dans la compréhension de cet amour obligatoire. Elle pose comme postulat la notion de dette karmique et suggère que l'on accepte de s'interroger sincèrement :

— Pourquoi ai-je de telles difficultés avec cet enfant irascible ?

Car, quelquefois, la venue d'un enfant qui normalement devrait représenter un événement heureux, voire une bénédiction divine, amène un véritable enfer.

La dernière chose à faire consisterait à s'imaginer que c'est la faute de l'enfant ! En réalité l'explication se révèle plus subtile et pourrait se résumer, grossièrement brossée, de la manière suivante :

— Tu as eu quelques torts vis-à-vis de tes enfants dans une vie précédente. Cet enfant-là va te fournir l'occasion de t'acquitter d'une dette. Ce n'est pas sa faute, mais la tienne. Si tu veux que l'épreuve soit supportable, aime-le autant que s'il s'agissait de toi-même !

Facile à dire ! Je reviendrai plus tard sur cette parole christique, qui appelle une sérieuse explication. La responsabilité de mettre au monde des enfants ne se limite pas à les nourrir et à les éduquer. Elle va beaucoup plus loin et interdit de les utiliser, par exemple, comme des supports à ses propres malaises.

Une troisième approche doit aussi être brièvement évoquée ici, qui considère que l'enfant, prétendu être le fruit exclusif de la rencontre d'un spermatozoïde et d'un ovule, pourrait provenir également d'ailleurs. Elle fera l'objet de développements ultérieurs et tout à fait mathématiques, car elle mérite que l'on s'y attarde longuement.

L'enfant n'est pas un simple produit biologique, il réclame une assistance tout à fait différente de celle communément admise et pratiquée. Car en réalité cet enfant est aussi un ange, une entité que la perspective de revenir sur terre emplissait de frayeur et dont le besoin d'affection se montre d'une exigence terrible. Il s'avère désormais impératif de distinguer, dans la compréhension que nous avons de l'affection parentale, et dans l'acception même de ces termes, entre celle qui est de nature génétique et celle qui découle de liens cosmiques. Les parents doivent revenir sur certaines idées jamais remises en cause, cesser de s'appuyer eux-mêmes sur leurs enfants et prendre conscience de leur mission divine : celle qui consiste à accueillir avec amour et respect l'entité qui revient, à prendre ce tout-petit dans leurs bras et le réconforter après l'effrayante épreuve que constitue le passage d'une vie précédente à l'existence présente.

À la différence de l'animal qui reçoit un petit coup de sabot ou de tête de sa mère, se dresse sur ses pattes et essaie ses premiers pas, le petit d'homme doit être constamment rassuré. Il crie parce qu'il a peur. Il pleure parce que sa mémoire cosmique sait qu'il commence un purgatoire, même si elle ne discerne pas toujours s'il arrive dans une vie future ou passée. Dans les deux cas, il a toutes les raisons de ressentir une terrible angoisse. Telle devrait être la réflexion de celui qui regarde un nouveau-né. Son cri est un cri d'épouvante. Il supplie qu'on l'aide. Le petit d'homme n'est pas un animal.

Une référence à la Bible me servira de conclusion provisoire. On y lit en effet que les humains reçurent l'injonction divine de se reproduire et se multiplier. Cette objurgation n'étant autre que le besoin fondamental de l'homme, pourquoi devait-elle se trouver répétée dans un livre saint ? Je me suis longtemps posé la question, jusqu'au jour où j'ai vu poindre une explication qui m'a paru très logique.

La Bible est un livre de prophéties. Elle s'adresse au passé, au présent et au futur, et explique la périodicité des phénomènes. En demandant aux hommes et aux femmes de se reproduire, elle les supplie de ne pas faire attendre les anges qui doivent revenir sur terre.

Certains n'apprécieront guère cette interprétation, car elle pourrait signifier que la surpopulation oblige à une autre répartition des richesses... On pourrait leur rétorquer que le danger vient du ciel, car en contraignant les anges à se battre pour trouver une place en bas, ils pourraient bien revenir un peu aigris !

Le concept de la séparation de la mémoire cosmique et de la mémoire génétique permettra aussi de mieux comprendre le délicat problème de l'avortement. Avant d'entrer sérieusement dans le débat, je propose la piste de réflexion suivante : le mal se révèle peut-être plus grand de retarder le retour sur terre de la masse d'esprit que de supprimer un embryon.

En cette fin de millénaire inquiétante et riche en prédictions catastrophiques, l'envie de se reproduire se fait moins vive. Et pourtant... C'est ainsi que l'homme retrouverait son implication collective naturelle au lieu de se confiner dans un individualisme qui le mène à sa fin.

☆
☆ ☆
☆☆

L'on ne saurait clore ces considérations sur l'amour familial, nécessaire et obligatoire, sans évoquer celui qui unit les frères et les sœurs. Les liens de sang représentent parfois un réel fardeau, que l'étude des synastries explique parfaitement.

Il est vrai qu'une bonne éducation constitue la meilleure façon de se sortir des pires situations conflictuelles. Il n'en arrive pas moins que la patience et la bonne volonté soient mises à tellement rude épreuve que, toute courtoisie renvoyée au placard, l'on décerne à chacun l'épithète qu'il mérite et qui ne vous sera pas pardonnée de sitôt. Il plane parfois, sur les réunions de famille, de redoutables non-dits. Je citerai à cet effet un bon mot qui s'adresse à toux ceux qui prétendent merveilleusement s'entendre au sein de leur grande famille :

— Avez-vous hérité ?

★
★ ★
★★

CHAPITRE 7

LE PARTENAIRE QUI VIENT D'OUTRE-TEMPS

Lorsqu'un être se sent seul, mal aimé, meurtri, et qu'il lui semble toucher le fond du désespoir, une dernière branche se tend encore vers lui pour le sauver de la noyade : la recherche de soi-même. En vérité, n'est-ce pas par là que l'on devrait commencer ?

Depuis la plus haute antiquité, des philosophies admirables ont vu dans la connaissance de soi-même la réponse aux questions fondamentales de l'homme, et nombreux sont ceux, parmi nous, qui possèdent leur point de vue à ce sujet, même si tous n'ont pas lu Pythagore ou Platon. Il n'en demeure pas moins cette constatation décevante, surtout pour tous ceux qui attendent une recette les remettant automatiquement dans la voie : les conseils sont surtout excellents pour les autres. Lorsqu'il s'agit d'en faire soi-même l'application, l'affaire n'apparaît plus si simple. Qu'il est dur de chercher, au sein de sa médiocrité, l'empreinte divine cachée en soi !

Pourtant, chaque être humain possède son ange gardien, dont il a parfois une vague conscience, lorsqu'il ne s'en prétend pas complètement abandonné. Je voudrais expliquer au lecteur ce que peut signifier pour lui la présence de cet ange. S'il fait l'effort d'admettre les quelques démonstrations qui suivent, il comprendra qu'il est possible de calculer exactement quelle position il occupe dans son ciel de naissance et de trouver en lui un partenaire astral céleste, aussi utile, sinon plus, qu'un compagnon terrestre.

La méthode qui permet de réaliser cette recherche possède de très vastes implications. Au début de cet ouvrage, j'ai déclaré que la seule pratique de l'astrologie qui méritait une considération véritable consistait en la comparaison de thèmes, car il faut un support pour avancer, un point d'appui, comme disait Archimède.

En effet, si le thème composite correspond à la représentation d'un ciel fictif entre deux personnes, il en existe un autre, bien réel et qui consiste dans le calcul de la carte du ciel de la naissance précédente.

Mon étude systématique de l'œuvre de Nostradamus m'a progressivement amené à cette découverte, car le célèbre astrologue énonce clairement que les événements du monde peuvent se lire dans le ciel, non pas en direct par les aspects des transits planétaires du jour, mais par référence à des cartes du ciel, notamment à la sienne ! Lorsque cette affirmation aura été vérifiée par une pratique suffisante et que les statistiques en démontreront l'exactitude, on comprendra que le déterminisme de l'homme est fondamentalement astral et pas du tout darwinien.

☆
☆ ☆
☆☆

Dans ce monde qui se termine, l'homme manifeste un incoercible désir de compresser le temps, et cela avec une opiniâtreté grandissante. Tout doit aller de plus en plus vite, de plus en plus loin... comme si l'on était pressé d'en terminer.

Mais que faut-il encore accélérer ? La vélocité des avions, des microprocesseurs, des images, de l'information ? L'humanité ressemble de plus en plus à un troupeau de bisons qui fonce aveuglément à travers une grande prairie. Soudain apparaît devant lui le Grand Canyon. Il le sait, et pourtant il poursuit sa charge frénétique, comme s'il voulait défoncer un mur. En réalité, le mur c'est le gouffre, et il s'écrase en masse deux mille mètres plus bas.

Cette soif inextinguible de devancer le temps est un signe inéluctable de déchéance et de fin des mondes. En physique relativiste, la compression du temps correspond à celle de l'énergie... c'est-à-dire au trou noir ! Car il faut vraiment que chacun se pose la question : où courons-nous ? Je ne pense pas être vraiment prétentieux en répondant :

— Pas dans la bonne direction !

Mais de quel côté s'orienter quand les valeurs spirituelles s'effritent au profit des fanatismes aveugles ?

En poursuivant mes travaux de décryptage de l'œuvre de Nostradamus, j'ai conscience d'avoir peut-être découvert une vérité nouvelle, qui aurait l'énorme avantage d'être éminemment religieuse sans être du tout dogmatique.

Contrairement aux apparences, cette affirmation ne constitue nullement un contresens, si l'on veut bien partir du postulat que notre mémoire génétique est totalement dissociée de notre mémoire cosmique.

☆
☆ ☆
☆☆

Voici environ vingt milliards d'années, une cellule vivante apparut sur la planète Terre. Comme elle se sentait seule, car toute entité isolée est un être perdu, elle décida de se dédoubler pour former une sorte d'*alter ego.* Cette cellule sœur fit de même, car elle portait en elle l'envie de se reproduire. La génération spontanée n'a jamais été démontrée comme étant une loi de la nature et, en ces temps que l'esprit a de la peine à concevoir, la fécondation *in vitro* n'avait pas été découverte. En revanche, une information voyageait à travers le cosmos, et cette cellule possédait une mémoire cosmique, autrement dit une information d'ADN sans laquelle elle serait restée un produit inerte, voué à la putréfaction. Les cellules ont poursuivi leur travail de fourmi et, après une période de construction génétique dont on peut difficilement évaluer la durée, elles virent enfin émerger l'homme et la femme.

Cette vision des choses me fut inspirée en particulier par l'observation des très longues périodicités qui caractérisent les révolutions des planètes. Par un merveilleux hasard, j'ai en effet découvert que les rétrogradations de Pluton et d'Uranus décrivaient une courbe en forme d'hélicoïde torique, identique à celle de l'ADN[1].

En effet, la spirale de l'ADN régit le mouvement hélicoïdal à l'intérieur de l'œuf cosmique, c'est-à-dire du cosmos. L'Apocalypse selon saint Jean ne dit pas autre chose, dans laquelle l'Agneau déclare : « Si tu ne te repens, j'ôterai un rang de ton candélabre ! » À mon sens, ce candélabre mystique n'est pas du tout un chandelier à sept branches, mais bien plutôt l'arbre d'esprit de chaque être humain qui avance ou recule dans le temps selon qu'il est, ou non, jugé bon devant Dieu, les anges, ou tout simplement devant les lois de la nature. La croyance en Dieu n'est pas nécessaire pour accepter de s'engager dans cette voie de réflexion.

Entre autres écrits, d'autres paroles de l'Agneau nous incitent à aller plus loin : « Voici que mon retour est proche, et j'apporte avec moi le salaire que je vais payer à chacun en proportion de mon travail. Je suis l'Alpha et l'Oméga, le Premier et le Dernier, le Principe et la Fin. »

Ces termes ne peuvent, à mon avis, signifier qu'une chose : que nous sommes tous contenus dans une immense sphère, ou plutôt un œuf gigantesque.

Quelques courbes feront mieux comprendre ce phénomène, le postulat étant posé que l'esprit terrestre se mesure dans un espace fini

1. *Ainsi parlait Nostradamus,* éditions du Rocher, 1995.

lors de sa présence sur terre, tandis que l'esprit cosmique s'appréhende dans un espace circulaire.

La première de ces courbes est de la forme $y = e^x$, une fonction exponentielle croissante dans le repère suivant :

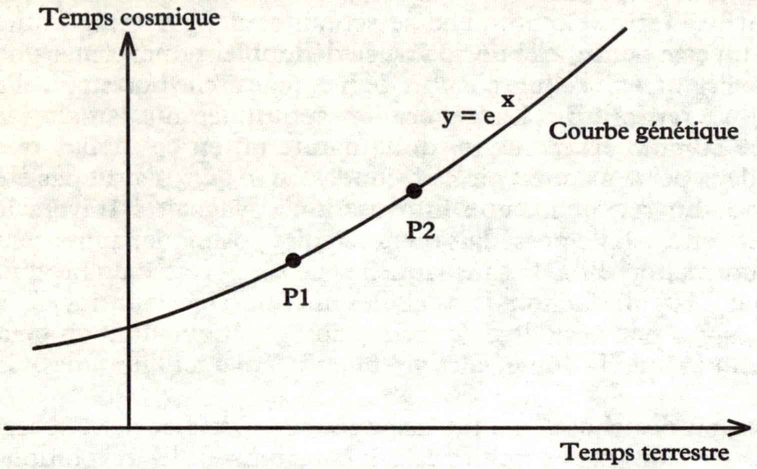

Le point de départ de cette courbe est donné par la cellule mononucléique, à l'origine de l'aventure de la vie. Nous figurons actuellement quelque part sur un point P1 et, dans quelques milliards d'années, nous serons probablement sur un point P2.

La seconde de ces courbes est de la forme $y = e^{-x}$, autrement dit une fonction exponentielle décroissante :

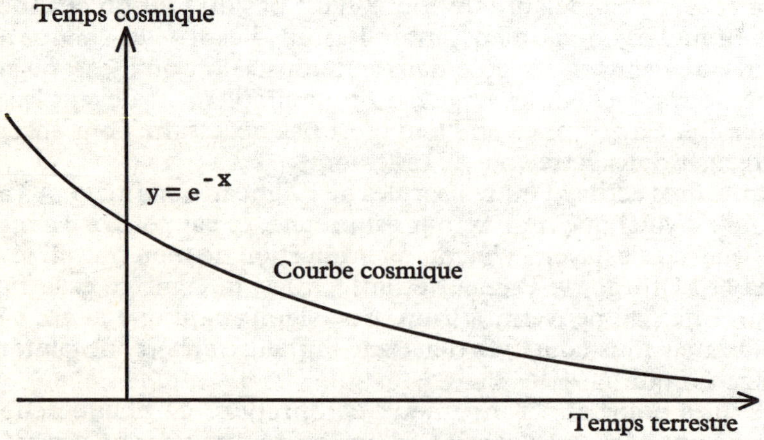

Au début de cette courbe se trouve la mémoire cosmique. Admettons qu'elle prenne son origine en un point quelconque de notre univers sphérique.

Avant toute analyse des fonctions mathématiques, il faut poser comme condition introductive ses limites d'application, par exemple ± l'infini ou $\pm 2k\pi$. Ici, je me contenterai de poser $\pm 2k\pi$, parce que dans un œuf l'infini n'existe pas... à moins que l'on ne brise sa coquille, ce qui n'est pas encore à la portée de notre compréhension.

Tout en restant dans un repère galiléen, regardons maintenant ce qui se passe lorsque les deux courbes précédentes se croisent.

Auparavant, nous admettrons un second postulat en considérant que la fonction génétique est croissante parce que, de masse, elle devient énergie, selon la formule d'Einstein $E = mc^2$, tandis que la fonction cosmique est décroissante parce que, d'énergie, elle devient masse.

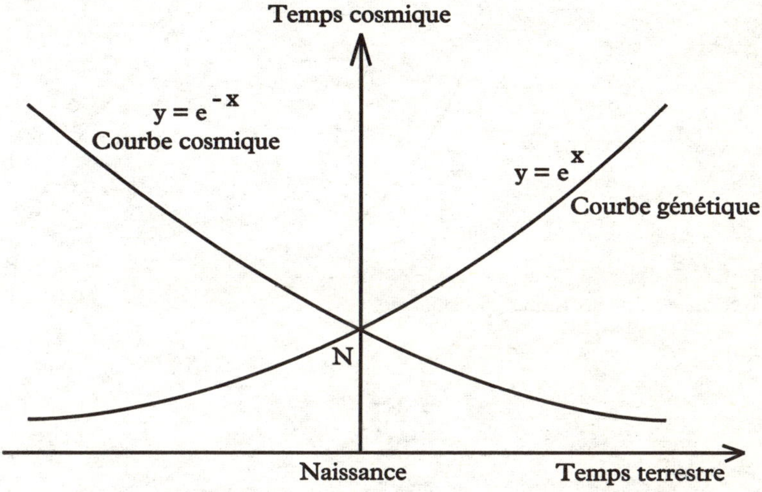

La somme des deux courbes ci-dessus correspond en mathématiques à un cosinus hyperbolique :

$y = (e^x + e^{-x})/2$

que nous écrirons pour simplifier y = ch x

Je déclare, jusqu'à démonstration du contraire, que cette fonction représente l'équation mécanique universelle de l'arbre d'esprit décrit dans l'Apocalypse de saint Jean. Elle présente au moins deux particularités. La première réside dans le fait qu'elle est la seule fonction mathématique dont les dérivées et les primitives soient identiques :

$y' = e^x - e^{-x}$ = sh x (sinus hyperbolique)

$Y = e^x - e^{-x}$ = sh x (sinus hyperbolique).

La seconde particularité consiste en ce que cette fonction s'avère être également celle de la corde (équation de la chaînette) et le moins que l'on puisse dire, c'est que nous sommes pendus au ciel par une corde ! On appelle aussi cette fonction la *brachistochrone.*

Pour mieux comprendre son principe, sans pour autant entrer dans une démonstration figurant dans tous les manuels de mécanique, voici un petit divertissement qui permettra au lecteur d'en faire une utilisation pratique.

Supposons que vous ayez chaussé des skis et que vous vous trouviez sur une piste alors que s'ouvrent en face de vous trois pentes de courbure différente : laquelle vous offrira le moyen le plus rapide d'arriver dans la vallée ?

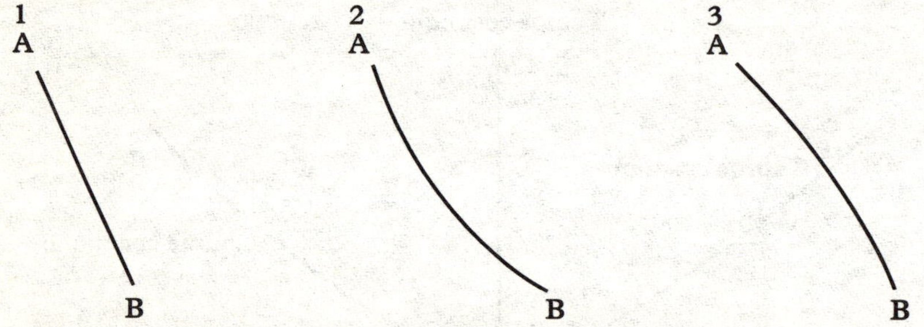

Réponse : 2 = cosinus hyperbolique.

☆
☆ ☆
☆☆

Les fonctions exponentielles des mémoires cosmique et génétique doivent être considérées comme des résultantes de forces de mêmes unités qui dépendent du temps. L'une comme l'autre font partie d'une hélicoïde torique de forme identique à celle de l'ADN. Je dirais même plus : elles sont l'origine de ce même ADN. Je m'explique : chaque point d'inflexion du cosinus hyperbolique précédent est relié à un autre point. L'ensemble de ces points décrit une spirale, selon la fonction dessinée quelques pages plus loin.

Ces points ayant été définis comme se trouvant à l'intérieur d'un œuf, nous admettrons qu'ils sont reliés au départ comme à l'arrivée. Les représentations proposées ici ne correspondent qu'à des fragments du système.

Un dessin un peu plus imagé permettra de se faire une idée assez précise de ces mécanismes. Les extrémités du cosinus hyperbolique sont semblables à des entonnoirs. À gauche s'introduit la mémoire cosmique, comparable à des grains de sable s'accumulant dans un conduit. Ces particules viennent du fin fond de l'univers et entrent dans notre système solaire selon une trajectoire balistique. La porte d'entrée à laquelle elles se présentent est Pluton, car au-delà de cette planète il n'est pour l'instant pas prouvé que le champ gravitationnel du Soleil exerce un quelconque effet. À droite, la porte de sortie est la corde d'argent...

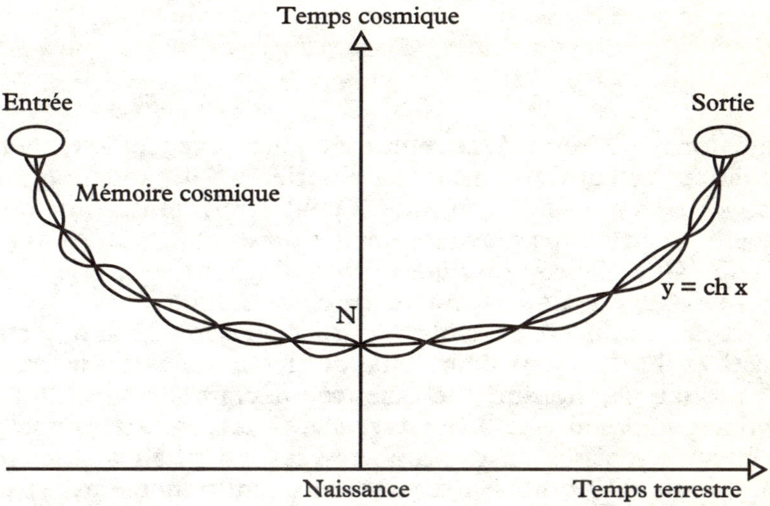

S'il fallait établir une analogie entre cette « porte d'entrée » et les sephiroth de la Kabbale, je nommerais Pluton « le Royaume », c'est-à-dire le passage obligatoire par les racines de l'arbre de vie. Mais Pluton est aussi la porte de sortie de l'esprit sur l'autre branche du cosinus hyperbolique... Laissons donc aux spécialistes des travaux initiatiques le soin de tracer des triangles à la pointe dirigée vers le bas ou orientée vers le haut pour arriver à la lumière éternelle... Je souhaite pour ma part employer un langage accessible à tous.

Nostradamus mentionne clairement, dans sa *Lettre à César,* que l'homme comprendra bientôt sa divine essence. Je ne vois actuellement pas d'autre représentation aussi clairement mathématique. Après avoir compris au fil de son œuvre que Pluton représente l'Esprit-Saint, il faut concevoir qu'il exerce une attraction sur des particules venant d'autres étoiles. Comme son champ gravitationnel n'est pas encore mesurable, il faut le supposer au nombre des conditions introductives.

Ainsi Pluton constituerait une porte d'entrée à partir de laquelle s'opérerait la matérialisation de l'Esprit venu de distances abyssales selon une périodicité de 248 ans, durée moyenne de sa révolution autour de notre Soleil. En sens inverse, Pluton représente la porte de sortie de l'esprit des morts qui commence son voyage vers les profondeurs de l'univers. Les initiés aux mystères de l'Égypte auront sans doute établi un rapprochement avec la traversée du Nil qui fait suite à la mort. À partir de Pluton, une fois sorti du champ gravitationnel du Soleil, l'esprit est libre de prendre sa pleine puissance et, selon la formule $E = mc^2$, il connaît une accélération si vertigineuse que l'énergie qu'il dégage le fait devenir une étoile.

☆
☆ ☆
☆☆

Signalons, parvenu à ce point de mon exposé, que celui-ci conduira au calcul du point astral antérieur. S'il patiente quelques minutes, le lecteur s'en offusquera peut-être moins. Tant que les particules, les champs gravitationnels situés autour de Pluton et le poids de l'âme n'auront pas été évalués, l'hypothèse que je soumets ici à sa réflexion ne pourra trouver de confirmation.

En revanche, il est possible de procéder sans délai à certaines mesures et il serait souhaitable que des laboratoires s'y intéressent.

Nostradamus, homme de science, déclare donc qu'un jour l'homme comprendra sa divine essence. Il ne s'agit pas d'une parabole souvent reprise par les prophètes, les visionnaires et les philosophes, mais d'une notion mesurable scientifiquement. Et si elle peut faire l'objet d'évaluation, la divine essence ne peut être dogmatique.

La mesure du poids de l'âme ne devrait pas poser de difficultés insurmontables. Il suffit de placer une femme sur le point d'accoucher dans un milieu adiabatique — c'est-à-dire un système fermé sans aucun échange de chaleur — et de la peser avec son enfant AVANT et APRÈS le premier cri de celui-ci. Je suis persuadé que le poids de la mère + placenta + enfant + éléments organiques issus de l'accouchement, y compris la transpiration, est supérieur APRÈS ! Ce poids différentiel obtenu (qui est celui de l'âme) devrait se révéler invariable chez chaque individu et représenter une constante universelle nouvelle.

Dans le même esprit, les mourants seront trouvés plus légers (air expiré mis à part) du même poids.

À titre d'exemple, une masse d'un milligramme peut dégager une énergie de 10 puissance 11 joules ! Les scientifiques pourraient réfuter ce calcul en arguant de ce que, selon Einstein, lorsque la vitesse augmente, la masse diminue et tend vers zéro. Je leur répondrai que si l'on sort du système galiléen la masse de l'esprit ne connaît plus de limites, car sa vitesse dépasse celle de la lumière.

Jusqu'à plus ample contradiction, j'affirme donc qu'à chaque fois qu'un être humain quitte ce monde une étoile naît dans les cieux et qu'inversement, à chaque fois qu'une étoile se meurt, un être humain vient au monde. Car, selon la Table d'Émeraude, « tout ce qui est en bas est comme ce qui est en haut et tout ce qui est en haut est comme ce qui est en bas ».

Cette intime conviction n'est pas une simple vue de l'esprit. Parallèlement à la rédaction de cet ouvrage, je poursuis ma tâche de décryptage des *Centuries* de Nostradamus et je dois avouer que des lumières m'apparaissent de temps en temps... Elles viennent forcément d'ailleurs !

Les astrophysiciens savent que, du plus profond de l'univers, d'innombrables rayons gamma arrivent en permanence jusqu'à nous. Ils correspondent à une gigantesque énergie dont l'origine échappe à notre entendement. Pour moi, ces rayonnements ne sont rien d'autre que des masses de mémoires cosmiques mues à la vitesse de l'esprit, les monades de Leibniz, mais aussi celles des astrologues arabes qui les décrivaient dans les calculs de leurs célèbres parts.

La différence qui sépare l'astrophysique et l'astrosophie se constate ici encore. La première cherche ses limites, tandis que la seconde sait que le point ultime est le retour vers soi après une certaine périodicité.

Car le futur a déjà existé. Les prophètes sont là pour en témoigner et rappeler à l'homme qu'il peut agir sur les temps à venir, au moins partiellement, par l'exercice de son libre arbitre.

☆

☆ ☆

☆☆

Essayons d'illustrer ce phénomène au moyen d'un graphique. La fonction qui relie chaque naissance se répète inlassablement, selon le schéma suivant :

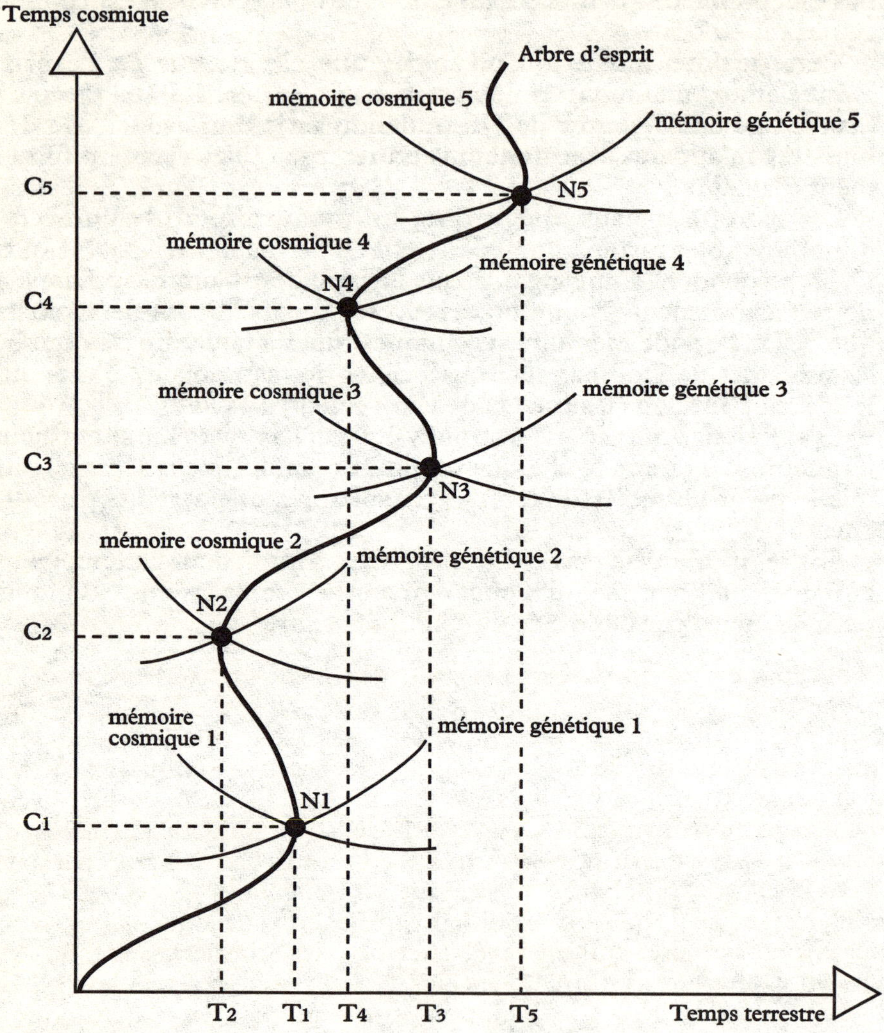

Le concept d'aller-retour innombrables dans le futur ne relève, à mon avis, pas du tout de la science-fiction. Il peut même trouver une explication très simple.

L'homme, tel que nous le connaissons, se montre pratiquement incapable de créer s'il ne reçoit des informations du futur. L'obscurantisme dans lequel il s'est trouvé plongé pendant plus de mille ans en Europe le démontre suffisamment. Pendant toute cette période, trop peu d'anges sont revenus du futur pour lui expliquer le chemin. Le lecteur de mon ouvrage précédent[1] se souviendra ici de mes calculs portant sur le nombre de rétrogradations de planètes correspondant aux visites d'anges répertoriées au Vatican.

Par conséquent, tous les prophètes, d'Abraham à Moïse, de Daniel à Jésus, de Mahomet à Nostradamus, sont revenus du futur pour essayer de faire comprendre aux hommes ce qu'il fallait faire et s'abstenir de faire. Ils n'ont que partiellement réussi. Leur dessein ne sera réalisé que lorsque des prophéties correctement décryptées ne se réaliseront pas. Dans le cas contraire, quel aurait été l'intérêt d'écrire des livres saints s'ils ne préviennent les hommes de calamités qu'ils peuvent éviter ?

Dans un registre moins spectaculaire et beaucoup plus près de nous, rappelons qu'il a existé et que se trouvent toujours dans le monde des visionnaires qui ne sont rien d'autre que des mémoires revenues du futur. À cet effet, Léonard de Vinci, Jules Verne et H.J. Wells, par exemple, disposaient de telles mémoires, décrivant avec précision des machines et réalisations qui ne virent le jour qu'au XXe siècle.

Il faut aussi se souvenir que les grandes découvertes interviennent toujours à peu près au même moment. Le mérite véritable de leurs auteurs consiste dans le fait de les avoir « vues » avant leurs concitoyens.

L'optique qui s'impose désormais à moi présente donc un caractère assez effrayant :

« Si tu ne te repens, j'ôterai un rang de ton candélabre... »

Le candélabre étant l'arbre d'esprit, la suppression d'un rang signifie en conséquence le retour dans le passé... vers les camps de concentration ou les guillotines de la Terreur. Selon que l'être humain est jugé bon par Dieu ou devant les lois de la nature, il se dirige vers le futur ; dans le cas contraire, il recule dans l'échelle du temps. Le dessin de la courbe présentée plus haut, formé par les points N1, N2, N3, N4, N5... évoque les naissances successives.

Ce n'est pas un hasard si l'on considère, en astrologie, la position des Nœuds lunaires comme révélatrice des vies antérieures et futures. Or, contrairement aux planètes, les Nœuds lunaires reculent ! Le Nœud Sud détient des informations sur le point d'où nous venons, tandis que le Nœud Nord désigne celui vers lequel nous nous dirigeons.

Là se pose la question cruciale de savoir comment retrouver le point astral antérieur qui nous permettra d'étudier les synastries

---

1. *Ainsi parlait Nostradamus, op. cit.*

formées avec notre thème natal et notre ciel quotidien. Car si certains événements du monde peuvent se calculer sur les cartes du ciel de Nostradamus, pourquoi ne calculerais-je pas de la même manière mon avenir personnel ? Par voie de conséquence, chacun devrait pouvoir en faire autant.

À ce propos, rappelons le célèbre quatrain de Nostradamus qui annonça la mort du roi Henri II au cours d'un tournoi et à la suite duquel le mage de Provence fut nommé astrologue auprès des rois de France :

> Le lyon jeune le vieux surmontera.
> En champ bellique par singulier duelle :
> Dans cage d'or les yeulx luy crevera
> Deux classes une puis mourir mort cruele
>
> Centurie I
> Quatrain 35,

dont la traduction astrologique est la suivante :

Vers 1 :
— Le lyon jeune = Mercure (planète de la jeunesse) qui ne se trouve pas encore dans le signe du Lion.
— Le vieux = Saturne.
— Surmontera = à cheval = conjonction.
L'instruction de calculs est : Mercure conjoint Saturne natal de Nostradamus.

Vers 2 :
— En champ bellique = signe du Bélier.
— Par singulier = seul.
— Duelle = axe de deux « planètes », c'est-à-dire les Nœuds lunaires.
L'instruction de calculs est : Nœud Nord seul dans le Bélier.

Vers 3 :
— Cage = maison XII (la prison) de Nostradamus.
— Or = Pluton, l'Esprit-Saint.
— Les yeux crevés = la Lune noire.
L'instruction de calculs est : conjonction Pluton - Lune noire en maison XII de Nostradamus.

Vers 4 :
— Deux classes = deux planètes.
— Une = qui reviennent.
— Mourir mort cruelle : qui ne rétrogradent plus. Car il n'est rien de plus cruel pour une planète que de ne pouvoir parler !

L'instruction de calculs est : deux planètes ne sont soudain plus rétrogrades.

J'ai donc entré ces quatre instructions dans mon logiciel et ai balayé le ciel sur des centaines de milliers de jours depuis l'an 1554, année du début de l'écriture des célèbres *Centuries*... Résultat : la seule date qui corresponde à ces paramètres est le 10 juillet 1559, date de la mort d'Henri II à la suite de la blessure reçue lors de ce tournoi mortel. L'exclamation que j'ai poussée s'est répercutée dans mon ouvrage précédent[1] et elle se ressent encore dans les présentes lignes, car le résultat se révèle magique !

Dans de nombreux quatrains, dans sa *Lettre à César* et l'*Épître à Henri II,* Nostradamus fait à plusieurs reprises allusion aux comparaisons de thèmes. Je n'entrerai pas ici dans les détails, afin ne pas dévoiler les secrets de mon prochain ouvrage sur Nostradamus, mais j'affirme sans l'ombre d'une hésitation que la position des astres permettra de découvrir des vérités jusqu'à présent inimaginables, et qui se révéleront utiles à chacun d'entre nous dans sa vie quotidienne.

Ces vérités étaient connues des grandes civilisations, des Égyptiens aux Incas, mais elles ont déplu à d'autres, qui sont venus les détruire avec leurs dogmes de mort. Je me contenterai de rappeler la déclaration du grand maître Nostradamus : un jour, l'homme comprendra sa « divine essence ». Pour moi, aucun doute ne subsiste : cette expression désigne la séparation des mémoires génétique et cosmique. Elle se calcule par la masse de l'âme.

Amis lecteurs, si certains d'entre vous restent profondément dubitatifs, laissez-moi leur proposer une variante du théorème d'Archimède : « Tout être humain plongé dans un monde subit une force verticale dirigée de haut en bas correspondant à la masse de ses préjugés et l'écrasant au sol ! »

Nostradamus écrit dans l'*Épître à Henri II* qu'Abraham fut le premier souverain astrologue, et il établit ensuite la liste de tous les prophètes bibliques qui lui succédèrent en leur accordant le même qualificatif. Il convient donc de regarder le ciel et d'essayer de comprendre ces signes mystérieux qui dansent toutes les nuits un lent menuet dans le champ des étoiles. Lors de son sermon sur le prophète Amos de l'Ancien Testament, Nostradamus cite Aristote en ces termes :

Quod de futuris non est determinata omnino veritas : Il n'est pas possible de déterminer toutes les vérités du futur.

Nostradamus explique aussi que l'homme peut modifier les propositions des prophéties de la Bible, du Coran ou des siennes, en prenant garde de les comprendre dans un sens humain et divin et non pas dogmatique et obscurantiste.

1. *Ainsi parlait Nostradamus, op. cit.*

Pour en terminer avec ces rappels, précisons que le grand astrologue cite Plutarque et conseille de lire la *Vie des hommes illustres.* Or il faut savoir que Plutarque ne fut redécouvert par Jacques Amyot, évêque d'Auxerre, que plusieurs années après la rédaction des *Centuries.* Nostradamus possédait une connaissance approfondie des livres anciens et il nous fait ainsi comprendre que de nombreux secrets y sont encore cachés.

☆
☆ ☆
☆☆

Reprenons maintenant l'étude des synastries avec un point astral antérieur, et expliquons les liens parallèles existant entre le déterminisme astral et le déterminisme humain.

Dans *Ainsi parlait Nostradamus,* j'ai expliqué que la datation des événements survenus dans le monde dépendait de points astraux « déclencheurs ». Nostradamus le démontre dans un quatrain annonçant l'exécution du roi Louis XVI, le 21 janvier 1793. D'un point de vue historique, déclarer que cette mort se trouvait inscrite en puissance dans les faits du 14 juillet 1789 constitue un pléonasme. Sur le plan astrologique, les calculs donnent un résultat confondant : il suffit d'établir la synastrie entre ces deux dates pour constater l'existence de cinq conjonctions de la Lune noire (rupture, sacrifice), dont deux avec Vénus (celle du 14 juillet 1789 conjointe à la Lune noire du 21 janvier 1793 et celle du 21 janvier 1793 conjointe à la Lune noire du 14 juillet 1789).

De ces points astraux découlent une série d'événements que nous connaissons bien, des guerres napoléoniennes à nos jours. L'on pourrait procéder à une longue énumération, car la chaîne se révèle ininterrompue, tout est lié ! L'avenir démontrera que les dettes karmiques de la Révolution française et sa Terreur ne sont pas encore totalement liquidées...

Si la prise de la Bastille avait eu lieu un jour autre que le 14 juillet, Louis XVI ne serait probablement pas mort le 21 janvier 1793. Mais les astrologues n'auraient pu prédire sa mort car, sur son ciel natal, les transits du jour de son exécution n'indiquent rien de tel :

— conjonction Nœud Nord - Ascendant (ce qui constitue, en principe, un indice de bonne santé et de remise en forme !) ;

— conjonction Vénus-Uranus (qui peut signifier une rencontre amoureuse) ;

— opposition Mars-Jupiter (qui se produit environ une fois tous les deux ans et qui, prise séparément, ne veut strictement rien dire).

Quant à la synastrie du 14 juillet 1789 sur le thème natal de Louis XVI, elle ne montre qu'une vague conjonction Lune noire-Uranus.

Pour que l'astrologie événementielle soit fiable, il faut donc d'abord découvrir les points « déclencheurs » antérieurs. Pourtant, si une relation de cause à effet sous-tend l'enchaînement des événements, un tel lien existe aussi au niveau des mouvements planétaires. Je considère en conséquence que deux chemins nous mènent à notre destinée : notre voie propre et celle que trace la position des astres. Adressons ici une sévère réprimande à l'homme : alors que les astres suivent un mouvement parfaitement ordonné et mathématiquement exact, l'homme s'évertue à faire tout le contraire, ce qui ne contribue pas à le rendre plus charmant.

☆
☆ ☆
☆☆

Apportons un rapide complément à ce qui précède en nous tournant à nouveau vers les livres de sagesse. « Œil pour œil, dent pour dent », énonce la loi du talion. Celle-ci représentait en son temps un progrès : elle évitait ainsi les représailles hors de proportion avec l'offense ou le dommage. Le Nouveau Testament, quant à lui, enjoint à celui qui a reçu une gifle sur la joue droite de tendre ensuite la joue gauche... et d'aimer son prochain comme soi-même. Cette prescription christique peut s'expliquer d'une manière légèrement différente, sans être contradictoire :

Aime ton prochain, car si tu lui fais du mal tu pourrais retourner dans le passé et revenir à sa place...

S'il te frappe sur l'autre joue, c'est lui qui se réincarnera en toi et qui subira toutes les conséquences de ses gifles...

☆
☆ ☆
☆☆

Faute de disposer de statistiques en nombre suffisant sur les phénomènes de réincarnation, je me bornerai à citer un exemple intéressant : une de mes amies est persuadée d'être la réincarnation d'une princesse dont l'histoire a conservé le souvenir. Insensible aux quolibets du style « pourquoi se sent-on toujours la réincarnation d'un grand homme et pas d'un éboueur ? », elle persiste et signe. Ayant effectué une synastrie entre le thème de cette amie et celui de la princesse, j'ai alors fait une étonnante constatation : tous les événements favorables de sa vie correspondaient aux transits de Jupiter sur le thème de la princesse et tous les mauvais à ceux de Saturne ! Bornons-nous à reconnaître qu'il y a là quelque chose d'étrange.

Observons toutefois l'arbre de vie de notre princesse :

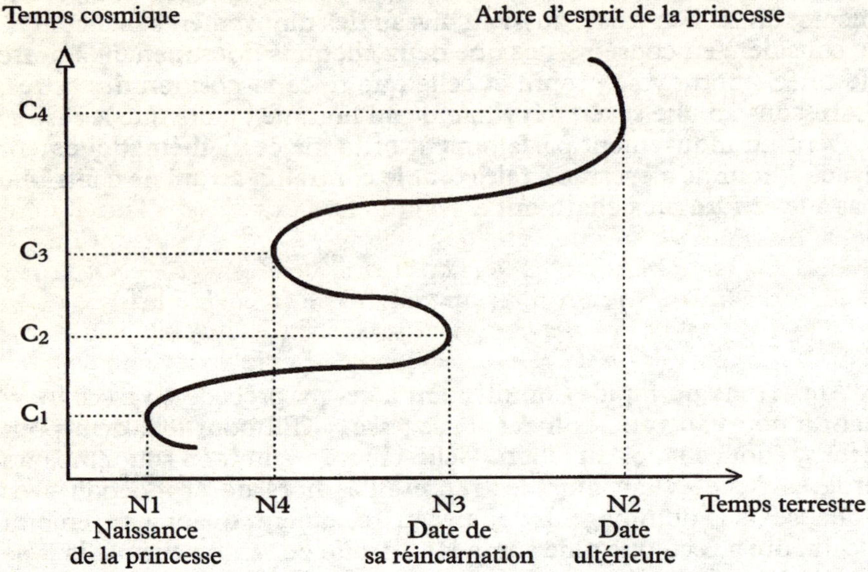

Il n'est pas dit que la princesse ait été envoyée directement du point N1 au point N2. L'amie qui se sent un lien privilégié avec elle a constaté d'autres faits antérieurs (ou postérieurs !) ne concernant pas la princesse. Autrement dit, les mémoires communiquent entre elles sur l'arbre d'esprit. Seule leur échelle de temps diffère de la nôtre. Dans certains de ses écrits, Nostradamus nous explique que nos souffrances sont les punitions que Dieu nous inflige lorsque nous n'avons pas respecté nos semblables et la rétribution que nous recevons de la nature après en avoir enfreint les lois.

Il est à mon humble avis grand temps de comprendre ceci, qu'aucune religion ne nous a jamais expliqué de cette manière.

L'histoire de cette princesse est emplie de tant de souffrance que j'affirme qu'elle a payé l'intégralité de ses dettes antérieures et a été envoyée directement dans le futur. Ce futur est soit le point N2, soit le point N4 (ou toute une série de points intermédiaires avant le point N2), soit encore le point N3. Car cette amie, née en N2, n'a pas le souvenir de ce qui s'est passé entre la princesse et elle. En revanche, elle possède quelques dons de vision et de perception des choses qui laissent supposer qu'elle revient du point N3.

Je laisse maintenant au lecteur et aux astrosophes à venir le soin de vérifier et développer cette hypothèse.

Car le temps revient et tout notre univers est confiné dans un œuf gigantesque. À l'intérieur se trouve le monde de la Connaissance ; à l'extérieur, nous ne sommes pas autorisés à le savoir... et tout est possible.

☆
☆ ☆
☆☆

Pour moi, une carte du ciel est comme un miroir sans tain dont la glace présente de surcroît quelques fêlures. Il constitue souvent un leurre, car chacun espère y découvrir une belle image de soi et n'y rencontre souvent qu'un mauvais reflet. Les lignes de brisure de la glace représentent ces malheureux aspects du ciel de naissance qui font poser tant de questions. En réalité, ils ne signalent que quelques traits de caractère et des propositions de comportement. Au-delà, il est difficile de voir se dessiner un futur exact. C'est pourquoi l'astrologie possède cette connotation de charlatanisme : elle ne « marche » pas à tous les coups. Il est donc impératif de trouver d'autres points-clés dans un thème.

En fin de compte, c'est le principe de la synastrie qui m'a fait découvrir au moins l'un de ces points : le *point astral antérieur.* En effet, un ciel n'est composé que de 24 points (12 planètes, y compris la Lune noire et le Nœud Nord, et 12 cuspides de maisons). Il en reste encore 336 à découvrir avant d'obtenir la quadrature du cercle.

★
★ ★
★★

CHAPITRE 8

LE POINT ASTRAL ANTÉRIEUR

Étant désormais en mesure de trouver un partenaire astral sur terre et de concevoir d'où nous venons et où nous allons, il nous reste à répondre à la question qui nous hante tous : QUAND ?

L'astrologie est dominée par un phénomène indiscutable : l'influence déterminante de la Lune, qui s'exerce sur tous les mécanismes de la Terre. Elle régit notamment les marées, la croissance des végétaux ou encore le cycle de la femme. Nous ne connaissons encore qu'une faible partie des interactions de notre satellite avec notre environnement et notre univers intérieur, encore que nous admettions maintenant que le psychisme humain est fortement lié aux phases de l'astre des nuits, et cela souvent de manière empirique.

La meilleure réponse que j'aie reçue m'est venue d'un agriculteur breton qui ne croyait pas du tout en l'étude des astres et qui me déclara : « La seule chose que je sais, c'est que mes vaches attendent la pleine lune pour vêler... »

Les animaux ont toujours manifesté un instinct très sûr et l'observation de leur comportement est source d'enseignements pour l'homme.

C'est pourquoi j'admets comme postulat que la masse cosmique se préparant à la réincarnation termine au niveau de la Lune une trajectoire qui a pris sa source au fin fond du cosmos et se place en attente dans son orbite. Du haut de cet observatoire, l'Esprit rassemble ses forces, scrute intensément la Terre et attend le moment de se glisser dans le vortex de la naissance terrestre. Son temps étant accompli, c'est aussi vers la Lune, poste avancé qui précède la porte de Pluton, qu'il reprendra sa route à travers le cosmos.

Je propose d'examiner maintenant quelques-unes des observations et des calculs qui m'ont conduit à cette conclusion.

☆
☆ ☆
☆☆

Je dois encore à l'étude des écrits de Nostradamus d'avoir compris que le premier point astral antérieur était une autre position de la Lune. En réalité, le peu de crédit qu'accordaient à Nostradamus depuis plusieurs siècles bon nombre d'astrologues m'irritait. Et pourtant, avant qu'une certaine intimité ne s'instaurât entre lui et moi, j'avoue que je n'ai pas été loin de partager leur avis. On découvre en effet, dans la nombreuse correspondance qu'il entretint avec ses consultants, des assertions qui paraissent à première vue tout à fait hérétiques sur le plan de l'analyse astrologique.

Pour des raisons qu'il serait trop long de commenter ici, il faut savoir que le mage de Provence faisait preuve d'une grande dextérité dans l'art d'embrouiller les pistes et de voiler de mystère ses connaissances. Depuis des siècles l'on s'interroge sur la manière dont il a pu concevoir et rédiger son œuvre, dans laquelle pas un mot, pas une lettre n'est le fruit du hasard, ainsi que sur les mobiles véritables de sa discrétion.

Une explication possible aurait pu être la suivante : Nostradamus était en réalité un visionnaire et souvent le soir, jusque tard dans la nuit, sous le ciel de Provence criblé d'étoiles, un contact s'établissait avec les anges qui lui révélaient les événements des siècles à venir. Il lui revenait alors de consigner les messages ainsi reçus, de les crypter et « raboter » de telle manière qu'ils ne fussent compréhensibles que de quelques « élus ». Cette hypothèse a pour elle le mérite de la logique, car en ce XVIe siècle les magiciens ou les malheureux supposés tels finissaient généralement sur un bûcher.

Le mage de Provence aurait pu dans ce cas déclarer pour sa défense qu'il ne faisait que calculer les positions des planètes, l'astrologie étant tolérée par l'Église dont les représentants ne possédaient souvent sur cette science que de très faibles lumières. L'astrologie lui aurait donc assuré éventuellement une sorte d'assurance-vie.

Or, examinant attentivement ses consultations astrologiques, j'ai constaté que Nostradamus ne travaillait que sur les thèmes de personnes dont il connaissait bien le passé. Il leur posait un grand nombre de questions et mettait parfois des semaines entières à répondre.

Cette approche était pour le moins originale car, en principe, un astrologue ne demande pas tant de renseignements et donne son avis rapidement. Même à l'époque de Nostradamus, où l'on ne disposait évidemment pas de logiciel ni de calculette, toutes les progressions d'un thème s'effectuaient à la main, au maximum en deux jours.

En réalité, Nostradamus cherchait les points vides du ciel. Le premier de ces points est la position de la Lune précédant la naissance, dont la détermination permet d'établir un thème « régressé » de 1 à 28 jours avant la naissance.

☆
☆ ☆
☆☆

Il devient donc possible de se représenter ainsi la trajectoire de la masse cosmique se préparant à la réincarnation :

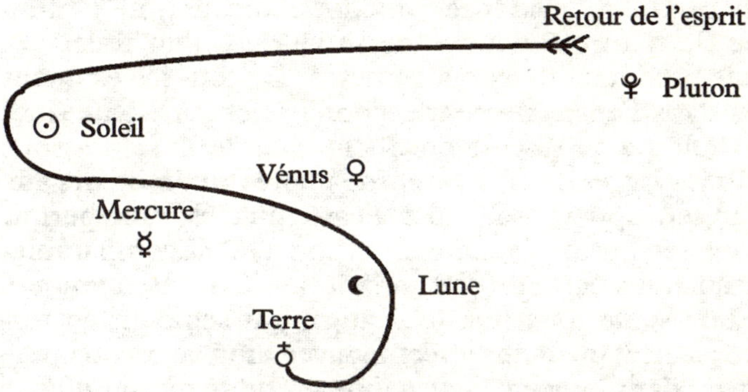

La naissance d'un être humain transiterait par le Soleil au retour de l'esprit d'une orbite cosmique lointaine. Cette conclusion constitue, sur le plan philosophique ou religieux, une véritable répétition, car depuis la nuit des temps l'homme a vénéré le Soleil, considéré par lui comme le centre de l'univers. Ce n'est pas sans raisons que les musulmans et les Incas ajoutèrent un peu de Lune... Car Mahomet était lui aussi souverain astrologue, et les Incas du Machu Picchu possédaient une connaissance très avancée du langage des astres.

Sur le plan des trajectoires balistiques, il faut savoir que l'écart entre le Soleil, Mercure et Vénus, vus depuis la Terre, ne dépasse pas 45°. Il n'y aurait donc pas lieu que la trajectoire des matérialisations de l'Esprit cosmique se perde sous d'autres champs gravitationnels.

— Pourquoi s'arrêtent-ils à la Lune ? me demanderez-vous.

— Parce que la Lune est le premier satellite naturel d'une planète en partant du Soleil. Mercure et Vénus n'en ont pas... ou n'en ont plus ! Les lunes suivantes sont celles de Jupiter, qui détiennent peut-être le secret de cette mythologie antique dont nous ne voulons plus...

Avant de s'insurger contre l'hypothèse présentée ici, il faudra se résoudre à tenter au moins les deux sortes d'observations que je préconise : la « pesée de l'âme » et la descente des « fils d'ange » dans l'entonnoir de mon cosinus hyperbolique. À mon avis, ces derniers se torsadent à la manière de l'ADN.

☆
☆ ☆
☆☆

L'observation minutieuse de mes cartes du ciel personnelles m'a fourni une autre raison de rechercher au moins un point astral antérieur. En effet, m'attendant à y découvrir la trace d'événements passés, j'ai dû constater que l'astrologie, telle qu'elle est pratiquée aujourd'hui, se montre bien incomplète.

Il me fallut me rendre à l'évidence : aucune indication ne figurait dans mon thème de nature à donner ne serait-ce qu'un reflet des moments qui avaient compté dans ma jeunesse. De tous les examens subis avec succès dans l'enseignement secondaire et supérieur (mes deux bacs, mon diplôme de l'École polytechnique de Zurich assorti des félicitations du jury, mes divers brevets de pilote multimoteurs aux instruments...), un seul apparaissait sur ma carte du ciel : mon permis de conduire ! Pour les autres événements, pourtant incomparablement plus importants, ma carte du ciel gardait un silence hermétique.

Certes je vis, une seule fois, une indication qui semblait correspondre à la réalité : la nuit où je dus effectuer avec mon avion un atterrissage sur le ventre, dans la neige et avec une visibilité quasi nulle, le train d'atterrissage s'étant irrémédiablement bloqué, les aspects planétaires montraient une conjonction Mars-Uranus sur l'Ascendant ! Or l'on dit aussi que toutes les mille heures de vol un pilote doit affronter une sérieuse difficulté. Je venais justement d'atteindre ce nombre d'heures fatidique, et pendant longtemps je me demandai si cette statistique n'était pas plus précise que le langage des astres.

Selon celui-ci, tous les diplômes que j'avais obtenus n'étaient donc que le fruit du hasard, puisque à la date correspondante aucune position planétaire ne les avait signalés. Je constatai en revanche qu'au même moment des transits de Mercure, Vénus et Mars se produisaient sur des points situés à deux degrés de distance (18° et 20° Gémeaux) et qui n'étaient occupés dans mon ciel natal par aucune planète ni cuspide.

En conservant ce décalage de deux degrés, je cherchai la date de mon mariage et découvris une conjonction Mercure sur Mercure natal et Vénus sur Vénus natale !

Stupéfait et émerveillé, il me vint aussitôt une pensée de profond regret à l'idée de tout ce que cette découverte aurait pu changer si elle eût été faite plus tôt.

Avant d'aborder le calcul du premier point antérieur, achevons ce bref récit personnel en précisant que, aux dates qui me virent aux prises avec de sérieux ennuis, les cieux étaient parfaitement sereins. Mais arrivé à ce point de mon exposé, le lecteur s'en doutait probablement déjà !

☆
☆ ☆
☆☆

1. CALCUL DU PREMIER POINT ASTRAL ANTÉRIEUR

À la suite de ces observations, je commençai de rechercher méthodiquement, dans le thème de nombreuses personnes, la position de la Lune antérieure.

Cette Lune antérieure, calculée de 1 à 28 jours avant la naissance, fournit plusieurs points-clés non négligeables :

— un Ascendant théorique antérieur,

— des planètes rapides antérieures : Soleil, Mercure, Vénus, voire Mars.

Cette opération amène alors à comparer la carte du ciel de naissance à la carte « antérieure », avec une option maximale de – 28 jours, ainsi que le montre l'exemple ci-dessous :

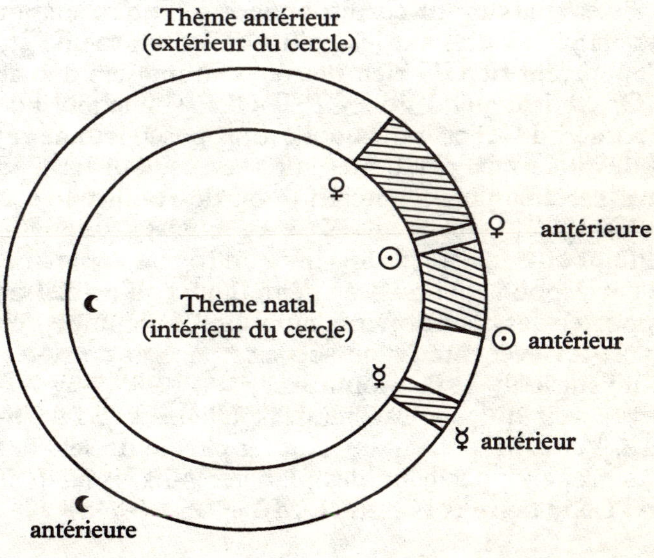

Nous sommes donc confrontés à trois zones nouvelles :

— la Lune antérieure ;

— les plages délimitant les différences d'angle des planètes rapides. On s'aperçoit que celles-ci passent fréquemment dans le signe antérieur. L'influence de la zone se révèle d'autant plus grande qu'une planète « antérieure » se trouve conjointe à une planète natale ;

— l'Ascendant antérieur (dont je ne discerne pas encore parfaitement les implications) se calcule facilement : reculant d'environ 1° par jour, il se situera donc dans la maison XII, celle des épreuves, de la solitude, mais aussi du mysticisme... rappel divin, que nous aurions avantage à placer dans notre champ de conscience ?

En l'état actuel de mes statistiques, et dans l'attente des informations complémentaires qu'elles devraient me fournir à terme, je puis affirmer que la Lune antérieure, véritable « ange gardien », revêt une importance fondamentale.

☆
☆ ☆
☆☆

2. LA DYNAMIQUE DU POINT ANTÉRIEUR
(Interprétation des transits)

Les textes qui suivent correspondent à l'interprétation sommaire des transits planétaires sur les points-clés d'un thème et, à première vue, n'apportent rien de bien nouveau en matière d'analyse astrologique. Or, tout dépend du POINT-CLÉ sur lequel l'on décide de fonder son étude. C'est pourquoi est proposée ici une récapitulation rapide destinée aux personnes intéressées, qui leur permettra de retrouver certains points antérieurs ou de confirmer et affiner leurs observations.

En effet, l'on constate parfois qu'à un transit apparemment important ne correspond aucun événement, tandis qu'un ciel vide d'aspects peut apporter des changements notables. Il incombe donc à chacun d'observer les événements de son existence et de noter la position planétaire sur laquelle ils « tombent ».

Il faut savoir que les transits des planètes rapides (Soleil, Lune, Mercure, Vénus) représentent tout au plus le déclenchement d'événements proposés par ceux des planètes plus lentes (Mars, Jupiter, Saturne, Lune noire et Nœud Nord).

Transits de Mars sur point-clé Soleil
Attention aux déplacements et aux incidents de toute sorte. Il faut évidemment d'autres aspects néfastes dans le thème pour que ces risques prennent un réel caractère de gravité, mais la prudence reste de mise.
Transits de Mars sur point-clé Lune
Survenance possible de troubles digestifs dus à des inflammations causées par une alimentation agressive. Vous pourriez par ailleurs connaître quelques soucis avec des femmes ou des jeunes filles.
Transits de Mars sur point-clé Mercure
Attention aux incidents ou accidents lors de vos déplacements.
Transits de Mars sur point-clé Vénus
Cette période pourrait, suivant l'âge et la disponibilité, annoncer un coup de foudre. La vie sexuelle se révélera active et connaîtra sans doute certaines exagérations ! Sous cet aspect, les finances sont favorisées.
Transits de Mars sur point-clé Mars
Énergie, dynamisme et fougue ne constituent pas des garanties de sécurité. Une prudence insuffisante augmente les risques d'incidents corporels.
Transits de Mars sur point-clé Jupiter
Cette période est propice aux coups de foudre, si les circonstances qui vous concernent s'y prêtent. Vous mènerez votre vie sexuelle avec entrain, peut-être même un peu trop ! Cet aspect protège les finances.
Transits de Mars sur point-clé Saturne
Saturne et Mars sont dissonants. Astralement, cette configuration s'avère néfaste. Surveillez donc vos points sensibles et montrez-vous particulièrement vigilant dans tous les domaines.
Transits de Mars sur point-clé Uranus
Votre comportement risque d'être erratique. Des imprévus incompréhensibles peuvent survenir. Résistez aux impulsions physiques et verbales.
Transits de Mars sur point-clé Neptune
Vos fonctions génitales risquent de présenter des défaillances. Consultez au besoin votre médecin afin de prévenir d'éventuels ennuis en ce domaine. Les affaires en relation avec l'eau devront être évitées. Attention aux illusions qui font perdre un temps précieux.

☆
☆ ☆
☆☆

Transits de Jupiter sur point-clé Soleil
Vous allez vous montrer généreux et serviable. La conscience de vos responsabilités augmente et votre sens de l'organisation en sortira

amélioré. Vous disposez d'un bon potentiel de gains ou d'avancement.

Transits de Jupiter sur point-clé Lune

Une importante amélioration matérielle pourrait intervenir dans l'année. Les relations avec les femmes s'annoncent favorables. Vous entrez dans une phase d'optimisme et de croissance. La vie de famille est satisfaisante.

Transits de Jupiter sur point-clé Mercure

Cette période présage un bon équilibre nerveux et une santé sans problème. Les affaires se trouvent en plein essor. Le moment s'avère propice à une promotion. Les voyages s'effectuent agréablement.

Transits de Jupiter sur point-clé Vénus

En clair, les deux planètes de la chance sont en harmonie. Dont acte !

Transits de Jupiter sur point-clé Mars

Votre dynamisme devrait vous galvaniser pour toutes sortes d'actions couronnées de succès, tant sur le plan des affaires que sur celui de la vie sentimentale. Sauf aspects néfastes dans le thème, vous n'avez pas d'inquiétude à vous faire !

Transits de Jupiter sur point-clé Jupiter

Expansion sur les plans matériel et professionnel... qui n'est jamais observée dans ce transit de Jupiter sur lui-même qu'au troisième passage d'une rétrogradation !

Transits de Jupiter sur point-clé Saturne

Vous développez actuellement une certaine philosophie. Vous devenez plus patient. C'est le moment de réaliser une affaire de longue haleine et de vous assurer des revenus plus réguliers et stables. Une promotion n'est pas exclue.

Transits de Jupiter sur point-clé Uranus

Il existe une forte probabilité de gains inattendus ou de victoire dans un litige. Cette période prédispose aussi à éprouver un désir de liberté, celui de sortir des sentiers battus pour s'investir dans de nouvelles créations.

Transits de Jupiter sur point-clé Neptune

Une maladie cachée (et pas forcément déclarée) est en train de disparaître aussi mystérieusement qu'elle était venue. Vous bénéficiez d'une protection occulte.

☆
☆ ☆
☆☆

Transits de Saturne sur point-clé Soleil

Ce temps est marqué par toutes sortes de faiblesses : manque de confiance en soi, dynamisme en baisse, déprime..., un peu comme si un nuage assombrissait votre soleil.

Transits de Saturne sur point-clé Lune
Des difficultés peuvent surgir, sur le plan affectif, avec des femmes et des proches. Prenez garde aux malaises digestifs et circulatoires.
Transits de Saturne sur point-clé Mercure
Vous traverserez une période de fatigue nerveuse qui risque de perturber votre travail. Vous rencontrez quelques difficultés à vous exprimer et à vous faire comprendre par votre entourage. Attention aux rhumes ou bronchites chroniques.
Transits de Saturne sur point-clé Vénus
Vous pourrez faire une rencontre importante avec une personne du sexe opposé. Dans de nombreux cas, cet aspect signifie qu'il existe une différence d'âge considérable avec le partenaire. L'un sera peut-être le Pygmalion de l'autre.
Transits de Saturne sur point-clé Mars
Saturne et Mars sont dissonants. Astralement, cette configuration se révèle néfaste. Surveillez vos points sensibles et montrez-vous particulièrement vigilant dans tous les domaines.
Transits de Saturne sur point-clé Jupiter
Votre expansion matérielle risque de rencontrer des freins. Le moment est probablement venu de penser à sauvegarder ses acquis.
Transits de Saturne sur point-clé Saturne
Ces transits reviennent sur le point natal environ tous les trente ans et correspondent à une période de repli sur soi. Étant donné que ces passages délicats n'ont pas, dans une existence, un tel caractère de rareté... reconnaissons que dans ce cas précis ils revêtent une sévérité particulière !
Transits de Saturne sur point-clé Uranus
Vous aurez tendance à manifester une certaine agressivité et risquez une dépression. Vous adopterez une attitude ombrageuse et des brouilles avec les amis sont dans l'air !
Transits de Saturne sur point-clé Neptune
Attention à tout ce qui est flou ou illégal ! De faux jugements ou des erreurs d'appréciation pourraient sérieusement nuire à votre carrière.

☆
☆ ☆
☆☆

Les transits sur les points-clés de la Lune noire
Ces transits correspondent toujours à un sacrifice ou à une forme d'abnégation, quelle que soit l'importance de ces derniers. Si votre sens de la générosité est inné, vous ne souffrirez que modérément de cette conjoncture. Dans le cas contraire, vous serez mis à l'épreuve.

☆
☆ ☆
☆☆

Les transits du Soleil sur le point-clé Nœud Nord
La conscience s'épure, car elle a trouvé un nouveau chemin vers la lumière. Si tel n'était pas le cas, il serait profitable d'étudier l'astrosophie. Un soutien peut venir du père.
Les transits de la Lune sur le point-clé Nœud Nord
Une solitude mêlée de nostalgie vous habite, comme si vous sentiez qu'un grand amour doit être retrouvé dans la présente existence. La mère peut apporter une aide.
Les transits de Mercure sur le point-clé Nœud Nord
La facilité de communication est grande. Un soutien peut venir de livres, d'idées ou de ceux qui les apportent.
Les transits de Vénus sur le point-clé Nœud Nord
Le compagnon peut apporter une certaine sécurité.
Les transits de Mars sur le point-clé Nœud Nord
Un partenaire actif ou sportif peut apporter sa contribution.
Les transits de Jupiter sur le point-clé Nœud Nord
Un personnage puissant peut proposer son soutien.
Les transits de Saturne sur le point-clé Nœud Nord
Une prise de conscience des responsabilités se fera grâce à l'action d'un conseiller.
Les transits d'Uranus sur le point-clé Nœud Nord
Les protections amicales sont fortes, quoique surprenantes parfois.
Les transits de Neptune sur le point-clé Nœud Nord
Attention aux rêves et illusions qui peuvent vous égarer.
Les transits de Pluton sur le point-clé Nœud Nord
Selon votre degré de connaissance, vous vous approchez de puissances trop passionnelles ou vous engagez sur un chemin de vie transcendantal. Dans les deux cas, précision et discernement seront vos indispensables alliés.

☆
☆ ☆
☆☆

Considérons maintenant quelles implications peuvent comporter la Lune et les points antérieurs sur les révolutions solaires. La relation entre la Lune antérieure et les maisons de l'année de révolution se révèle très parlante. Si des conjonctions viennent renforcer les planètes rapides antérieures, il existe bien alors matière à prévisions.

Par déduction logique, le thème de ceux dont la Lune antérieure serait proche de la Lune natale devrait pouvoir être lu comme en un livre ouvert. Mais un certain décalage de ces deux positions existe probablement, me souffle une certaine intuition, ne serait-ce que pour préserver l'intimité de l'être à défaut d'accord de celui-ci. En effet, le calcul de la Lune antérieure repose sur la connaissance des événements écoulés du thème que l'on étudie et qui sont confiés à l'astrologue par la personne concernée.

Abordons maintenant la technique de recherche de la Lune antérieure :

1° Prendre au moins 4 dates marquantes du passé, d'événements que l'on a considérés comme « bons » à l'époque, et 4 dates interprétées comme « mauvaises ». Par exemple, des examens réussis, des rencontres, un mariage, une promotion... et inversement un échec, des déceptions, un accident, une mauvaise nouvelle...

2° Extraire des éphémérides ou du logiciel les positions des planètes selon le tableau suivant :

Positions	Événements bons				Événements mauvais			
	1	2	3	4	1	2	3	4
Soleil								
Lune								
Mercure								
Vénus								
Mars								
Jupiter								

3° Marquer d'un cercle les transits de conjonction visibles sur les planètes natales.

4° Compter les signes les plus transités lors des bons événements et lors des mauvais. À ce stade, on devrait déjà noter une légère incidence et découvrir deux signes (l'un favorable et l'autre défavorable).

5° Marquer d'un cercle les points identiques dans les bons événements et ceux des mauvais.

... La Lune antérieure n'est plus très éloignée.

6° Plusieurs méthodes permettent de vérifier sa position :

— Il faut attendre au maximum 28 jours et regarder si le moment exact de la révolution de la Lune sur cette position signale quelque chose.

— Attendre des aspects formés par des planètes rapides (Soleil, Mercure, Vénus, Mars) en conjonction, carré ou opposition et observer si un événement se produit.

— Si le ciel s'y prête, considérer les aspects créés avec les planètes plus lentes (Jupiter et Saturne, Lune noire et Nœud Nord).

— Les ambiances exerçant une influence à long terme peuvent être également décelées par les planètes transsaturniennes.

On constatera en fin de compte que ce point existe bel et bien. Il répond à nombre des questions que suscite depuis si longtemps l'observation d'un ciel vide, et surtout à la plus importante d'entre elles : nous venons de quelque part, nous allons quelque part, et nous ne sommes finalement pas seuls !

On peut, entre autres sujets de réflexion, dégager de ce qui précède une leçon portant sur la notion d'intimité. Il n'est pas rare qu'une personne refuse de communiquer son heure de naissance, comme si elle craignait d'être ainsi déshabillée. Elle n'a que partiellement raison, car c'est tout aussi dénudée qu'elle se présente un curriculum vitae à la main, et les moqueurs la compareront peut-être à un ressortissant de ces peuplades qui refusent de se laisser photographier ! Toutefois, que les personnes craintives se rassurent : il est impossible de trouver le point astral antérieur à moins de connaître les dates exactes des événements qui se sont produits dans une existence.

☆

☆ ☆

☆☆

Tentons maintenant une brève remontée de la chaîne des vies antérieures. Certains prétendent qu'elles sont au nombre de neuf. Mais, même en y souscrivant, cette assertion, à mon avis, n'implique pas pour autant que ces vies ne se situent pas dans le prolongement l'une de l'autre. C'est simplement que la chaîne a formé une boucle et qu'elle recommence. J'effleurerai ce propos d'une simple observation. Le 11 novembre 1995, Pluton, la dernière planète connue de notre système solaire, faisait sa neuvième apparition dans le signe du Sagittaire depuis la naissance de Jésus. C'est dire qu'une nouvelle boucle se prépare...

Lorsque l'on a la chance de se sentir la réincarnation d'un personnage du passé, ce qui n'est malheureusement pas mon cas, on possède déjà deux ancrages pour accrocher les maillons de la chaîne.

Le premier, on l'aura compris, est la position de la Lune antérieure, le second est fourni par la carte du ciel de l'être du passé dans lequel on croit se retrouver. Il est vrai que, lorsqu'il s'agit d'une princesse ou d'un personnage dont il subsiste des traces, les recherches se trouvent amplement facilitées. Dans le cas contraire, ne pouvant disposer de sa carte du ciel, le précieux repère fait définitivement défaut.

Avec un peu de pratique, chacun d'entre nous pourrait devenir un astrologue acceptable pour soi-même. Pourtant, la science astrologique présente bien des ressemblances avec celle de l'alchimiste : une fois qu'il a réussi à transformer le plomb en or, il n'en a plus besoin !

☆
☆ ☆
☆☆

Pour ma part, j'ai essayé une méthode ultime qui consiste à m'isoler devant l'écran de mon ordinateur et à reculer dans le temps, jour par jour, à partir de ma date de naissance. Il arrive parfois que l'on soit surpris par une configuration planétaire. C'est souvent celle d'un soupir antérieur.

En fin de compte, une fois que l'on a supposé vraie une telle date, il suffit de regarder les synastries et... d'attendre que les événements que l'on a calculés se produisent ! On peut ainsi remonter la chaîne du temps et espérer voir surgir un jour Saladin, Thémistocle ou Mozart.

☆
☆ ☆
☆☆

3. HYPOTHÈSE D'UN SECOND POINT ASTRAL ANTÉRIEUR

La Lune accomplissant le tour du Zodiaque en 28 jours, il n'apparaît pas exagéré d'admettre que la période d'attente qu'observe la mémoire cosmique pour se matérialiser dure le temps que s'effectuent plusieurs révolutions. La fonction de périodicité serait alors de 28 n, c'est-à-dire n fois 28 jours. Nous avons observé que le calcul d'une direction régressée de 28 jours, ou d'une lunaison, ne faisait reculer que les planètes rapides.

À partir de $n = 12$ ou $n = 13$ (c'est-à-dire un an), les planètes moyennes (Jupiter et Saturne) auront reculé respectivement d'environ 30° et 12°. Il serait alors envisageable d'effectuer une révolution solaire régressée... et ainsi de suite.

N'oublions pas que la mémoire cosmique ne possède pas la notion du temps au sens où nous l'entendons dans notre système galiléen. Ceci renforce en moi la conviction que le futur a déjà existé, ce que décrivent clairement les livres saints... une fois que l'on a pris l'option de lire entre les lignes.

Toujours avides d'avancer dans le temps, nous devrions prendre parfois celui de reculer... pour mieux affermir nos appuis.

Dans la 37e sourate du Coran intitulée « Les Degrés », le quatrième vers m'interpelle :

Par eux, les anges et l'esprit monteront au jour du jugement, dont la durée sera de cinquante mille ans.

Le chiffre 50 000 ne possède guère de signification pour les humains. Pourtant, ce n'est probablement pas sans raison que le prophète Mahomet l'a mentionné. 50 000 degrés, par exemple, ne représentent-ils pas 138 fois le tour du Zodiaque, c'est-à-dire 138 ans ?

☆
☆ ☆
☆☆

La compréhension du principe des cartes du ciel antérieures aboutit à projeter la conscience sur la ligne universelle de l'Esprit. Est-ce à dire que le déterminisme astral est inéluctable ? Qu'il me soit permis d'apporter à cette question une réponse mitigée :

— Non, parce que la modification des étapes de son chemin de vie appartient à chacun de nous ! Oui, parce que la direction de ce chemin doit rester sur la ligne !

Si l'homme, par la faculté de discerner entre le bien et le mal qu'il s'est acquise au cours des millénaires, ne pouvait modifier ces étapes, aucune morale ni aucun écrit saint n'aurait jamais servi à rien. Il pourrait aussi bien cesser de penser, d'imaginer ou de rêver, et rester le pourceau qui, selon saint Mathieu, ne mérite pas qu'on lui offre des perles.

La loi de Kepler est exacte, les lettres d'or inscrites dans le ciel noir de la veille déterminent l'écriture du lendemain. Tel est le premier axiome mathématique prouvant la causalité qui réunit le temps et l'espace.

En se penchant avec un regard d'astrosophe sur ce que les philosophes écrivent depuis des siècles, l'on s'aperçoit qu'ils expriment tous à peu près la même chose, qu'ils pressentent et essaient de décrire selon leurs illuminations ou les émotions de leur conscience. Dans leur entreprise consistant à relier l'humain au divin, ils risquèrent souvent leur vie, car ils contredisaient les dogmes de leur époque. Certains, comme Socrate et Jésus, ne cherchèrent pas à échapper à un destin cruel.

La seule union entre le temps et l'espace, entre l'humain et le divin ne peut se réaliser que par les mouvements célestes. Elle est la conséquence de lois physiques et mathématiques, dont l'ignorance confine l'homme dans son pénible sentiment de manque et d'inachèvement.

☆
☆ ☆
☆☆

4. RELATION D'HARMONIE AVEC LE POINT ANTÉRIEUR

On ne peut mieux comparer deux cartes du ciel qui se rencontrent qu'à deux personnes échangeant leurs premiers regards. Il existe un moyen très simple de vérifier si l'on se trouve en harmonie fondamentale avec soi-même, qui consiste à calculer son propre coefficient de durabilité en prenant la carte de son ciel natal comme carte composite. L'on pourra éprouver bien des surprises, par exemple lorsque les valeurs se rapprochent de zéro ! Il ne reste alors plus qu'une petite chance à l'infortuné : avoir une bonne synastrie avec son ange gardien !

Le lecteur aura compris qu'il suffit de calculer son coefficient d'harmonie de rencontre avec ce dernier ! Ne disposant pas encore de statistiques suffisantes à ce sujet, je propose néanmoins une réponse : l'amour nous reliant à notre ange gardien aurait dû être évoqué dans le chapitre traitant de l'amour nécessaire. Le vieux dicton « Aide-toi, le ciel t'aidera » pourrait s'exprimer aussi de cette façon : « Si tu comprends les lettres du ciel, celui-ci t'aidera. »

☆
☆ ☆
☆☆

Le point antérieur n'est rien moins qu'une date inscrite dans le ciel. C'est à ce moment précis que l'ange se prépare à revenir dans un corps et à en devenir le gardien. Voici alors ce qui se passe sur l'arbre d'esprit :

Point astral antérieur — Naissance corporelle

Période d'attente

Je terminerai ce chapitre par cette citation de l'Apocalypse selon saint Jean :

Ne crains rien, c'est moi le Premier et le Dernier, le vivant ; j'ai été mort, et me voici vivant pour les siècles des siècles, détenant la clé de la Mort et de l'Hadès...

Car Jésus a dit qu'il était le premier et le dernier des vivants à revenir. N'est-ce pas finalement très simple ?

★
★ ★
★★

CHAPITRE 9

LE POINT ASTRAL FUTUR

1. LE FUTUR PROCHE

Avant de nous engager dans l'exposé d'une conception résolument nouvelle de l'étude des astres, voyons ce que le futur proche nous propose.

Les textes suivants sont basés sur l'étude des révolutions solaires (RS), c'est-à-dire celles effectuées au moment où le Soleil revient exactement sur sa position de naissance. On dresse à cet effet un thème annuel que l'on compare avec le thème natal. La carte du ciel annuelle comporte les planètes du ciel du jour anniversaire, l'Ascendant et les maisons annuelles issus du calcul de révolution exact.

Une certaine réserve doit être émise quant à la force de tel ou tel point de l'interprétation, car l'expérience montre que l'on ne « plonge » pas d'une RS à une autre. Le lecteur devra donc extrapoler en fonction de sa situation. D'une manière générale, une RS se manifeste environ un mois avant la date d'anniversaire et se prolonge pendant six à sept mois.

Lorsque l'on constate la présence d'aspects très défavorables dans une RS, il est conseillé d'effectuer un déplacement au moment du jour d'anniversaire afin de modifier l'Ascendant annuel, en particulier lorsque les maisons VI et XII se montrent très dissonantes. Naturellement, ce voyage ne s'avérera efficace, en matière d'astrologie, que s'il entraîne le sujet suffisamment loin à l'Est ou à l'Ouest, c'est-à-dire au moins en Autriche ou en Irlande.

Soleil en maison I annuelle
Vous savez gagner la sympathie des autres mais voulez aussi les dominer. Vous répugnez à vous soumettre à une quelconque autorité et préférez diriger votre entourage. Vous détiendrez un potentiel de succès et de réalisations pendant toute l'année. La santé et la vitalité seront favorisées. Ce succès se manifestera surtout par la maison qui se trouve dans le Lion : si c'est la maison X la carrière sera concernée, si c'est la maison II ce sera l'argent...
Soleil en maison II annuelle
Cette année vous permettra d'augmenter sensiblement vos gains, mais aussi vos dépenses si le Soleil est mal aspecté. La maison figurant en Taureau vous indiquera la manière dont vous réaliserez ces gains (action personnelle, travail, spéculations, etc.).
Soleil en maison III annuelle
Pendant toute l'année figureront parmi vos préoccupations principales les écrits et les déplacements. Cette période sera favorable à la rédaction de textes et aux études. Si le soleil est bien aspecté, vos démarches entreprises auprès de supérieurs porteront leurs fruits.
Soleil en maison IV annuelle
Le moment est venu de réaliser des transactions immobilières, de déménager ou d'améliorer votre lieu de vie. La période précédant votre prochain anniversaire sera plus favorable que celle-ci. Vous vous montrerez plus attentif à vos parents que d'ordinaire.
Soleil en maison V annuelle
À moins que de mauvais aspects du Soleil ne s'y opposent, les spéculations et les jeux sont favorisés. La maison se trouvant dans le signe du Lion désignera le domaine du succès (I = santé, II = argent, III = écrits, IV = foyer, V = plaisirs, VI = travail, VII = unions, VIII = intérêt pour l'ésotérisme, IX = voyages, X = carrière, XI = amis, XII = dévouement).
Soleil en maison VI annuelle
Sauf bons aspects du Soleil, vous pourriez connaître une baisse de vitalité ou de rendement dans le travail. Si le Soleil est mal aspecté, n'entreprenez pas d'actions irréfléchies dans l'espoir de faire changer votre situation.
Soleil en maison VII annuelle
Cette année se révèle positive pour toutes activités concernant la collectivité. Votre conjoint ou vos associés seront favorisés. En cas de litige, attendez avant d'entamer une procédure car vous avez affaire à des ennemis puissants.
Soleil en maison VIII annuelle
Vos revenus augmenteront cette année, sans efforts particuliers de

votre part. Vous devriez bénéficier de cadeaux ou de donations, conclure favorablement des litiges ou gagner des procès.

Soleil en maison IX annuelle

Vous éprouvez un besoin d'expansion de la conscience. C'est le moment de commencer des études philosophiques ou ésotériques. Sauf mauvais aspects du Soleil, cette année sera marquée par un grand voyage ou une relation avec l'étranger.

Soleil en maison X annuelle

Vous avez de grandes chances, cette année, de recevoir une promotion dans la carrière ou de voir vos mérites récompensés. Même avec un Soleil mal aspecté, l'avancement ne fait aucun doute. Une action liée au public peut être engagée maintenant.

Soleil en maison XI annuelle

Cette année vous fera rencontrer de nouveaux amis ou recevoir un soutien important par le milieu amical. D'une manière générale, vos projets seront facilités. La maison située en Lion indiquera dans quel domaine vous aurez le plus de chance.

Soleil en maison XII annuelle

Si vous souffrez de troubles de santé, cette année vous les allégera. Avec de bons aspects du Soleil une guérison totale est probable. Si vous recelez une maladie cachée, sa découverte autorisera des soins immédiats.

☆
☆ ☆
☆☆

Lune en maison I annuelle

Les femmes exerceront sur vous une influence importante pendant toute l'année. La maison se trouvant en Cancer vous dira dans quel domaine. Contenez tout excès d'émotivité de nature à déséquilibrer votre santé ou votre mental.

Lune en maison II annuelle

Vous risquez quelques fluctuations financières cette l'année. Veillez à ne pas être victime de vols ou de pertes (surtout si Saturne est mal aspecté par la Lune).

Lune en maison III annuelle

Cette année verra votre entourage jouer un rôle important. Attention aux ragots et aux cancans (provenant surtout de femmes), aux disputes ou aux brouilles. Faites un « check-up » médical pour dépister toute maladie cachée.

Lune en maison IV annuelle

Cette année annonce des changements dans le foyer, parfois un déménagement à la suite de mécontentements. Si la Lune est bien aspectée, celui-ci s'effectuera dans de bonnes conditions.

Lune en maison V annuelle
Cette année apporte des changements dans la vie sentimentale. Cette configuration annonce souvent, dans un thème féminin, la conception d'un enfant. Sauf mauvais aspects de la Lune, ce sera une période de chance. La maison en Cancer précisera dans quel domaine.
Lune en maison VI annuelle
Faites attention à votre santé, surtout dans un thème féminin. Le travail et le commerce ne sont pas très favorables cette année. Une grande prudence s'impose, sauf très bons aspects de la Lune.
Lune en maison VII annuelle
Chez les femmes, cette année se révèle favorable à la conception. Du côté des hommes, elle apportera le soutien de femmes dans le cadre des associations, unions ou contrats. Mais si la Lune est très mal aspectée par Saturne ou Mars, le contraire se produira.
Lune en maison VIII annuelle
Abstenez-vous d'engager tout procès cette année, à moins que la Lune ne soit en Cancer ou en Taureau. Il existe un risque de maladie dans l'entourage féminin.
Lune en maison IX annuelle
Cette période est excellente pour les études et toutes sortes de recherches scientifiques. Vous bénéficierez d'une grande inspiration et d'une créativité renouvelée. Les voyages en famille seront agréables.
Lune en maison X annuelle
Cette année apportera un changement dans les affaires et dans la popularité. La maison se trouvant en Cancer indiquera de quel changement il s'agit (II = argent, VII = unions et contrats, X = carrière, XI = amis...).
Lune en maison XI annuelle
Les projets, les amis et les espoirs changent durant cette année. La qualité de ce changement dépend des aspects de la Lune (avec Uranus sextile ou trigone, il se fera de manière imprévue). En tout état de cause, les femmes auront un rôle à jouer.
Lune en maison XII annuelle
Les femmes représenteront une source de difficultés pendant cette année. Il faudra s'en méfier. Entreprendre de nouvelles actions, surtout si elles concernent le commerce ou le public, se révélera hasardeux.

☆
☆ ☆
☆☆

Mercure en maison I annuelle
Cette année sera placée sous le signe de l'éloquence et de l'aisance dans l'expression. Tout travail intellectuel se montrera gratifiant. La

maison se trouvant dans le signe des Gémeaux ou de la Vierge indiquera le domaine dans lequel la communication est favorisée.

Mercure en maison II annuelle

Les gains de cette année découleront en particulier des activités de commerce, de voyage ou d'intermédiaire. Il faudra regarder les aspects existant entre Mercure et les autres planètes pour voir cette tendance confirmée.

Mercure en maison III annuelle

Les études, écrits et relations avec l'entourage sont favorisés durant l'année. Vous vous sentirez désireux de bouger, de vous déplacer, de signer des contrats. Cette position sera favorable aux représentants.

Mercure en maison IV annuelle

Cette année peut apporter des divergences d'opinion et des risques non négligeables de conflits ouverts, si Mercure est conjoint, carré ou opposé à Mars ou à Uranus.

Mercure en maison V annuelle

Cette année, vous risquez de faire passer vos intérêts avant vos sentiments. Cette période favorise la création intellectuelle et les études.

Mercure en maison VI annuelle

L'effort mental risque d'être difficile pendant cette année. Une nervosité excessive, des troubles du sommeil et des maux de tête si Mercure est en Bélier peuvent vous amener à réduire vos activités physiques.

Mercure en maison VII annuelle

Des associés se montrant trop intéressés risquent de provoquer quelques divergences de vues.

Mercure en maison VIII annuelle

Des discussions parfois déplaisantes peuvent intervenir au sujet de placements financiers.

Mercure en maison IX annuelle

Cette année est excellente pour le mental et l'évolution philosophique. Elle présage des voyages d'affaires, de représentation ou des reportages.

Mercure en maison X annuelle

L'évolution de la carrière dépendra de l'habileté intellectuelle. Ainsi Mercure en carré ou en opposition avec Mars, Uranus ou Pluton prédisposera aux jugements précipités. Avec Saturne et Neptune l'expression risque d'être mal comprise par autrui.

Mercure en maison XI annuelle

Les relations avec l'entourage sont ambiguës. Seuls de bons aspects avec Mercure amèneront la réalisation de vos projets.

Mercure en maison XII annuelle

Gardez vos projets secrets durant toute cette année, qui se révélera plus favorable à une activité abstraite qu'à un travail pratique.

☆
☆ ☆
☆☆

Vénus en maison I annuelle
Vous connaîtrez cette année une chance exceptionnelle en amour grâce à votre sociabilité et votre optimisme. Le très fort rayonnement de votre personnalité annihilera les tensions éventuelles.
Vénus en maison II annuelle
Même si d'autres aspects indiquent le contraire, cette année se montrera très favorable à l'argent et à tous les plaisirs d'ordre matériel. Votre générosité vous attirera en retour cadeaux et bénéfices divers, et cela sans effort !
Vénus en maison III annuelle
Cette année favorisera vos relations avec votre entourage, même en présence d'aspects moins encourageants. Vous manifesterez des aptitudes particulières dans les écrits ou les déplacements.
Vénus en maison IV annuelle
Vous avez envie d'améliorer votre intérieur et le moment est bien choisi. Vous recevrez l'aide de vos parents ou de personnes âgées. Les affaires immobilières ou agricoles sont favorables.
Vénus en maison V annuelle
Cette année se trouve placée sous le signe d'une nouvelle vie sentimentale, en particulier si Jupiter du thème natal transite dans les maisons V ou VII, ou se trouve conjoint à Vénus.
Vénus en maison VI annuelle
On constatera un retour à la santé et une nette amélioration de la vitalité. Le travail se révélera plus agréable ainsi que les relations avec les employés ou les subalternes.
Vénus en maison VII annuelle
Vous possédez un excellent indice d'entente conjugale ou avec vos associés. C'est une bonne période pour signer des contrats, surtout dans des domaines touchant de près ou de loin les activités artistiques.
Vénus en maison VIII annuelle
Cette année prédispose à gagner des procès mais n'encourage pas à en commencer de nouveaux, à moins que la prochaine RS ne s'annonce favorable. C'est également le moment de renouveler des placements financiers.
Vénus en maison IX annuelle
Vous êtes tenté par des voyages d'agrément. Vous le pouvez car ils se présentent sous de bons auspices. Mais si Vénus est mal aspectée, vous vous contenterez d'en rêver !
Vénus en maison X annuelle
La renommée, les gratifications dans la carrière, le succès dans les arts et la mode... Tout se prête à une bonne année. Cependant le domaine affectif risque de pâtir d'une vie trop mondaine.

Vénus en maison XI annuelle
Les succès mondains sont assurés ainsi que les amitiés féminines, en particulier dans le domaine artistique. Vos amis vous apporteront de grandes satisfactions.
Vénus en maison XII annuelle
Vous risquez de connaître cette année une sensualité insatisfaite et une vie amoureuse limitée. Cette configuration induit une solitude potentielle par manque d'envie de sortir et de rencontrer d'autres personnes.

☆
☆ ☆
☆☆

Mars en maison I annuelle
Un nouvel entrain va vous pousser à entreprendre. Il faudra veiller à ne pas vous disperser. Évitez toute altercation et réfléchissez avant d'agir pour ne pas vous disperser inutilement.
Mars en maison II annuelle
Vous risquez de commettre des imprudences en affaires en raison de dépenses mal planifiées et de coups de tête.
Mars en maison III annuelle
Attention aux mauvaises nouvelles par les écrits. Des désaccords peuvent vous attendre avec autrui. Si Mars est carré ou opposé à Saturne, Uranus ou Pluton, montrez-vous vigilant pour éviter tout risque d'accident en voyage. Efforcez-vous cette année de développer votre force mentale.
Mars en maison IV annuelle
À moins que Mars ne soit bien aspecté, vous risquez des disputes au foyer ou avec vos parents. Attention aux vols ou incendies au domicile. Évitez les discussions trop vives. La RS de l'année prochaine sera meilleure dans ce domaine.
Mars en maison V annuelle
Évitez le jeu et les spéculations boursières. Pour les femmes, les hommes ne se comporteront pas toujours en « gentlemen ». Mais elles s'attireront peut-être cette réaction en manifestant à leur encontre une agressivité excessive. Attention aux tensions avec les enfants.
Mars en maison VI annuelle
Cette configuration prédispose aux risques d'accidents de santé ou de travail. Évitez toute initiative hasardeuse dans la vie professionnelle, car votre désir d'indépendance risque d'être mal perçu par vos supérieurs.
Mars en maison VII annuelle
Des disputes avec le conjoint ou les associés pourraient survenir bientôt. Essayez de régler à l'amiable tout malentendu et n'engagez pas de procès. Vos ennemis sont puissants et toute action irréfléchie ou violente se retournerait contre vous.

Mars en maison VIII annuelle
Attention aux dépenses irréfléchies de votre conjoint ou de vos associés. N'entamez aucun procès cette année, car toute procédure pourrait s'avérer longue et décevante. La santé de personnes appartenant à votre entourage vous causera peut-être du souci.
Mars en maison IX annuelle
Les déplacements (surtout en automobile) sont à déconseiller durant cette année. Vos brusques changements d'opinion peuvent déranger votre entourage. Évitez toute action dangereuse.
Mars en maison X annuelle
Des ennuis professionnels risquent d'apporter quelque discrédit. Restez philosophe et laissez passer l'orage ! Méfiez-vous des voyages en automobile.
Mars en maison XI annuelle
Risque de querelles, vexations ou brouilles avec des amis qui pourraient s'opposer à vos projets. Vous manifesterez un esprit exagérément critique et sceptique. Évitez tout projet aventureux.
Mars en maison XII annuelle
Ménagez votre santé et parez aux accidents éventuels. Pensez à faire un « check-up » médical. Des tentations pourraient vous conduire à certaines actions immorales, voire illégales, et vous causer toutes sortes de déboires.

☆
☆ ☆
☆☆

Jupiter en maison I annuelle
Jupiter est situé près de l'Ascendant. Votre optimisme et votre générosité s'en trouvent augmentés. Votre besoin de croissance sera assouvi par la maison située dans le Sagittaire. La chance est avec vous cette année.
Jupiter en maison II annuelle
C'est une bonne année pour votre croissance financière. Il faudra simplement éviter un optimisme et des dépenses exagérés. D'une manière générale, les gains se réaliseront plus facilement qu'auparavant et demanderont moins d'efforts.
Jupiter en maison III annuelle
La chance vous accompagnera dans tout ce qui concerne les écrits et les déplacements. L'année sera favorable aux journalistes, aux écrivains ou aux représentants.
Jupiter en maison IV annuelle
La période précédant votre prochain anniversaire sera meilleure. Cette année se caractérise par un désir de croissance dans le domaine de l'immobilier (déménagement, décoration du foyer, etc.).

Jupiter en maison V annuelle
Cette année favorisera les spéculations et les affaires sentimentales.
Jupiter en maison VI annuelle
Le travail et l'entourage professionnel se révéleront plus agréables que d'habitude.
Jupiter en maison VII annuelle
Cette année réserve un événement important dans le domaine des associations, des unions ou des contrats. Si Jupiter et Uranus sont bien aspectés, vous remporterez une victoire tout à fait inattendue dans un litige ou dans un procès.
Jupiter en maison VIII annuelle
L'argent viendra à vous sans difficulté excessive. Cette année est marquée par des cadeaux appréciables ou des gains provenant de procès. Profitez de cette bonne période pour solliciter des crédits bancaires.
Jupiter en maison IX annuelle
Votre besoin de croissance trouvera à s'investir dans tous les domaines relatifs aux grands voyages, à l'estime d'autrui et aux études philosophiques. Vous pouvez réussir une nouvelle entreprise avec l'étranger.
Jupiter en maison X annuelle
Cette année favorisera les affaires et la carrière : promotion, gratification, reconnaissance de vos compétences. Veillez cependant à ce qu'un excès d'optimisme ne vous amène pas à viser trop haut.
Jupiter en maison XI annuelle
Vous éprouverez cette année un besoin d'expansion sociale. De nouvelles relations vous apporteront entière satisfaction si Jupiter est bien aspecté, dans le cas contraire elles auront tendance à tirer parti de votre relation à leur profit exclusif.
Jupiter en maison XII annuelle
Cette année permet de parer aux agissements d'ennemis cachés et de déjouer leurs manœuvres. C'est une bonne période pour tout ce qui est secret. Si Jupiter est carré à Saturne, Mars ou Pluton, vous risquez de connaître des problèmes circulatoires.

☆
☆ ☆
☆☆

Saturne en maison I annuelle
Le moment est favorable à une prise de conscience de vos acquis et à la réflexion qui en découle. Votre vie intérieure vous permettra de surmonter vos insatisfactions. Profitez de cette période pour toutes études spirituelles.
Saturne en maison II annuelle
Votre situation financière va stagner cette année. Pensez à conserver l'acquis plutôt qu'à effectuer de nouveaux investissements. Parez aux

pertes imprévues. Il faudra attendre la prochaine RS pour voir cette situation s'améliorer.

Saturne en maison III annuelle

Vos relations avec votre entourage manquent de chaleur. Les personnes âgées sont source de divers tracas. Ménagez un espace neutre autour de vous jusqu'à ce que votre environnement devienne plus serein.

Saturne en maison IV annuelle

Vous aurez certaines obligations envers le foyer, les parents ou les biens immobiliers. Si Saturne est mal aspecté, la vie familiale ou les affaires patrimoniales risquent d'être pénibles. Faites en sorte qu'elles soient supportables.

Saturne en maison V annuelle

Il faudra attendre une prochaine RS pour trouver des satisfactions dans les plaisirs et les jeux. La vie sentimentale se montre plutôt stable, quand elle n'est pas inexistante. Cherchez d'autres centres d'intérêt jusqu'à meilleure conjoncture.

Saturne en maison VI annuelle

Vous pouvez être confronté à une baisse de vitalité, plus ou moins forte selon votre âge. Saisissez toutes les occasions pour vous reposer, en particulier si votre travail vous déplaît.

Saturne en maison VII annuelle

Il vaudra mieux attendre l'année prochaine pour engager des procès, car vous risquez de connaître des tensions avec votre entourage. En contrepartie, vous stabiliserez vos relations avec ceux qui vous aiment vraiment.

Saturne en maison VIII annuelle

Cette année marquera une transformation de vos conceptions relatives aux valeurs matérielles et vous permettra une prise de conscience nouvelle en ce domaine.

Saturne en maison IX annuelle

Des ennuis pourraient venir de l'étranger. Cette période s'avère plus favorable à la vie intérieure qu'à l'extraversion. Votre jugement et vos conceptions philosophiques y gagneront en profondeur.

Saturne en maison X annuelle

Votre carrière ne vous réserve guère de chances d'avancement ou de promotion. Contentez-vous de conserver l'acquis en attendant des temps meilleurs.

Saturne en maison XI annuelle

Certains rapports amicaux risquent de trouver leur limite, voire de disparaître. Ne conservez que vos amis fidèles car les autres pourraient vous trahir.

Saturne en maison XII annuelle

La santé laisse à désirer et demande le plus de repos possible. Faites un « check-up » médical, avant qu'une maladie ne se déclare.

☆
☆ ☆
☆☆

Uranus en maison I annuelle
Cette année verra des événements imprévus (en bien ou en mal, selon les aspects d'Uranus). La maison se trouvant dans le Verseau en indiquera le domaine (II = argent, IV = parents, etc.). Un bon aspect de Vénus indique une nouvelle relation amoureuse.
Uranus en maison II annuelle
Des gains et des pertes inattendus sont à prévoir, dont la nature dépend des aspects d'Uranus. Les bons aspects avec le Soleil, la Lune, Vénus ou Jupiter sont facteurs de chance, tandis qu'une configuration défavorable avec Mars ou Saturne laisse prévoir des risques de pertes.
Uranus en maison III annuelle
La période se prête à l'étude de sciences nouvelles dans le cadre desquelles vous pourriez faire des découvertes personnelles. Si Uranus est mal aspecté, il existe un risque d'ennuis par les écrits ou dans les déplacements.
Uranus en maison IV annuelle
Le foyer ou les parents sont une source d'ennuis imprévus. Vous pourriez changer de domicile de manière inattendue.
Uranus en maison V annuelle
Cette année apportera des changements dans la vie sentimentale. Les liaisons risquent d'être très passagères. Il existe pour les femmes un risque de grossesse non désirée. Uranus bien aspecté annonce la chance dans les jeux et les spéculations.
Uranus en maison VI annuelle
Cette année vous prédispose aux maladies imprévues et aux erreurs de diagnostic. Consultez plusieurs médecins ! Les relations entre employés et patrons manquent d'aménité : risques de rupture !
Uranus en maison VII annuelle
Il existe un danger de rupture ou de séparation avec le conjoint ou les associés, à moins qu'Uranus ne soit bien aspecté, auquel cas vous pourrez retourner les situations à votre avantage (en particulier dans les litiges importants).
Uranus en maison VIII annuelle
Un décès inattendu pourrait survenir dans l'entourage si Uranus est mal aspecté. Vous éprouverez probablement de grandes difficultés à récupérer des avoirs et connaîtrez des complications dans vos placements.
Uranus en maison IX annuelle
Les voyages aériens peuvent présenter des dangers si Uranus est mal aspecté. Possibilité de brouille avec les parents par alliance et changement de conceptions philosophiques.

Uranus en maison X annuelle
Une telle période annonce parfois des changements inattendus dans la carrière à la suite d'événements collectifs. Si Uranus est bien aspecté, vous pourriez connaître un succès fulgurant.
Uranus en maison XI annuelle
Vous ferez de nouvelles connaissances et de manière tout à fait imprévue. Ne vous engagez cependant pas trop, car ces relations peuvent disparaître aussi vite qu'elles ont surgi. Vos projets prennent une tournure imprévue.
Uranus en maison XII annuelle
Des ennuis inattendus viendront de la maison se trouvant en Verseau (II = argent, IV = foyer, V = enfants, VI = travail, VII = unions, X = carrière, XI = amis, XII = ennemis).

☆
☆ ☆
☆☆

Neptune en maison I annuelle
Vous vivez une période d'illusions et vous heurtez à l'incompréhension de votre entourage. Vos projets ne se réaliseront pas cette année, sauf aspects favorables de Neptune.
Neptune en maison II annuelle
Attention aux illusions dans les gains et aux pertes à la suite de vol, malhonnêteté ou escroquerie. Sauf bons aspects de Neptune, les revenus sont instables et souvent d'origine trouble.
Neptune en maison III annuelle
L'entourage risque de vous causer de mauvaises surprises : tromperie, ragots ou cancans. Des déceptions peuvent vous attendre dans les déplacements et les contrats.
Neptune en maison IV annuelle
Cette année pourrait voir la déstabilisation de votre foyer. Attention aux cambriolages ou aux ennuis provoqués par les femmes.
Neptune en maison V annuelle
La vie sentimentale sera plutôt platonique cette année. Si Neptune est mal aspecté, vous pouvez connaître des désillusions sentimentales par les enfants ou dans les spéculations.
Neptune en maison VI annuelle
Évitez tout régime alimentaire inapproprié, car vous risquez des indispositions dont l'origine restera floue. Attendez-vous à être anormalement nerveux et à constater la maladresse de vos subordonnés. Vous traversez une période désordonnée pour le travail.
Neptune en maison VII annuelle
Lisez bien vos contrats avant de les signer ! Cette année laisse présager l'existence d'une erreur dans les associations. Il serait bon de se faire conseiller avant de s'engager.

Neptune en maison VIII annuelle
Votre conjoint ou votre associé risque de vous entraîner dans une affaire ténébreuse.
Neptune en maison IX annuelle
Cette année vous prédispose aux voyages sur l'eau. Celle-ci peut receler des dangers si Neptune est mal aspecté ainsi que des complications légales.
Neptune en maison X annuelle
La carrière se montre instable ou floue. Neptune mal aspecté fait suspecter l'éventualité de scandales !
Neptune en maison XI annuelle
Sauf bons aspects de Neptune, les amis risquent de se montrer décevants. Les désillusions venant de votre entourage sont susceptibles de créer des situations délicates. Prenez du recul et séparez-vous des faux amis.
Neptune en maison XII annuelle
Cette année s'avère excellente pour tout ce qui concerne les choses occultes. C'est le moment de vous tourner vers la voyance !

☆
☆ ☆
☆☆

Pluton en maison I annuelle
Vous faites une descente aux enfers, mais elle prélude à une transformation, un renouveau total qui engendrera un regain d'activité dans une nouvelle voie.
Pluton en maison II annuelle
Vous allez restructurer votre vie financière ; vous trouverez probablement des sources de revenus différentes et votre conception des valeurs matérielles changera.
Pluton en maison III annuelle
Vous allez considérer votre entourage avec un regard différent. Vos proches constateront avec surprise cette mutation dans votre attitude et votre expression.
Pluton en maison IV annuelle
Des événements concernant votre foyer vont provoquer en vous un changement d'attitude vis-à-vis de la famille. L'initiative vous appartiendra pour changer de lieu de résidence.
Pluton en maison V annuelle
Un nouveau potentiel de créativité apparaît en vous. Votre vie affective peut changer dans tous les domaines.
Pluton en maison VI annuelle
Surveillez votre santé qui vous réserve des troubles nerveux ou psychiques. Vous éprouvez parfois des craintes exagérées à ce sujet :

un avis médical est cependant souhaitable. Pour les femmes : attention aux troubles génitaux.

Pluton en maison VII annuelle

Votre attitude envers votre conjoint ou vos associés reflète une totale mutation. Les aspects de Pluton indiqueront de quelle manière évolueront vos relations. Avec Uranus en carré ou en opposition, il existe un risque de rupture. Dans le cas contraire, il se produira plutôt un renforcement des liens.

Pluton en maison VIII annuelle

Vous avez traversé l'enfer et maintenant commence la régénération, en particulier dans le domaine des possessions matérielles. Cette année vous apportera des cadeaux ou des donations inespérés.

Pluton en maison IX annuelle

Votre vie intérieure se transforme. Vous grandissez sur le plan spirituel et ferez de grands voyages au sens propre comme au sens figuré.

Pluton en maison X annuelle

Il se pourrait que votre carrière subisse une grande transformation, éventuellement un peu désordonnée. Vous sentez monter en vous une ambition croissante qui vous portera vers de nouvelles activités.

Pluton en maison XI annuelle

Votre notion d'idéal change. Vous préparez de nouveaux projets, délaissant quelque peu les anciens. Une nouvelle conception de l'amitié vous amènera probablement à renouveler votre cercle d'amis.

Pluton en maison XII annuelle

Vous vous préparez à un changement radical, ce qui représente une entreprise difficile car vous effectuez actuellement une sorte de traversée du désert. Il faut beaucoup de patience et une grande force intérieure pour conserver votre sérénité, et vous connaîtrez probablement des moments de déprime.

☆
☆ ☆
☆☆

Synastrie entre les maisons annuelles et natales

Maison annuelle en maison I natale

Cette année dépendra de votre libre arbitre et de votre action personnelle. Pensez à vos acquis et ne comptez que sur vous-même. Le moment de la moisson est venu : si vous avez semé le grain, vous récolterez. Dans le cas contraire, attendez-vous à la tempête.

Maison annuelle en maison II natale
L'argent et la manière dont vous le gagnerez constitueront l'intérêt principal de cette année. Si toutes les planètes en maison II et leurs aspects sont harmoniques, les gains se feront facilement.
Maison annuelle en maison III natale
L'événement principal de cette année concernera les déplacements, les écrits et les familiers. Si les planètes situées en maison III sont bénéfiques, vous détiendrez toutes les chances de succès.
Maison annuelle en maison IV natale
L'événement de l'année concerne le foyer et les parents. Vous éprouvez un désir de stabilité mais pourriez changer de domicile pour vous fixer, en particulier si l'Ascendant annuel se trouve en Taureau, Vierge ou Capricorne.
Maison annuelle en maison V natale
Les amours, les spéculations, les enfants ou la création constitueront la préoccupation dominante de l'année. Si votre situation s'y prête, il existe une bonne possibilité de fiançailles ou de liaison. La période s'annonce également favorable à la création artistique.
Maison annuelle en maison VI natale
La santé risque de constituer une source de problèmes pendant l'année. Il faudra vous reposer. Le travail se montre plus fastidieux que d'habitude et vous connaîtrez de nombreuses contraintes.
Maison annuelle en maison VII natale
L'événement principal de l'année concerne le mariage, les associations, les contrats ou les procès. Le reste du thème indiquera votre évolution en ce domaine. Il faudra surtout observer les planètes de la maison VII.
Maison annuelle en maison VIII natale
Il existe comme une fatalité dans votre entourage. Le reste du thème le précisera. En tout état de cause, il convient de regarder avec attention les planètes en maison VIII.
Maison annuelle en maison IX natale
Votre année sera marquée par un grand voyage ou une relation avec l'étranger. Vous développerez de nouvelles conceptions et connaîtrez un fort développement intellectuel. Si l'ensemble du thème ne montre pas d'aspects suffisamment favorables, vous pourrez craindre des erreurs de jugement.
Maison annuelle en maison X natale
Un changement de situation ou la possibilité de nouvelles orientations constitue un des événements majeurs de l'année. Sauf aspects très défavorables, cette année se révélera particulièrement favorable à la carrière.
Maison annuelle en maison XI natale
Cette année verra un changement dans vos relations et amitiés, en bien ou en mal, selon les indications de l'ensemble du thème. Il faut

regarder les planètes en maison XI pour savoir si les espoirs seront réalisés, et s'il n'existe pas de risques de trahison.

Maison annuelle en maison XII natale

Cette année risque de se montrer difficile sur bien des points. Faites preuve d'une extrême prudence pour éviter de sérieux problèmes et des actions déloyales diverses. Un repli sur soi permettra peut-être de minimiser les risques.

☆
☆ ☆
☆☆

Milieu du Ciel annuel en maisons natales

MC en maison I

Cette année recèle un excellent potentiel de réussite dans la carrière. Votre action personnelle peut vous apporter un succès de grande envergure. Des chances s'ouvrent à vous, ne les manquez pas !

MC en maison II

Finances et vie matérielle occuperont une place importante dans votre carrière durant toute l'année.

MC en maison III

Votre carrière vous oblige à de nombreux déplacements ou à écrire plus que de coutume. La réussite dépendra essentiellement des planètes en maison III.

MC en maison IV

Vos parents représenteront beaucoup pour vous. Cette année marque la fin d'une activité de longue haleine et verra aboutir vos affaires immobilières.

MC en maison V

Vous rencontrerez un succès particulier dans le domaine des arts ou de la spéculation. La vie mondaine vous attirera et vous connaîtrez des satisfactions par les enfants.

MC en maison VI

Cette année pourrait voir votre liberté d'action entravée par une certaine subordination aux autres dans un travail assujettissant. Faites attention au surmenage !

MC en maison VII

Un changement de situation s'annonce cette année à la suite d'une union, d'un contrat ou d'une association, mais vous risquez de dépendre des affaires de votre conjoint ou de vos associés.

MC en maison VIII
Cette année fait présager une rentrée d'argent imprévue ou un règlement favorable des comptes. Si les planètes en maison VIII sont dissonantes, vous serez tributaire de vos dettes qui limiteront votre expansion.
MC en maison IX
Un voyage influencera votre situation. Il est possible que vos affaires se développent à l'exportation. Une nomination à l'étranger n'est pas non plus à exclure.
MC en maison X
Cette année se révélera importante pour votre carrière. Sauf mauvais aspects, vous bénéficierez d'un net accroissement de popularité ou d'une promotion.
MC en maison XI
Votre carrière dépendra de vos relations ou de vos amis. C'est le moment d'envisager de nouveaux projets pour l'avenir.
MC en maison XII
Un certain mécontentement se fera jour dans votre carrière. Évitez tout risque d'esclandre ou de scandale. Diverses « mauvaises langues » pourraient se montrer très nuisibles.

Ascendant annuel en maisons natales

AS en maison I
Votre Ascendant annuel renforce votre indépendance mais vous rend aussi imprudent. Méfiez-vous des décisions hâtives. Vous débordez d'énergie mais votre impatience risque de vous causer des déboires. Investissez-vous dans une nouvelle affaire !
AS en maison II
Votre sensualité augmente mais aussi votre intérêt pour les questions matérielles, lesquelles pourraient primer sur les sentiments et modifier la nature de vos relations avec certaines personnes.
AS en maison III
Votre Ascendant annuel vous rendra dépendant des autres. Vous devrez effectuer de nombreux déplacements, parfois à contrecœur.
AS en maison IV
Vous pourriez connaître un succès en politique ou en tous les cas éprouver un intérêt particulier pour ce domaine. Les affaires familiales ou domestiques influeront plus que de coutume sur votre comportement.
AS en maison V
La vie sentimentale prendra une importance particulière cette année. Mais certains de vos proches ne brillent pas par leur franchise.

AS en maison VI
Cette année pourrait voir éclater des conflits d'intérêts et vous courrez le risque de connaître certaines servitudes. Il faudra agir avec finesse et diplomatie pour éviter la soumission et « l'esclavage ».
AS en maison VII
Cette année fait présager des associations avec des étrangers, mais aussi des incertitudes quant à l'avenir des contrats ou du mariage.
AS en maison VIII
Beaucoup d'efforts et de luttes seront exigés de vous. Vous battant quelquefois malgré vous, vous pourrez éprouver un certain désir de destruction. Il faut une bonne RS pour que cette année ne laisse pas se profiler une fatalité quelconque.
AS en maison IX
Votre personnalité est en pleine expansion. Vous prendrez des initiatives qui vous assureront une plus grande indépendance. Possibilité de voyages, sauf mauvais aspects avec Saturne, auquel cas vous vous sentirez prisonnier de vous-même.
AS en maison X
Vous montrez une ambition croissante, mais éprouverez quelques soucis dans la carrière. Vous détiendrez en revanche un excellent potentiel de persévérance pour consolider vos acquis ou les sauvegarder. C'est le moment de réaliser des placements.
AS en maison XI
Cette année est placée sous le signe des relations sociales et des amis. Vous aurez tendance à vivre plus dans l'avenir que dans le présent. Attention aux amitiés fluctuantes.
AS en maison XII
Votre pouvoir de décision se révèle très flou. Vous manifestez une tendance au découragement et restez trop passif devant les événements. Malgré diverses inimitiés, vous disposez d'une protection occulte. Ne sombrez pas dans l'opportunisme !

☆
☆ ☆
☆☆

Synastrie entre les positions annuelles et natales

Les aspects commentés ci-dessous s'entendent pour les conjonctions et, dans une moindre mesure, pour les sextiles et les trigones. En ce qui concerne les carrés et les oppositions, ils suggéreront une interprétation en sens contraire ou, selon le cas, de complémentarité.

Ascendant annuel sur Soleil natal
Cette période se montre très favorable à la santé et à la récupération des fonctions vitales si celles-ci se trouvaient affaiblies. Vous sentirez également augmenter votre optimisme et votre résistance.
Ascendant annuel sur Lune natale
Le rétablissement des fonctions digestives se verra favorisé. La présence de femmes de même que le public vous seront en général bénéfiques. Cette année pourrait se révéler propice à la création.
Ascendant annuel sur Mercure natal
Il s'agit d'une période excellente pour les décisions professionnelles. Les examens et les écrits, d'une manière générale, seront favorisés. Les déplacements se feront plus nombreux et l'entourage sera composé de personnes jeunes.
Ascendant annuel sur Vénus natale
Vous verrez s'accroître votre charme personnel. S'offrent à vous également des possibilités de vie facile, de plaisirs divers, de rencontres heureuses, de liaisons et de réconciliations.
Ascendant annuel sur Mars natal
Attention aux indispositions soudaines, il existe des risques de blessure, de troubles et d'incidents de tout genre, sauf en présence de sextiles ou de trigones. Il faudrait cependant d'autres mises en garde concernant la santé pour s'alarmer vraiment.
Ascendant annuel sur Jupiter natal
Cette période est en principe favorable. Vos potentiels d'expansion de cette année devraient compter parmi les meilleurs de votre vie. Même si d'autres éléments du thème se montrent moins encourageants, vous saurez vous maîtriser.
Ascendant annuel sur Saturne natal
Vous traverserez une période difficile pour le moral et une sorte de frein entravera beaucoup de vos initiatives. Mieux vaudrait vous consacrer à des études ou à la philosophie plutôt que de mettre en œuvre de nouveaux projets.
Ascendant annuel sur Uranus natal
Votre état d'irritabilité et de nervosité pourrait provoquer des situations conflictuelles. Votre activité mentale, assez désordonnée, se montrera peu constructive. Restez diplomate et évitez les discussions.
Ascendant annuel sur Neptune natal
Le sens pratique vous fera défaut, mais non les illusions et idées utopiques. Sauf existence d'éléments favorables dans ce thème, évitez tout nouvel entourage susceptible de vous entraîner dans des entreprises illégales.
Ascendant annuel sur Pluton natal
Attention aux pulsions et aux désirs de puissance incontrôlés. Selon le thème natal, vous pourrez connaître un passage à vide, voire des moments de dépression.

☆
☆ ☆
☆☆

Milieu du Ciel sur Soleil natal

Vous possédez tous les atouts pour obtenir une promotion dans la carrière. Il est même possible que des personnes influentes vous apportent un appui déterminant. L'accroissement des gains et des valeurs matérielles se trouve également sous de bons auspices.

Milieu du Ciel sur Lune natale

Cette période se montrera favorable à la vie publique et aux relations avec les femmes. Si vous avez bien préparé votre avenir professionnel, elle pourrait marquer le début d'une réelle notoriété.

Milieu du Ciel sur Mercure natal

Tout ce qui concerne les écrits et les déplacements est actuellement favorisé, de même que le développement intellectuel, la culture et les études. Une promotion pourrait intervenir dans le domaine de la communication.

Milieu du Ciel sur Vénus natale

Une aventure amoureuse est dans l'air !.. À moins que ce ne soit la consécration d'une relation déjà existante. Les artistes auront du succès. D'une manière générale, la période se présente sous le signe de la chance.

Milieu du Ciel sur Mars natal

Des conflits d'ordre professionnel vous guettent. Votre comportement trop impulsif exigera de vous des efforts de diplomatie pour éviter que ne surviennent toutes sortes de litiges dans vos affaires.

Milieu du Ciel sur Jupiter natal

Cette période s'avère l'une des plus favorables à un avancement déterminant dans votre carrière. Elle se rencontre fréquemment chez les hommes politiques ou toute personne en vue. Un changement de carrière peut également intervenir.

Milieu du Ciel sur Saturne natal

Le moment est venu de moissonner : si vous avez semé le grain, vous en retirerez le bénéfice, mais si vous avez semé le vent, vous récolterez la tempête. Montrez-vous prudent et n'engagez aucune action risquée. Préparez même un éventuel recyclage !

Milieu du Ciel sur Uranus natal

Vos ambitions actuelles se montrent trop utopistes ou originales pour être prises au sérieux. Attention aux revirements éventuels de personnes qui, jusque-là, vous considéraient favorablement.

Milieu du Ciel sur Neptune natal

Des événements collectifs sociaux, politiques ou économiques se révéleront favorables à vos affaires. Tout ce qui concerne les liquides vous est propice.

Milieu du Ciel sur Pluton natal
Cette période se caractérise par un désir de concentration et de rigueur. Si vous envisagez de vous lancer dans la politique, c'est le moment.

☆
☆ ☆
☆☆

Lune sur Soleil natal
Si votre santé vous causait des tracas, vous devriez connaître un retour à la santé, en particulier sur le plan cardiaque ou digestif. La période se montre également favorable au développement de la mémoire, à la créativité et aux rencontres.
Mercure sur Soleil natal
Vous retrouverez le calme si vous étiez nerveux et irritable et aurez de nouvelles ouvertures d'esprit. Réussite aux examens et dans tout ce qui se rapporte à la vie intellectuelle et à la communication.
Vénus sur Soleil natal
Bonne période pour les rencontres, les amours et la chance. Elle vous rendra désireux d'améliorer votre présentation. Les artistes seront favorisés par le public.
Mars sur Soleil natal
Attention aux déplacements et aux incidents de toute sorte. On ne prendra ces risques au sérieux que s'ils sont corroborés par d'autres aspects néfastes dans le thème, néanmoins la prudence est à conseiller.
Jupiter sur Soleil natal
La conscience de vos responsabilités augmente et vous entrez dans une phase de générosité et de serviabilité. Votre sens de l'organisation s'améliore et vous détenez un bon potentiel de gains ou d'avancement.
Saturne sur Soleil natal
Toutes sortes de faiblesses vont se manifester cette année : manque de confiance en soi et de dynamisme, déprime, etc. Un peu comme si un nuage assombrissait votre soleil.
Uranus sur Soleil natal
Un événement brutal et inattendu peut marquer votre destinée. Regardez les aspects d'Uranus et du Soleil ainsi que leurs maîtrises dans le thème natal, en révolution solaire. S'ils sont dissonants, identifiez le secteur où se situent les risques.
Neptune sur Soleil natal
Attention aux intoxications en tout genre, au sens propre comme au sens figuré. Évitez de vous laisser influencer par des personnes à la moralité douteuse. Ne surestimez pas vos connaissances et évitez de prendre des initiatives inutiles.

☆
☆ ☆
☆☆

Mercure sur Lune natale
Le moment s'avère très propice à la communication et l'éloquence. Dans les thèmes féminins, il faudra surveiller sa ligne... téléphonique !
Vénus sur Lune natale
Les relations avec l'entourage, en particulier avec les femmes, devraient être au beau fixe. Cette période laisse présager une liaison, des fiançailles ou un mariage. Pour la carrière, la chance est au rendez-vous.
Mars sur Lune natale
Attention aux troubles digestifs pouvant découler d'inflammations suscitées par une alimentation excessive et agressive. Quelques soucis sont à prévoir avec les femmes.
Jupiter sur Lune natale
Une importante amélioration matérielle pourrait intervenir dans l'année. Les relations avec les femmes se présentent sous un jour favorable. Vous entrez dans une phase d'optimisme et de croissance, et la vie de famille se montre harmonieuse.
Saturne sur Lune natale
Risque de difficultés sur le plan affectif avec les femmes et les proches. Ne négligez pas les problèmes digestifs, circulatoires et osseux. Consultez le thème des transits pour connaître les dates critiques.
Uranus sur Lune natale
Les astrologues et ceux qui émettent des diagnostics peuvent se trouver confrontés à des cas de conscience. Au sein des couples, des menaces de sérieuses tensions se font sentir et le risque de rupture est réel.
Neptune sur Lune natale
Attention aux intoxications et aux épidémies. Votre entourage vous gâche l'existence à la suite de malentendus et de difficultés de communication. Les erreurs de jugement sont fréquentes sous ces aspects. Gardez les pieds sur terre.

☆
☆ ☆
☆☆

Vénus sur Mercure natal
Le moral et l'optimisme sont bons. Vous manifestez un charme personnel croissant, de sorte que cette période devrait être favorable dans tous les domaines concernant les plaisirs, les jeux et l'amour.

Mars sur Mercure natal
Des incidents ou accidents peuvent survenir lors de vos déplacements. Il faudra étudier avec soin les transits afin de déterminer les dates nécessitant des précautions particulières... ou consulter un astrologue.
Jupiter sur Mercure natal
Cette période favorise un bon équilibre nerveux et une bonne santé. Les affaires, en plein essor, laissent présager une promotion. Les voyages sont agréables.
Saturne sur Mercure natal
Attention aux rhumes ou bronchites chroniques. Vous traverserez une période de fatigue nerveuse qui risque de perturber votre travail. Vous éprouvez quelques difficultés à vous exprimer et à vous faire comprendre par votre entourage.
Uranus sur Mercure natal
Insomnies et agitation... Évitez les polémiques et les discussions stériles. Ragots, cancans et brouilles surviennent fréquemment sous cette configuration.
Neptune sur Mercure natal
C'est le moment de développer vos talents littéraires. Vous traversez une phase d'inspiration et de créativité. La chance vous accompagne dans les jeux et les spéculations. Les voyages sur l'eau sont favorisés.

☆
☆ ☆
☆☆

Mars sur Vénus natale
L'ambiance devrait être agréable dans le domaine des amours, des plaisirs et de la vie artistique. Vous pourrez faire de nouvelles rencontres amicales ou amoureuses pendant toute l'année.
Jupiter sur Vénus natale
Cette période pourrait, selon votre âge et votre disponibilité, annoncer un coup de foudre. La vie sexuelle sera active, malgré certaines exagérations ! Sous ces aspects, les finances sont également favorisées.
Saturne sur Vénus natale
Une personne du sexe opposé va probablement faire son apparition dans votre existence. Dans de nombreux cas, cet aspect signifie que la différence d'âge avec le partenaire est importante. L'un sera peut-être le Pygmalion de l'autre.
Uranus sur Vénus natale
Vous risquez d'engager des dépenses exagérées, en particulier dans le domaine des loisirs et en relation avec les femmes.

Neptune sur Vénus natale
Cette année se montre favorable à l'inspiration, aux arts et au rêve. Tout ce qui touche à la création est encouragé par cet aspect. Évitez toutefois l'écueil de l'insouciance.

☆
☆ ☆
☆☆

Jupiter sur Mars natal
Le désir d'action est affirmé tandis que s'ouvre une période de nouvelles activités. La maison dans laquelle se trouve Jupiter (II = argent, III = communication, etc.) indique dans quel domaine vous pourrez investir vos énergies.
Saturne sur Mars natal
Astralement cette configuration est considérée comme très néfaste. Surveillez vos points sensibles et montrez une vigilance particulière dans tous les domaines.
Uranus sur Mars natal
Évitez absolument les comportements erratiques, tant sur le plan intellectuel que physique. Des exagérations en tout genre pourraient conduire à des incidents divers.
Neptune sur Mars natal
Les illusions sont génératrices de temps perdu. Tout ce qui est illégal ou occulte risque de provoquer des déboires sérieux.

Note : Les aspects de Pluton ne sont pas évoqués ici, car son mouvement très lent dépasse le cadre d'une analyse à court terme.

☆
☆ ☆
☆☆

2. LE FUTUR LOINTAIN

Lorsque le petit epsilon de gramme de mémoire cosmique quitte le corps et s'envole vers Pluton, il se produit un premier phénomène qui a souvent été décrit par les voyageurs de l'astral, par ceux qui ont procédé à des régressions sous hypnose ou qui ont vécu une NDE (*Near Death Experience,* ou expérience de mort rapprochée). L'un de ces nombreux cas est celui de cette femme qui put décrire son enterrement : elle avait éprouvé la sensation de se trouver soudain dans un univers de lumière et regardé, se trouvant juste au-dessus d'eux, ses proches qui suivaient son cercueil. Tout en observant la scène, elle sentait une atmosphère d'amour infini l'envelopper. Elle avait ensuite reçu quelques visions furtives pendant une durée qu'elle ne pouvait évaluer.

Quelle trajectoire mécanique décrit l'âme qui vient de quitter le corps ? Elle peut aussi bien s'envoler à la vitesse d'un ovni qu'à celle d'un hélicoptère, lentement, en suivant une spirale ascendante. J'opterai cependant pour la version lente, car elle correspond assez exactement aux descriptions de ceux qui ont commencé le voyage... et en sont revenus. Une lente aspiration vers le haut se produit alors par un procédé simple, qui est celui de la compensation de manque d'un autre espace... mieux connu sous le nom de principe des vases communicants de Pascal.

« Rien ne se perd, rien ne se crée », disait Lavoisier, prophète malgré lui, car ce théorème se vérifie dans tout l'univers.

Il n'est donc plus très difficile de concevoir que la résultante de particules qui quittent le corps au moment de la mort suive le chemin inverse de celles qui y arrivent à la naissance, durant un laps de temps compris entre 1 et 28 jours.

La Lune représenterait un vestibule dans lequel tout ce monde se croise et se rencontre en échangeant ses émotions, ce qui paraît naturel s'agissant de l'astre des nuits ! Ce qui angoisse finalement l'homme à tendance mystique, c'est de savoir dans quel sens du voyage l'on dit à l'autre : « Bonne chance ! »

Nous ne sommes pas en mesure de calculer le point astral futur, car il faudrait d'abord connaître la date de la mort terrestre. À ce propos, j'ouvre ici une parenthèse. La prédiction de la date de la mort se révèle quasiment impossible en astrologie classique. En effet, elle peut aussi bien survenir lors d'un transit de Jupiter sur l'Ascendant, qui représente l'archétype de la bonne santé et de la grande forme, que de celui de Saturne, qui signifie le contraire. Il est vrai que pour l'un la mort représente peut-être un soulagement, et pour l'autre un gros ennui !

Sur le plan déontologique, je ne saurais conseiller à quiconque de jouer au sorcier et de prédire la date de la mort de ses consultants... ou des personnes qu'ils souhaiteraient voir disparaître.

Mais est-il vraiment impossible de connaître ce futur ? Pas si sûr !

LE FUTUR A DÉJÀ EXISTÉ !

Voilà une assertion qui aurait été blasphématoire en des temps pas si anciens ! Aujourd'hui l'on se bornera à taxer son auteur de plaisantin ou de prétentieux. Dans sa *Lettre à César*, Nostradamus affirme que l'homme peut comprendre les mouvements célestes et leurs significations tant que son analyse reste confinée dans le cadre des trois temps : le passé, le présent et le futur.

Il m'a inspiré de tracer l'échelle du temps cosmique sur l'axe des *y* et de considérer qu'elle ne se mesure pas en années. Il n'est d'ailleurs pas inconcevable qu'elle soit étalonnée en millisecondes... le temps d'une rencontre entre un spermatozoïde et un ovule, par exemple...

Dès lors, la représentation du futur ne serait plus la séquence :

Proposition du ciel --------► Décision de l'homme --------► Futur

mais :

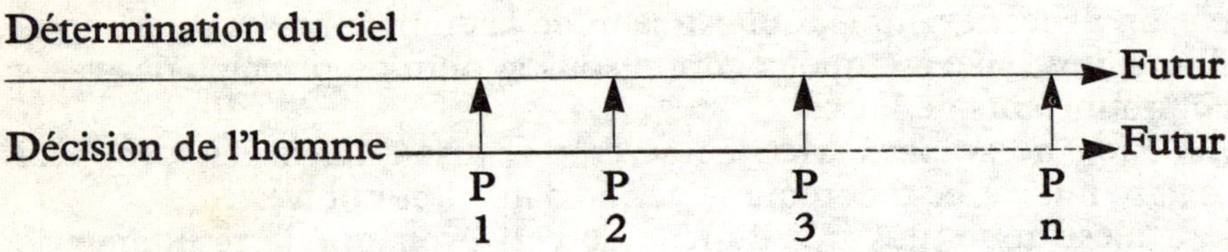

La marge de manœuvre de l'homme se réduirait alors à un infime réglage du pointeur P sur l'échelle de sa destinée, ce qui, sur la courbe du ciel, représente bien peu de chose.

Mais l'homme est aussi une machine à voyager dans le temps et son esprit pourrait en connaître l'échelle. Car au sens terrestre du terme, il constitue un produit biologique incapable d'aucune création s'il ne reçoit des informations du futur.

Si l'Europe a basculé dans l'obscurantisme pendant mille ans, c'est probablement à cause d'un manque de renouvellement des générations du futur dont l'absentéisme les a empêchées de montrer le chemin. Ce n'est pas en raison d'un besoin collectif de renouveau que les idées apparaissent, mais à la suite du retour des morts !

Le futur peut aussi se représenter par un dessin en dents de scie :

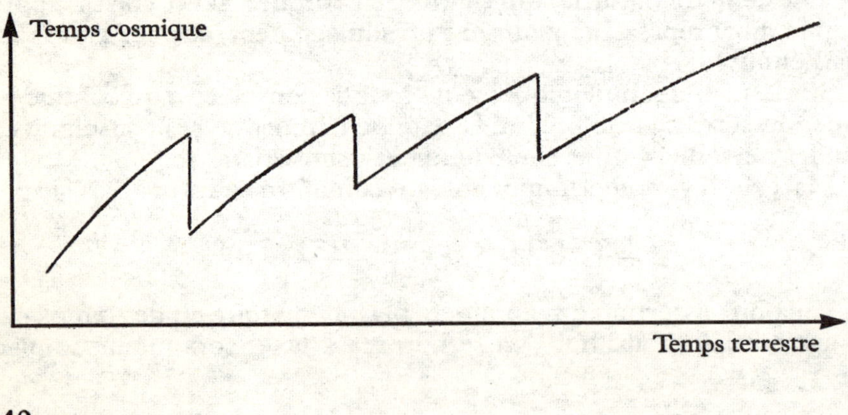

Le schéma est simple à comprendre. L'homme se trouvant à un stade de peu de conscience se comporte en animal et tue aveuglément. Lorsqu'une évolution devient trop instable, elle se casse. Les morts reviennent payer leur dette et une nouvelle évolution se produit. Cette affirmation est très lourde de conséquences, car elle signifie que l'homme doit d'abord redevenir idiot, se vider de toute connaissance, se détruire de la façon la plus horrible, être puni, revenir sur terre pour la faire renaître.

J'ai bien peur d'avoir raison... L'homme ne déroge pas à l'irrémédiable loi cosmique, qui s'applique selon une périodicité complètement calculée.

☆
☆ ☆
☆☆

Reste maintenant la grande question que vont se poser les scientifiques : quelles sont ces fameuses particules de mémoire cosmique ? Je leur propose l'hypothèse suivante :

Il s'agirait d'un ensemble de plusieurs particules fondamentales qui se réunissent en spirale. La première serait un neutrino, dont on ne comprend pas encore vraiment le sens, mais dont on sait qu'il traverse toute matière. La seconde serait un rayonnement gamma, car une quantité énorme nous vient des profondeurs de l'univers, sans que l'on sache pourquoi.

Tant que les scientifiques n'auront pas découvert une logique au mouvement de certaines particules, ils l'attribueront au hasard et tenteront de l'estimer par le calcul des probabilités. La fonction de Dirac est actuellement la plus performante en ce qui concerne la trajectoire des ondes. Les schémas suivants en rappellent la forme :

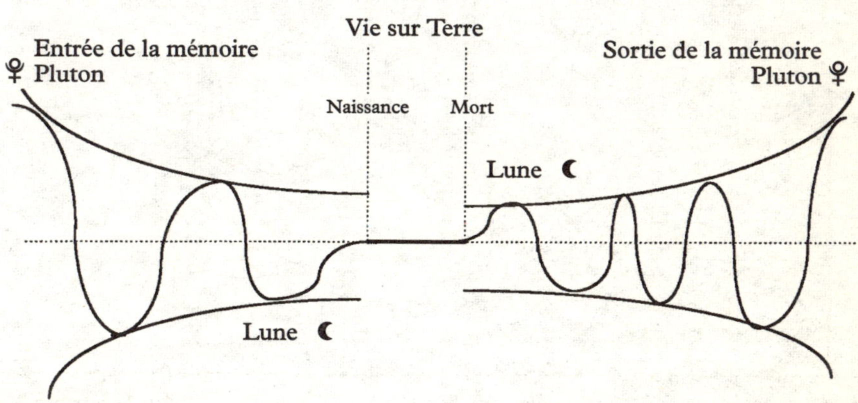

Le microcosme étant une projection du macrocosme, la question mérite d'être sérieusement posée de savoir si cette même fonction de Dirac peut être utilisée dans la prévision des mouvements des particules formant la mémoire cosmique. En matière de prédictions, il convient aussi de rester concret. Je ne vois pas trente-six solutions. Soit celui qui décrit exactement un événement futur possède un mental tellement fort qu'il arrive à le provoquer, ce dont il faut sérieusement douter, soit il a déjà vu cet événement, parce qu'il revient lui-même de ce futur...

Etienne Mezo
21 mai 1996

ANNEXE

CARTES DU CIEL DE CÉLÉBRITÉS

Henri II
Catherine de Médicis
Henri IV
Richelieu
Louis XIII
Louis XIV
Louis XVI
Marie-Antoinette
Jacques Chirac
Prince Charles
Lady Diana

HENRI II 31 3 1518 19.00 h TU Lat 48.50 Lon 2.20 CARTE NATALE

1	27° 4	BAL
2	24°31	SCO
3	27°57	SAG
4	4°56	VER
5	8°51	POI
6	5°58	BEL
7	27° 4	BEL
8	24°31	TAU
9	27°57	GEM
10	4°56	LIO
11	8°51	VIE
12	5°58	BAL
⊕	26°24	VER

SOL	19°55	BEL	(16)
LUN	20°36	SAG	(13)D
MER	4°18	BEL	(10)R
VEN	4°44	GEM	(20)
MAR	3°32	POI	(11)
JUP	14°41	VIE	(3)R
SAT	9°11	CAP	(25)
URA	6°59	TAU	(15)
NEP	26°22	VER	(9)
PLU	5°46	CAP	(8)R
LN.	10°30	CAN	
NOD	20°39	GEM	

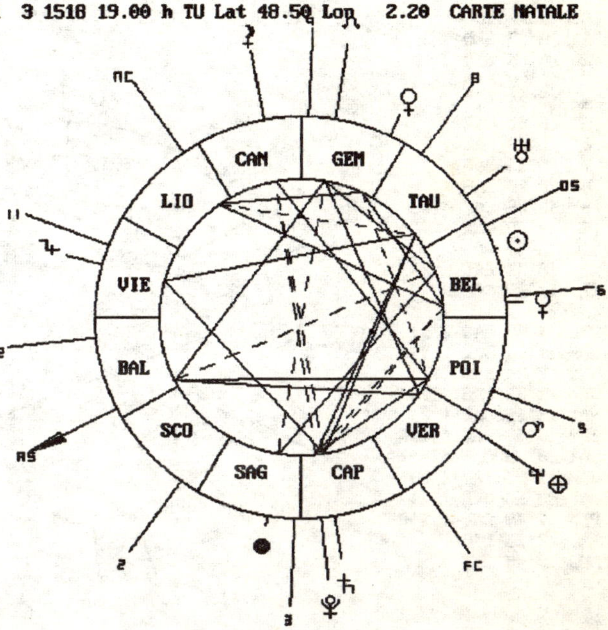

CATH MÉDICIS 13 4 1519 6.00 h TU Lat 41.53 Lon 12.50 CARTE NATALE

1	5°13	GEM
2	28° 8	GEM
3	18°25	CAN
4	10°30	LIO
5	8°52	VIE
6	18°52	BAL
7	5°13	SAG
8	28° 8	SAG
9	18°25	CAP
10	10°30	VER
11	8°52	POI
12	18°52	BEL
⊕	14°29	SCO

SOL	1°50	TAU	(5)
LUN	11° 6	BAL	(4)C
MER	7°34	BEL	(17)
VEN	8°37	TAU	(27)
MAR	18°35	CAN	(7)
JUP	16°43	BAL	(11)R
SAT	20°35	CAP	(19)
URA	11°35	TAU	(10)
NEP	28°50	VER	(11)
PLU	7°43	CAP	(1)R
LN.	22°33	LIO	
NOD	0°40	GEM	

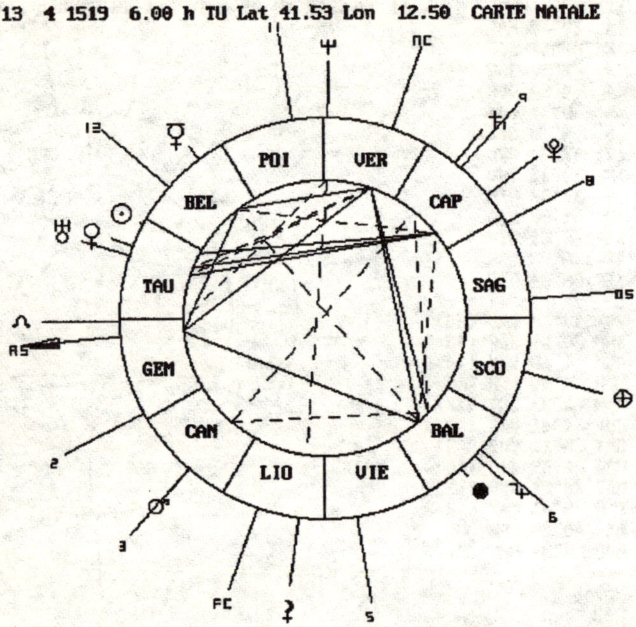

HENRI IV 14 12 1553 1.30 h TU Lat 48.50 Lon 2.20 CARTE NATALE

1	19°38	BAL
2	16°15	SCO
3	18°42	SAG
4	25° 3	CAP
5	29°24	VER
6	27°33	POI
7	19°38	BEL
8	16°15	TAU
9	18°42	GEM
10	25° 3	CAN
11	29°24	LIO
12	27°33	VIE
⊕	26° 5	GEM

SOL	2° 3	CAP	(9)
LUN	25°36	BEL	(16)C
MER	5°27	CAP	(17)R
VEN	24°50	SCO	(26)
MAR	15°50	CAP	(13)
JUP	4° 1	BAL	(24)R
SAT	9°36	POI	(20)
URA	21°47	BAL	(28)
NEP	12°53	TAU	(13)R
PLU	0°19	POI	(15)R
LN.	23°30	CAN	
NOD	20°11	CAN	

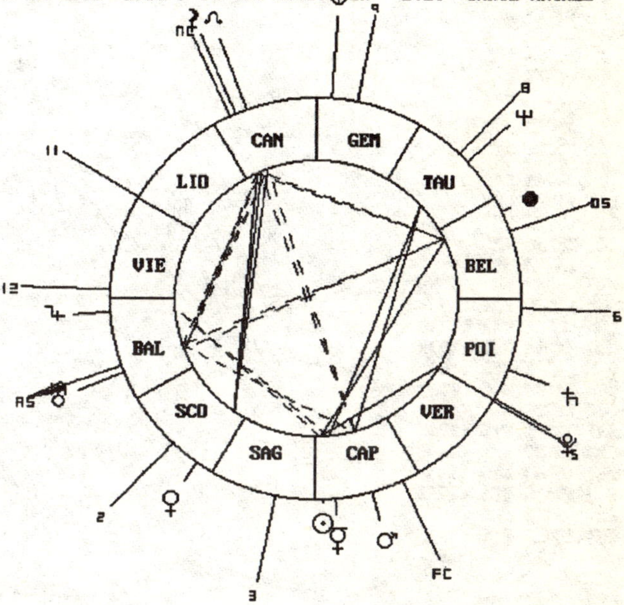

RICHELIEU 13 3 1596 9.34 h TU Lat 48.50 Lon 2.20 CARTE NATALE

1	16°49	GEM
2	5°39	CAN
3	23°40	CAN
4	14°29	LIO
5	13° 5	VIE
6	26°56	BAL
7	16°49	SAG
8	5°39	CAP
9	23°40	CAP
10	14°29	VER
11	13° 5	POI
12	26°56	BEL
⊕	2° 2	SAG

SOL	23° 3	POI	(5)
LUN	8°15	VIE	(22)C
MER	1°44	BEL	(9)R
VEN	14° 2	BEL	(6)
MAR	12°24	GEM	(20)
JUP	11°25	BEL	(18)R
SAT	1° 3	VIE	(13)R
URA	13°32	BEL	(22)R
NEP	16°54	LIO	(19)R
PLU	18°25	BEL	(10)R
LN.	1°33	TAU	
NOD	13°46	BEL	

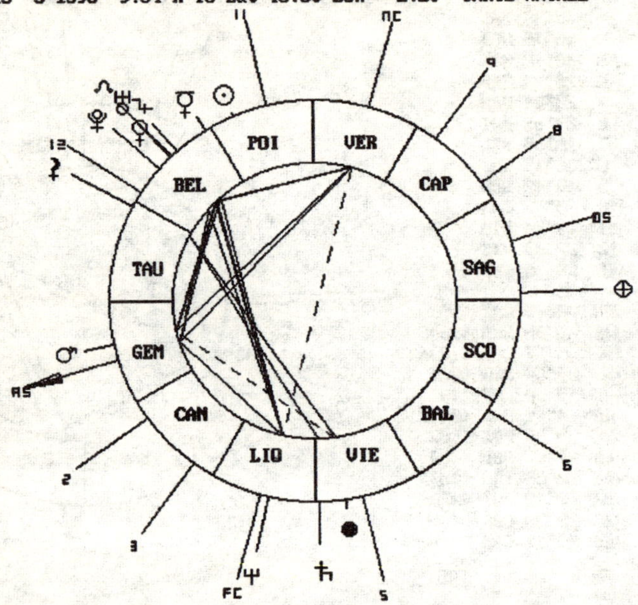

LOUIS XIII 27 9 1601 22.37 h TU Lat 48.50 Lon 2.20 CARTE NATALE

1	16°11	CAN
2	2°45	LIO
3	22°26	LIO
4	18°24	VIE
5	24°52	BAL
6	8°46	SAG
7	16°11	CAP
8	2°45	VER
9	22°26	VER
10	18°24	POI
11	24°52	BEL
12	8°46	GEM
⊕	27° 6	GEM

SOL	4°45	BAL	(16)
LUN	23°49	BAL	(26)C
MER	21°43	VIE	(25)R
VEN	18°32	LIO	(16)
MAR	5°14	LIO	(20)
JUP	2°37	BAL	(33)R
SAT	7°23	SCO	(9)
URA	8°24	TAU	(6)R
NEP	1°12	VIE	(13)
PLU	24°49	BEL	(7)R
LN.	17° 7	SAG	
NOD	26°35	SAG	

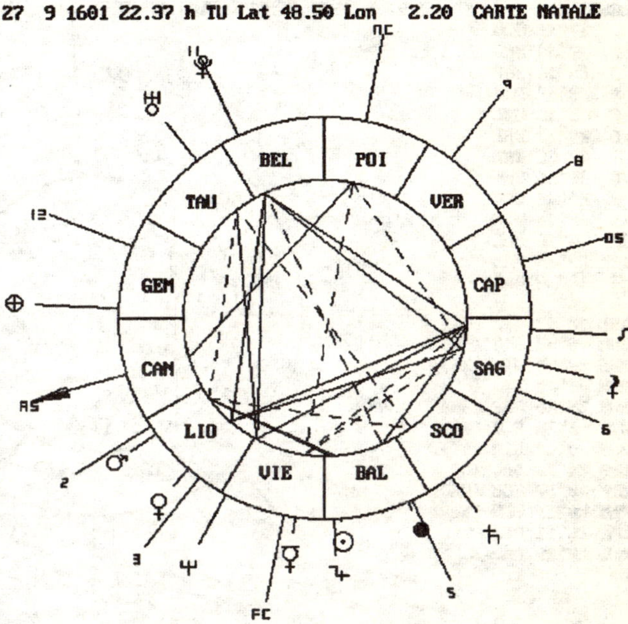

LOUIS XIV 5 9 1638 11.11 h TU Lat 48.50 Lon 2.20 CARTE NATALE

1 17°32 SCO
2 17°54 SAG
3 25°14 CAP
4 3°44 POI
5 5°16 BEL
6 29° 3 BEL
7 17°32 TAU
8 17°54 GEM
9 25°14 CAN
10 3°44 VIE
11 5°16 BAL
12 29° 3 BAL
⊕ 10°38 BAL

SOL 12°47 VIE (11)
LUN 5°53 LIO (5)D
MER 24° 0 VIE (28)
VEN 4° 1 LIO (9)
MAR 25°26 SAG (26)
JUP 2°28 SCO (12)
SAT 0°11 VER (14)R
URA 21°18 BAL (30)
NEP 18°37 SCO (28)
PLU 0°34 GEM (13)R
LN. 20°16 VER
NOD 2°16 CAP

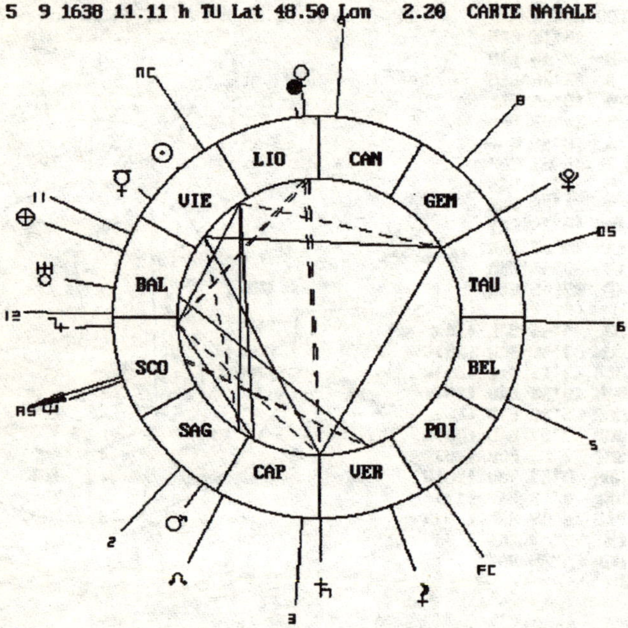

LOUIS XVI 23 8 1754 6.25 h TU Lat 48.50 Lon 2.20 CARTE NATALE

1	15° 1	VIE
2	7°42	BAL
3	6°25	SCO
4	10°59	SAG
5	17° 0	CAP
6	18°54	VER
7	15° 1	POI
8	7°42	BEL
9	6°25	TAU
10	10°59	GEM
11	17° 0	CAN
12	18°54	LIO
⊕	23° 3	SCO

SOL	29°56	LIO	(18)
LUN	7°58	SCO	(13)C
MER	0°14	VIE	(26)R
VEN	6°58	BAL	(18)
MAR	21°27	VIE	(19)
JUP	28°39	LIO	(23)
SAT	11° 1	CAP	(19)R
URA	9°43	POI	(16)R
NEP	7° 8	LIO	(11)
PLU	10°57	SAG	(20)
LN.	29°14	POI	
NOD	9°49	BAL	

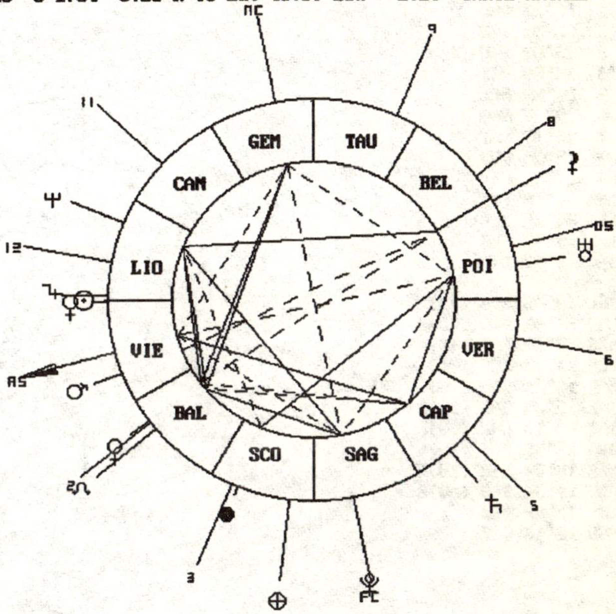

MARIE-ANTOINETTE 2 11 1755 19.30 h TU Lat 48.12 Lon 16.26 CARTE NATALE

1	16°42	CAN
2	3°33	LIO
3	23°32	LIO
4	19°50	VIE
5	26°25	BAL
6	9°47	SAG
7	16°42	CAP
8	3°33	VER
9	23°32	VER
10	19°50	POI
11	26°25	BEL
12	9°47	GEM
⊕	5°17	LIO

SOL	10° 6	SCO	(13)
LUN	21°31	BAL	(28)D
MER	3°13	SAG	(10)R
VEN	11°32	SCO	(21)
MAR	16°29	CAN	(8)
JUP	7°24	BAL	(33)R
SAT	23°10	CAP	(20)R
URA	11°30	POI	(15)R
NEP	10°52	LIO	(19)R
PLU	14°34	SAG	(20)R
LN.	17°52	TAU	
NOD	16°43	VIE	

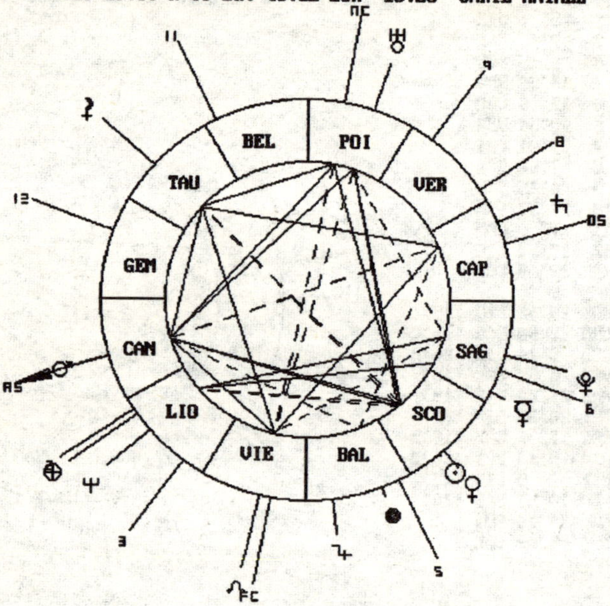

JACQUES CHIRAC   29 11 1932 12.00 h TU Lat 48.50 Lon   2.20 CARTE NATALE 562

1	20°49	VER
2	16°55	BEL
3	19°56	TAU
4	11°59	GEM
5	0°53	CAN
6	21° 1	CAN
7	20°49	LIO
8	16°55	BAL
9	19°56	SCO
10	11°59	SAG
11	0°53	CAP
12	21° 1	CAP
⊕	11°31	POI

SOL	7° 4	SAG	(13)
LUN	27°46	SAG	(8)C
MER	18°33	SAG	(13)R
VEN	3° 4	SCO	(16)R
MAR	7° 9	VIE	(12)R
JUP	20°54	VIE	(11)R
SAT	0°43	VER	(27)R
URA	19°47	BEL	(17)R
NEP	10° 6	VIE	(6)R
PLU	23°19	CAN	(1)R
LN.	23°36	TAU	
NOD	12°33	POI	

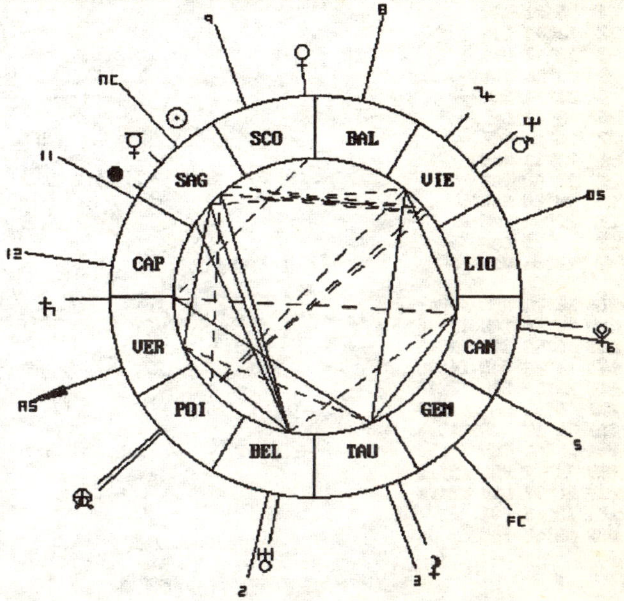

PRINCE CHARLES 14 11 1948 21.15 h TU Lat 51.30 Lon 0.00 CARTE NATALE

1	5°31	LIO
2	22°11	LIO
3	13°48	VIE
4	13°28	BAL
5	22°51	SCO
6	3°21	CAP
7	5°31	VER
8	22°11	VER
9	13°48	POI
10	13°28	BEL
11	22°51	TAU
12	3°21	CAN
⊕	27°36	VER

SOL	22°25	SCO	(18)
LUN	0°20	TAU	(19)C
MER	6°58	SCO	(15)R
VEN	16°24	BAL	(22)
MAR	20°57	SAG	(22)R
JUP	0° 3	CAP	(13)R
SAT	5°17	VIE	(13)R
URA	29°56	GEM	(6)R
NEP	14° 7	BAL	(25)R
PLU	16°37	LIO	(21)R
LN.	13° 5	POI	
NOD	3°55	TAU	

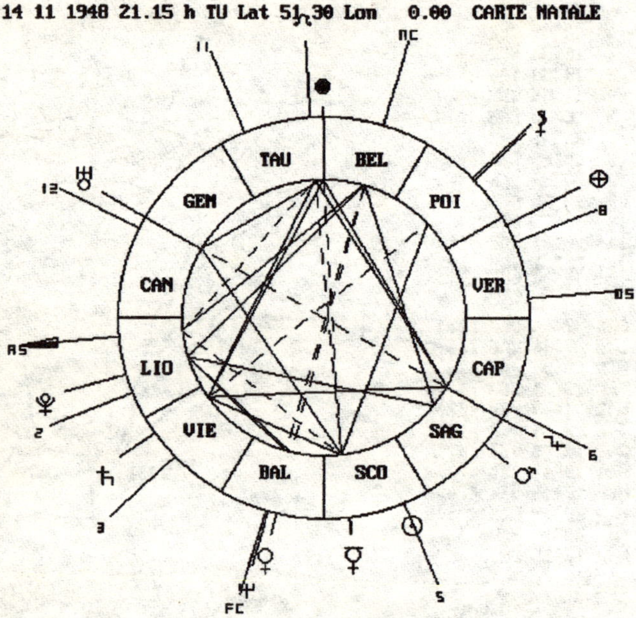

LADY DIANA 1 7 1961 18.45 h TU Lat 51.30 Lon 0.00 CARTE NATALE

1	19°27	SAG
2	0°53	VER
3	17°50	POI
4	22°31	BEL
5	16° 5	TAU
6	4° 5	GEM
7	19°27	GEM
8	0°53	LIO
9	17°50	VIE
10	22°31	BAL
11	16° 5	SCO
12	4° 5	SAG
⊕	4°47	LIO

SOL	9°40	CAN	(12)
LUN	25° 0	VER	(13)D
MER	3°12	CAN	(10)R
VEN	24°24	TAU	(25)
MAR	1°39	VIE	(14)R
JUP	4°50	VER	(21)R
SAT	27°55	CAP	(16)R
URA	23°22	LIO	(11)R
NEP	8°37	SCO	(22)R
PLU	6° 3	VIE	(16)R
LN.	16°55	LIO	
NOD	29°44	LIO	

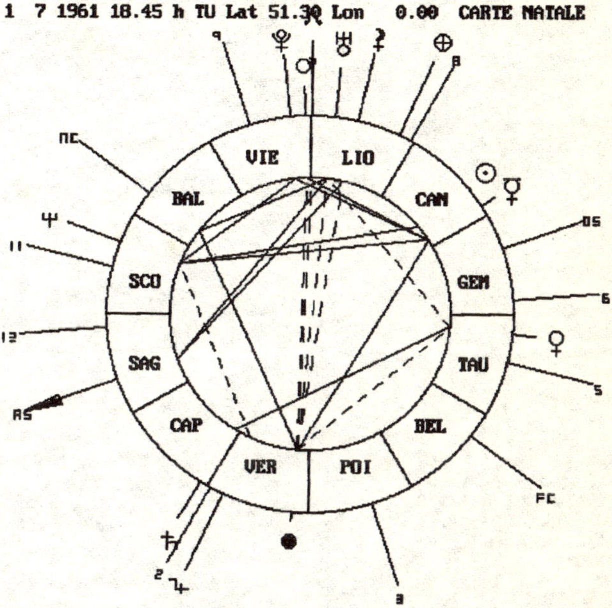

TABLE

Cet ouvrage a été reproduit et achevé d'imprimer sur Roto-Page par l'Imprimerie Floch à Mayenne en juin 1996. Éditions du Rocher 28, rue Comte-Félix-Gastaldi Monaco. Dépôt légal : juin 1996. N° d'édition : CNE section commerce et industrie Monaco : 19023. N° d'impression : 39721.